子藏

名家部

人物志卷

4

華東師範大學「子藏」編纂中心編

總編纂　方勇
副總編纂　吳平

國家圖書館出版社

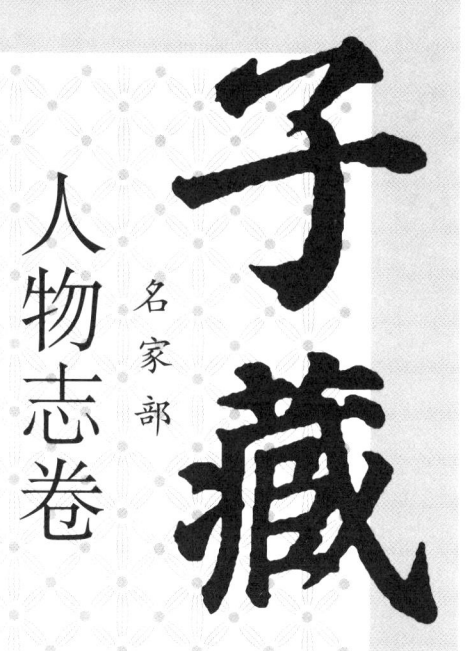

第四册目録

人物志三卷　（三國魏）劉邵　撰　（北魏）劉昞　注　清抄本……一

人物志三卷　（三國魏）劉邵　撰　（北魏）劉昞　注　民國六年（1917）潮陽鄭氏刊《龍谿精舍叢書》本……一三三

人物志三卷　（三國魏）劉邵　撰　（北魏）劉昞　注　民國十六至二十三年（1927—1934）上海中華書局刊《四部備要》本……二二三

人物志　（明）張邦翼　選　明萬曆四十六年（1618）曾熹丙刊《漢魏叢書鈔》本……三一五

人物志奇賞　（明）陳仁錫　撰　明天啓六年（1626）刊《諸子奇賞》本……三三一

劉子人物志　（明）陳仁錫　評選　明崇禎七年（1634）刊《奇賞齋古文彙編》本……三九九

人物志　（明）張運泰　余元熹　彙評　清刊《漢魏六十名家》本……四六一

人物志文粹　李寶淦　撰
民國六年（1917）上海商務印書館排印《諸子文粹》本……五三一
人物志舉正　孫人和　撰
民國十八年（1929）刊《國立北平圖書館月刊》第三卷第一號……五四七
人物志治要　張文治　撰
民國十九年（1930）上海文明書局排印《諸子治要》本……五五七

人物志三卷

（三國魏）劉邵 撰 （北魏）劉昞 注

清抄本

人物志一册 舊鈔

人物志

人性為之原而情者性之流也性發於內情導於外而形色隨之故邪正態度變露莫狀溷而莫睹其真也惟至哲為能以材觀情索性尋流照原而善惡之迹判矣聖人沒諸子之言

性者各膠一見以倡惑於後是俾馳辨鬭異者得肆其說蔓衍天下故学者莫要其歸而天理幾乎息矣予好閱古書於史部中得劉邵人物志十二篇極数萬言其述性品之上下材質之兼偏研幽摘微一貫於道若度

之長短權之輕重毫銖髮蔽也大抵
考諸行事而約人於中庸之域誠一
家之善志也由魏至宋歷數百載其
用尚晦而鮮有知者吁可惜哉矧蟲
篆淺技毫益於教者猶刊鏤以行於
世是書也博而暢辨而不肆非衆說

之流也玉者得之為知人之龜鑑士
君子得之為治性修身之檄栝其効
不為小矣予安得不序而傳之媲夫
良金美玉麤擴一啓而親者必知其
寶也
晉阮逸撰

人物志序

魏　散騎常侍劉邵撰

凉　儒林祭酒劉昞注

夫聖賢之所美莫美乎聰明天以三光著其象人以聰明邵其度聰明之所貴莫貴乎知人聰於書計者六藝之一術明於人物者官材之總司知人誠智則衆材得其序而庻績之業興矣是以聖人著爻象則立君子小人之辭君子者小人之師小人者君子之資師資相戒其來尚矣敘詩志則別風俗雅正之業九土殊風五方異俗是以聖人立其教不易其方制其政不改其俗制禮樂則考六藝祗庸之德雖不易其方常以詩

禮為首雖不改其俗常以孝友為本躬南面則援俊逸輔相之材皆所以達衆善而成天功也繼天成物其任至重故求賢舉善常若不及天功既成則竝受名譽忠臣竭力而効能明君得賢而高枕上下忠愛謗毀何從生哉是以堯以克明俊德爲稱舜以登庸二八爲功湯以拔有莘之賢爲名文王以舉渭濱之叟爲貴由此論之聖人興德孰不勞聰明於求人獲安逸於任使者哉采士飯牛秦穆所以霸西戎一則仲父齊桓所以成九合是故仲尼不試無所援升猶序門人以為四科泛論衆材以辨三等舉德行為四科之有敘生知爲三等之上明德行者道義之門質志氣者材智之根也又歎中庸以殊

聖人之德（中庸之德其至矣乎人鮮久矣唯聖人能之也）尚德以勸庶幾之論（顏氏之子其殆庶幾乎三月不違仁乃窺德行之門若非志士仁人希邁之性日月至焉者豈能終）之訓六蔽以戒偏材之失（仁者愛物蔽在無斷信者露誠蔽在無隱此偏材之常失也）思狂狷以通拘抗之材（或進趨於道義或潔已而無爲在上者兩順其所能則拘抗並用）疾悾悾而無信以明爲似之難保（厚貌深清聖人難之聽其言而觀其所爲則似託不得逃矣）又曰察其所安觀其所由以知居止之行（言必契始以要終行必覩初以求卒則中外之情粗可見矣）人物之察也如此其詳（不詳察則官材失其序而庶政之業荒矣）是以敢依聖訓志序人物庶以補綴遺忘惟博識君子裁覽其義焉

人物志目録

卷上

卷中

卷下

目錄終

人物志卷上

魏　廣平劉邵著
涼　燉煌劉昞注
明　新安程榮校

九徵第一

人物情性志氣不同徵神見貌形驗有九

蓋人物之本出乎情性性質稟之自然情變由於染習是以觀人察物當尋其性質也情性之理甚微而玄非聖人之察其孰能究之哉知無形狀故常人不能覩惟聖人目擊而照之凡有血氣者莫不含元一以爲質質不至則不能涉寒暑歷四時稟陰陽以立性性資於陰陽故剛柔之意別矣

體五行而著形（骨勁筋柔皆稟精於金木）苟有形質猶可即而求之（由氣色外著故相者得其情素也）凡人之質量中和最貴矣（質白受采味甘受和中和者百行之根本人情之良由也）中和之質必平淡無味（惟淡也故五味得和焉若苦則不能甘矣若酸也則不能鹹矣）故能調成五材變化應即（平淡無偏群材必御致用有宜通變無滯）是故觀人察質必先察其平淡而後求其聰明（譬之驥騄雖超逸絕羣若氣性不和必有毀衡碎首決胃之禍也）聰明者陰陽之精（離目坎耳視聽之所由也）陰陽清和則中叡外明聖人淳耀能兼二美知微知章（耳目兼察通幽達微宮材授方舉無遺失）自非聖人莫能兩遂（雖得之於目或失之於耳）故明白之士達動

之機而暗於玄慮達於進趨而暗於止靜以之進趨則欲速而成疾以之深慮則抗奪
而不入也玄慮之人識靜之原而困於速捷性安沉默而智乏應機以
之閑靜則玄微之道搆以之濟世則勁捷而無成猶火日外照不能內見金
水內暎不能外光人各有能物各有性是以聖人任明白以進趨委守成於玄慮然後
動止得節出處應宜矣二者之義蓋陰陽之別也陽動陰靜乃天地之定性
況人物乎若量其材質稽諸五物五物之徵亦各著於厥
體矣筋勇色青血勇色赤中動外形豈可匿也其在體也木骨金筋火氣
土肌水血五物之象也五性者成形之具五物爲母故氣色從之而具五物
之實各有所濟五性不同各有所稟稟性多者則偏性生也是故骨植而

柔者謂之弘毅弘毅也者仁之質也（木則垂蔭爲仁之質質不弘毅不能成仁）氣清而朗者謂之文理文理也者禮之本也（火則照察爲禮之本木無文理不能成禮）體端而實者謂之貞固貞固也者信之基也（土必吐生爲信之基也基不貞固不能成信）筋勁而精者謂之勇敢勇敢也者義之決也（金能斷割爲義之決決不勇敢不能成義）色平而暢者謂之通微通微也者智之原也（水流疏達爲智之原原不通微不能成智）五質恒性故謂之五常矣（五物天地之常氣五德人物之常行）五常之别列爲五德是故温直而擾毅木之德也（温而不直則懦擾而不毅則判）剛塞而弘毅金之德也（剛而不塞則决弘而不毅則缺）

愿恭而理敬水之德也（愿而不恭則悖理而不敬則亂）寬栗而柔立土之德也（寬而不栗則慢柔而不立則散）簡暢而明砭火之德也（簡而不暢則滯明而不砭則翳）雖體變無窮猶依乎五質（人情萬化不可勝極尋常竟源常在於五）故其剛柔明暢貞固之徵著乎形容見乎聲色發乎情味各如其象（自然之理神動形色誠發於中德輝外耀）故心質亮直其儀勁固心質休決其儀進猛心質平理其儀安閑夫儀動成容各有態度直容之動矯矯行行休容之動業業蹌蹌德容之動顒顒卬卬夫容之動作發乎心氣（心氣於內容見於外）心氣之徵則聲變是也（心不繫一聲和

乃變夫氣合成聲，聲應律呂清而亮者律和而平者呂有和平之聲，有清暢之聲，有回衍之聲心氣不同故聲發亦異也夫聲暢於氣，則實存貌色非氣無以成聲聲成則貌應故誠仁必有溫柔之色，誠勇必有矜奮之色，誠智必有明達之色聲既殊管故色亦異狀夫色見於貌，所謂徵神貌色徐疾為神之徵驗徵神見貌，則情發於目目為心候故應心而發故仁目之精，愨然以端心不傾倚則視不回邪勇膽之精，曄然以彊志不怯懦則視不衰悴然皆偏至之材，以勝體為質者也未能不厲而威不怒而嚴故勝質不精，則其事不遂能勇而不能怯動必悔吝隨之是故直而不柔則木木彊激訐

失其正直勁而不精則力負鼎絕臏失其正勁固而不端則愚專己自是
陷於愚戇氣而不清則越辭不清順發越無成暢而不平則蕩好智無涯
蕩然失絕是故中庸之質異於此類勇而能怯仁而能決其體兩兼故爲衆材
之主五常既備包以澹味既體鹹酸之量而以無味爲御五質內充五
精外章五質澹凝淳耀外麗是以目彩五暉之光也心清目朗粲然自耀
故曰物生有形形有神精才問賢愚皆受氣質之稟性陰陽但智有精粗形有
淺深耳尋其精色視其儀象下至皂隸牧圉皆可想而得之也能知精神則窮理盡
性聖人有以見天下之動而擬諸形容故能窮理盡性以至於命性之所盡九質之
徵也陰陽相生數不過九故性情之变質亦同之然則平陂之質在於神

神者質之主也故神平則質平神陂則質陂明暗之實在於精精者實之本故精惠則實明精濁則實暗勇怯之勢在於筋筋者勢之用故筋勁則勢勇筋弱則勢怯彊弱之植在於骨骨者植之基故骨剛則植彊骨柔則植弱躁靜之決在於氣氣者決之地也氣盛決於躁氣冲決於靜矣慘懌之情在於色色者情之候也故色悴由情慘色悅由情懌衰正之形在於儀儀者形之表也故儀衰由形殆儀正由形肅態度之動在於容容者動之符也故衰動則容態正動則容度緩急之狀在於言言者心之狀也故心恕則言緩心褊則言急其為人也質素平澹中叡外朗筋勁植固聲清色懌儀正容直則九徵皆至則純粹之德也非至德大人其孰能與於此九徵有違違為

乖戾也則偏雜之材也或聲清色懌而質不平淡或筋勁植固而儀不崇直三度不同其德異稱偏材荷一至之名兼材居德儀之目兼德體中庸之度故偏至之材以材自名猶有工衆枝各有其名也兼德之人更為美號道不可以一體說德不可以一方待育物而不為仁齊衆形而不為德凝然平淡與物無際誰知其名也是故兼德而至謂之中庸居中履常故謂之中庸中庸也者聖人之目也大仁不可親大義不可報無德而稱寄名於聖人也具體而微謂之德行德行也者大雅之稱也施仁以親物立義以利仁失道而成德抑亦其次也一至謂之偏材偏材小雅之質也徒仁而無義徒義而無仁未能兼濟各守一行是以名不及大雅也一徵謂之依似依似亂德之類也純訐

似直而非直純宕似道而非通一至一違謂之間雜間雜無恆之人也善惡參渾心無定是無恆之操胡可擬議無恆依似皆風人末流其心孔艱者乃有教化之所不受也末流之質不可勝論是以畧而不槩也蕃徒成羣豈可數哉

體別第二

稟氣陰陽性有剛柔拘抗文質體越各別

夫中庸之德其質無名汎然不繫一貌人無得而稱焉故鹹而不鹻謂之鹹即無鹻可容公成百鹵也與鹹同淡而不醴謂之淡即味復不醴質而不縵謂之質即理不縵素文而不績謂之文即采不畫續能威能懷能辨能訥居鹹淡之和處質文之際是以望之儼然即之而文言滿天下無辭費變化無方以達

爲節應變適化期於通物是以抗者過之厲然抗奮於進趨之塗而拘者
不逮屯然無爲於拘抗之外夫拘抗違中故善有所章而理有
所失養形至甚則虎食其外高門懸薄則病攻其內是故厲直剛毅材在矯
正失在激訐訐刺生於剛厲柔順安恕每在寬容失在少決
多疑生於恕懦雄悍傑健任在膽烈失在多忌慢法生於桀悍精良
畏慎善在恭謹失在多疑疑難生於畏慎彊楷堅勁用在楨
幹失在專固專己生於堅勁論辨理繹能在釋結失在流宕
傲宕生於機辨普博周給弘在覆裕失在溷濁溷濁生於周普清介
廉潔節在儉固失在拘扃拘扃生於廉潔休動磊落業在攀

躋失在疏越疏越生於磊落沉靜機密精在玄微失在遲緩遲緩生於沉靜樸露徑盡質在中誠失在不微漏露生於徑盡多智韜情權在譎略失在依違隱違生於韜情及其進德之日不止揆中庸以戒其材之拘抗抗者自是以奮勵拘者自是以守局而指人之所短以益其失拘者愈拘抗者愈抗或負石沉軀或抱木燋死猶晉楚帶劍遞相詭反也自晉視楚則笑其在左自楚視晉則笑其在右左右雖殊各以其用而不達理者横相誹謗拘抗相反皆不異此是故彊毅之人狠剛不和不戒其彊之搪突而以順爲撓厲其抗以柔順爲撓弱抗其搪突之心是故可以立法難與入微狠彊側戾何機微之能入柔順之人緩

心寬斷不戒其事之不攝而以抗爲劇安其舒以猛抗爲
劇傷安其怨恐之心是故可與循常難與權疑緩心寡斷何疑事之能權雄
悍之人氣奮勇決不戒其勇之毀跌而以順爲恇竭
其勢以順恐爲恇怯而竭其毀跌之勢是故可與涉難難與居約奮悍
毀跌何約之能居懼慎之人畏患多忌不戒其懦於爲義而
以勇爲狎增其疑以勇戇爲輕侮而增其疑畏之心是故可與保全
難與立節畏患多忌何節義之能立凌楷之人秉意勁特不戒其
情之固護而以辨爲僞彊其專以辨博爲浮虛而彊其專一之心是
故可以持正難與附衆執意堅持何人衆之能附辨博之人論理

贍給不戒其辭之汎濫而以楷爲繫遂其流以楷正爲繫礙
而遂其流宕之心是故可與汎序難與立約辨博汎濫何質約之能立弘
普之人意愛周洽不戒其交之溷雜而以介爲狷廣
其濁以拘介爲狷戾而廣其溷雜之心是故可以撫衆難與厲俗周洽
溷雜何風俗之能厲狷介之人砭甫廉反清激濁不戒其道之隘
狹而以普爲穢益其拘以弘普爲穢雜而益其拘局之心是故可與
守節難以變通道狹津隘何通塗之能涉休動之人志慕超越不
戒其意之大猥而以靜爲滯果其銳以沉靜爲滯屈而增果銳之心
是故可以進趨難與持後志在超越何謙後之能持沉靜之人道

思迴復不戒其靜之遲後而以動爲疏美其懊以躁動爲麤疏而美其懊弱之心是故可與深慮難與捷速思慮迴復何機速之能及樸露之人中疑實硌不戒其實之野直而以譎爲誕露其誠以權譎爲浮誕而露其誠信之心是故可與立信難與消息實硌野直何輕重之能量韜譎之人原度取容不戒其術之離正而以盡爲愚貴其虛以款盡爲愚直而貴其浮虛之心是故可與讚善難與矯違韜譎離正何違邪之能矯夫學所以成材也彊毅靜其抗柔順厲其懊恕所以推情也推己之情通物之性偏材之性不可移轉矣固守性分聞義不從雖教之以學材成而隨之以失剛毅之性已成

（激訐之心彌篤）雖訓之以恕推情各從其心（意之所非不信，肯是之於人）者逆信（推己之信謂人皆信，而詐者得容為偽也）詐者逆詐（推己之詐謂人皆詐，則信者或受其疑也）故學不入道恕不周物（偏材之人各是己從，何道之能入，何物能周也）此偏材之益失也（材不能兼教之愈失，是以宰物者用人之仁去其貪，用人之智去其詐，然後羣材畢御而道周萬物也矣）

流業第三

（三材為源，習者為流，流漸失源，其業各異）

蓋人流之業十有二焉（性既不同，染習又異，枝流條別，各有志業）有清節（行為物範）有法家（立憲垂制）有術家（智慮無方）有國體（三材純備）有器能（三材而微）有臧否（分別是非）有伎倆（錯意工巧）有智意（能鍊衆疑）有文章屬辭比事有儒學道藝深明有口辨應對給捷有雄傑膽畧過人若夫德行高妙容止可法是謂清節之家延陵晏嬰是也建法立制彊國富人是謂法家管仲商鞅是也思通道化策謀奇妙是謂術家范蠡張良是也兼有三材三材皆備德與法術皆純備也其德足以厲風俗其法足以正天下其術足以謀廟勝是謂國體伊尹呂望是也兼有三材三材皆微不純備也其德足以率一國其法足以正鄉邑其術足以權事宜是謂器能子產西門豹是也兼有三材之別各有一流三材爲源別習者爲流也清節之流

不能弘恕以清為理何能寬恕好尚譏訶分別是非已不寬恕則是非生是謂臧否子夏之徒是也法家之流不能創思遠圖法制於近思不及遠而能受一官之任錯意施巧務在功成故巧意生是謂伎倆張敞趙廣漢是也術家之流不能創制垂則以術求功故不垂則而能遭變用權權智有餘公正不足長於權者必短於正是謂智意陳平韓安國是也凡此八業皆以三材為本非德無以正法非法無以興術是以八業之建常以三材為本故雖波流分別皆為輕事之材也耳目殊管其用同功羣材雖異成務一致能屬文著述是謂文章司馬遷班固是也能傳聖人之業而不

能幹事施政是謂儒學毛公貫公是也辯不入道而應對資給是謂口辯樂毅曹丘生是也膽力絕衆材畧過人是謂驍雄白起韓信是也凡此十二材皆人臣之任也各抗其材不能兼備保守一官故爲人臣之任也主德不預焉主德者聰明平淡總達衆材而不以事自任者也目不求視耳不參聽各司其官則衆材達衆材既達則人主垂拱無爲而理是故主道立則十二材各得其任也上無爲則下當任也清節之德師氏之任也掌以道德教道胄子法家之材司寇之任也掌以刑法禁制姦暴術家之材三孤之任也掌以廟謨佐公論正三材純備三公之任也位於

三槐坐而論道三材而徵冢宰之任也天官之卿總御百官臧否之材師氏之佐也分別是非以佐師氏智意之材冢宰之佐也師事制宜以佐天官伎倆之材司空之任也錯意施巧故掌冬官儒學之材安民之任也掌以德教保安其人文章之材國史之任也憲章紀述垂之後代辯給之材行人之任也掌之應荅送迎道路驍雄之材將帥之任也掌轄師旅討平不順是謂主道得而臣道序官不易方而太平用成太平之所以成由官人之不易方若使足操物手求行四體何由窒理道何由平若道不平淡與一材同用好譬大匠善規惟規之用則一材處權而衆材失任矣惟規之用則矩不得立其方繩不得經其直雖目運規矩無由

成矣

材理第四

材既殊塗理亦異趣故講羣材至理乃足

夫建事立義莫不須理而定言前定則不惑事前定則不躓及其論難鮮能定之夫何故哉蓋理多品而人異也事有萬端人情舛駁誰能定之夫理多品則難通人材異則情詭情詭難通則理失而事違也情詭理多何由而得夫理有四部道義事情各有部也明有四家明通四部各有其家情有九偏以情犯明得失有九流有七似似是而非其流有七說有三失辭勝理滯所失者三難有六構彊良競氣忿構有六通有八能聰思明達能通者八若夫天地氣化盈虛損益道之

理也以道化人與時消息法制正事事之理也以法理人務在憲制禮教
宜適義之理也以理教之進止得宜人情樞機情之理也觀物之情
在於言語四理不同其於才也須明而章明待質而行是
故質於理合合而有明明足見理理足成家道義與事情各
有家是故質性平淡思心玄微容不躁擾其心詳審能通自然道
理之家也以道為理故能通自然也質性警徹權畧機捷容不遲鈍則其
心機遠能理煩速事理之家也以事為理故審於理煩也質性和平
能論禮教容不失適則禮教得中辯其得失義禮之家也以義為禮
故明於得失也質性機解推情原意容不妄動則原物得意能適其變

情理之家也〔以情爲理故能極物之變〕四家之明既異而有九偏之情以性犯明各有得失〔明出於真情動於性情勝明則蔽故雖得而必喪也〕剛略之人不能理微〔用意麤粗意不玄微〕故其論大體則弘博而高遠〔性剛則志遠〕歷纖理則宕往而疏越〔志遠故疏越〕抗厲之人不能迴撓〔用意猛奮志不旋屈〕論法直則括處而公正〔性厲則理毅〕說變通則否戾而不入〔理毅則滯礙〕堅勁之人好攻其事實〔用意端確言不虛徐〕指機理則穎灼而徹盡〔性確則言盡〕涉大道則徑露而單持〔言切則義少〕辯給之人辭煩而意銳〔用意疾急志不在退挫〕推人事則精識而窮理〔性銳則窮理〕即大義

則恢愕而不周理細故遺大浮沉之人不能沉思用意虛廓志不淵密序疏數則豁達而傲博性浮則志傲立事要則爁炎而不定志傲則理疏淺解之人不能深難用意淺脫思不深熟聽辯說則擬鍔而愉悅性淺則易悅審精理則掉轉而無根易悅故無根寬恕之人不能速捷用意徐緩思不速疾論仁義則弘詳而長雅性恕則理雅趨時務則遲緩而不及徐雅故遲緩溫柔之人力不休彊用意溫潤志不美悅味道理則順適而和暢性和則理順擬疑難則濡懦而不盡理順故依違好奇之人橫逸而求異用意奇特志不同物造權譎則倜儻而瓌壯性奇則尚麗案清

道則詭常而恢迂奇逸恢詭故此所謂性有九偏各從其

心之所可以爲理心之所可以爲理是非相蔽終無休已若乃性不精

暢則流有七似有漫談陳說似有流行者浮漫流雅似若可行有

理少多端似若博意者辭繁踰博似若弘廣有迴說合意似

若讚解者外佯稱善內實不知有處後持長從衆所安似能聽

斷者實自無知如不言觀察衆談讚其所安有避難不應似若有餘而

實不知者實不能知忘不詳不應似有所知而不荅者有慕通口解似悅而

不懌者聞言即說有似於解者心中漫漫不能悟有因勝情失窮而稱妙

辭已窮矣自以爲妙而未盡跌則掎蹝理已跌矣而彊牽據實求兩解似理

不可屈者（辭窮理屈心樂兩解而言猶不止聽者謂之未屈）凡此七似衆人之所惑也（非明鏡焉能監之）夫辯有理勝（理至不可動）有辭勝（辭巧不可屈）理勝者正白黑以廣論釋微妙而通之（說事分明有如粉黛然區別辭不濆雜）辭勝者破正理以求異求異則正失矣（以白馬非白馬一朝而服千人及其至關禁錮直而後過也）夫九偏之材有同有反有雜同則相解（譬水流於水）反則相非（猶火滅於水）雜則相恢（亦不必同又不必異所以恢達）故善接論者度所長而論之（周其所能則其言易曉）歷之不動則不說也（意在杓馬彼候他日）傍無聽達則不難也（凡相難講為達者聽）不善接論者說之以雜反（彼意在狗而說

以馬彼意大同而說以小異說之以雜反則不入矣以方入圓理終不可善喻者以一言明數事言辭附於理則言寡而事明不善喻者百言不明一意辭遠乎理雖汎濫多言已不自明況他人乎百言不明一意則不聽也自意不明誰聽之是說之三失也善難者務釋事本每得理而止任不善難者舍本而理末逐其言而接之舍本而理末則辭構矣不尋其本理而以煩辭相文善攻彊者下其盛銳對家彊梁始氣必盛故善攻彊者避其初鼓也扶其本指以漸攻之三鼓氣勝衰則攻易不善攻彊者引其誤辭以挫其銳意彊者意銳辭或暫誤擊誤挫銳理之難也挫其銳意則氣構矣非徒羣言文錯遂至動其聲色善躡失者指其

所跌（彼有跌失暫指不逼）不善躡失者因屈而抵其性（陵其屈跌而抵挫之）因屈而抵其性則怨構矣（非徒聲色而已怨恨逆結於心）或常所思求久乃得之倉卒諭人人不速知則以爲難諭（己自久思而不恕人）以爲難諭則忿構矣（非徒怨恨遂生忿爭）夫盛難之時其誤難迫（氣盛辭誤且當避之）故善難者徵之使還（氣折意還自相應接）不善難者凌而激之雖欲顧藉其勢無由（棄誤顧藉不聽其言）其勢無由則妄構矣（妄言非訾縱橫恣口）凡人心有所患則耳且不能聽（思心一至不聞雷霆）是故並思俱說競相制止欲人之聽己（止他人之言欲使聽己）人亦以其方思之故不了己意

則以爲不解非不解也當己出言由彼方思故人不解人情莫不諱不解
謂其不解則性諱怒諱不解則怒搆矣不顧道理是非於其兇怨慫肆凡此六
搆變之所由興也然雖有變搆猶有所得造事立義當須理定
故雖有變說小終於理定功立故若說而不難各陳所見則莫知所
由矣人人競說若不難質則不知何者可用也由此論之談而定理者耿
矣理多端人情異故發言盈庭莫肯執其咎必也聽能聽亭登高能賦求物能名如顏
回聽哭蒼舒量象思能造端子展謀侵晉乃得諸侯之盟明能見機更騈覩目
動卽知秦師退辭能辯意伊藉荅吳王一拜一起求足爲勞捷能攝失郭淮荅魏
帝日自知必免防風之誅守能待攻墨子謂楚人吾弟子已學之於宋攻能奪守

毛遂進日今日從爲是不爲趙也楚正從而謝之奪能易予以予之矛易子之看則物主辭窮

兼此八者然後乃能通於天下之理通於天下之理則能通人矣不能兼有八美適有一能所謂偏材之人則所達者偏而所有異目矣各以所通而立其名是故聰能聽序謂之名物之材思能造端謂之搆架之材明能見機謂之達識之材辭能辯意謂之贍給之材捷能攝失謂之權捷之材守能待攻謂之持論之材攻能奪守謂之推徹之材奪能易予謂之貿說之材通材之人既兼此八材行之以道與通人言則同解而心喻同郎

相是以心相喻與衆人言則察色而順性下有盛色雖明避其所短
包衆理不以尚人恒懷謙下故處物上聰叡資給不以先人常懷
退後故在物上善言出己理足則止通理則止不務煩辭鄙誤在人過
而不迫見人過跌輒當歷避寫人之所懷扶人之所能扶贊人之所能
則人人自任矣不以事類犯人之所婟胡故反與盲人言不諱恥瞎之類不
以言例及己之所長己有武力不與梳虎之倫說直說變無所畏
惡通材平釋信而後諫雖觸龍鱗物無害者采蟲聲之善音不以聲醜棄其善曲贊
愚人之偶得不以人愚廢其嘉宮奪與有宜去就不畱方其盛
氣折謝不恡不避銳跌不惜屈撓方其勝難勝而不矜理自勝耳同所

矜也心平志論無適無莫付是非於道理不貪勝於求名期於得道而已矣是可與論經世而理物也曠然無懷委之至當是以世務自經萬物自理

人物志卷上

人物志卷中

魏　邯鄲劉邵著
涼　燉煌劉昞注
明　新安程榮校

材能第五

材能大小其準不同量力而授所任乃濟

或曰人材有能大而不能小猶函牛之鼎不可以烹雞愚以爲此非名也夫人材猶器大小異或者以大鼎不能烹雞喻大材不能治小失其名也夫能之爲言已定之稱先有定質而後能名生焉豈有能大而不能小乎凡所謂能大而不能小其語出於性有

寬急（寬者弘裕，急者急切）性有寬急，故宜有大小（寬弘宜治大，急切宜治小）。寬弘之人宜爲郡國，使下得施其功而總成其事（急切則煩碎，事不成）；急小之人宜理百里，使事辦於己（弘裕則綱漏廢事荒矣）。然則郡之與縣，異體之大小者也（明能治大郡則能治小郡，能治大縣亦治小縣）。能以實理寬急論辯之，則當言大小異宜，不當言能大不能小也（若能大而不能小，仲尼豈不爲季氏臣）。若夫雞之與牛，亦異體之小大也（鼎能烹牛亦能烹雞，銚能烹雞亦能烹犢），故鼎亦宜有大小；若以烹犢，則豈不能烹雞乎（但有宜與不宜，豈有能與不能）？故能治大郡，則亦能治小郡矣。推此論之，人材各有所宜非獨大小之謂也（文者理有官武者治軍旅）夫人材不同能各有異有自任之能（脩己潔身總禦百官）有立法使人從之之能（法懸人懼無敢犯也）有消息辨護之能（智意辨護周旋得節）有德教師人之能（道術深明動為物教）有行事使人譴讓之能（云為得理義和於時）有司察糾摘之能（督察是非無不區別）有權奇之能（務以奇計成事立功）有威猛之能（猛毅昭著振威敵國）夫能出於材材不同量材能既殊任政亦異是故自任之能清節之材也故在朝也則冢宰之任為國則矯直之政（其身正故掌天官而總百揆）立法之能治家之材也故在朝也則司寇之任為國

則公正之政法無私故掌秋官而詰姦暴計策之能術家之材也故在朝也則三孤之任爲國則變化之政計慮明故輔三槐而助道論人事之能智意之材也故在朝也則冢宰之佐爲國則諧合之政智意審故佐天官而諧內外行事之能譴讓之材也故在朝也則司寇之任爲國則督責之政辨衆事故佐秋官而督儆慢權奇之能伎倆之材也故在朝也則司空之任爲國則藝事之政伎能巧故任冬官而成藝事司察之能臧否之材也故在朝也則師氏之佐爲國則刻削之政是非章故佐師氏而察善否威猛之能豪傑之材也故在朝也則

将帥之任爲國則嚴厲之政體果毅故總六師而振威武凡偏材
之人皆一味之美譬飴以甘爲名酒以苦爲實故長於辨一官弓工
揉材而有餘力而短於爲一國兼掌陶治器不成矣何者夫一官之任
以一味協五味鹽人調鹽醯人調醯則五味成矣譬梓里治材土官治墻則厦屋成一
國之政以無味和五味水以無味故五味得其和猶君體平淡則百官施其用
又國有俗化民有劇易五方不同風俗各異土有剛柔民有劇易而人材
不同故政有得失以簡治易則得治煩則失是以王化之政宜於
統大易簡而天下之理得矣以之治小則迂網疏而呑舟之姦漏辨護之
政宜於治煩事皆辨護煩亂乃理以之治易則無易甚於督促民不便也

策術之政宜於治難權畧無方解釋患難以之治平則無奇術數
煩衆民不安矣矯抗之政宜於治侈矯枉過正以厲侈靡以之治弊則
殘俗弊治嚴則民殘矣諧和之政宜於治新國新禮殺苟合而已以之治
舊則虛苟合之教非礼實也公刻之政宜於糾姦刻削不深姦亂不止以
之治邊則失衆衆民憚法易逃叛矣威猛之政宜於討亂乱民桀逆
非威不服以之治善則暴政猛民殘濫良善矣伎倆之政宜於治富
以國彊民以使以之治貧則勞而不困易貨改鑄民失業矣故量能
授官不可不審也凡此之能皆偏材之人也故或能
言而不能行或能行而不能言智勝則能言材勝則能行至於國

體之人能言能行故爲衆材之雋也人君之能異於此（平淡無爲以任衆能）故臣以自任爲能（竭力致功以取爵位）君以用人爲能（任賢使能國家自理）臣以能言爲能（各言其能而受其官）君以能聽爲能（聽言觀行而授其官）臣以能行爲能（必行其所言）君以能賞罰爲能（必當其功過也）所能不同（君無爲而臣有事）故能君衆材也（若君以有爲代大匠斲則衆能失巧功不成矣）

利害第六（建法陳術以利國家及其弊也害歸於已）

蓋人業之流各有利害（流漸失源故利害生）夫節清之業著于儀容發於德行（心清意正則德容殊著）未用而章其道順而有

化德輝昭著故不試而效效理於人故物無不化故其未達也爲衆人之所
進理順則衆人樂進之既達也爲上下之所敬德和理順誰能慢之其功
足以激濁揚清師範僚友其爲業也無弊而常顯非徒
不弊存而有顯故爲世之所貴德信有常人不能賤法家之業本于制
度待乎成功而效法以禁姦姦止乃效其道前苦而後治嚴而
爲衆初布威嚴是以勞苦終以道化是以民治故其未達也爲衆人之所
忌姦黨樂乱忌法者衆已試也爲上下之所憚憲防肅然内外振慄其功
足以立法成治民不爲非治道乃成其弊也爲群枉之所讐法行
寵貴終受其害其爲業也有敝而不常用明君乃能用之明不繼世故法不彊

常用故功大而不終是以商君車裂吳起支解術家之業出於聰思待於謀得而章斷於未行人無信者功成事效而後乃彰也其道先微而後著精而且玄計謀微妙其始至精終始合符是以道著其未達也爲衆人之所不識謀在功前衆何由識其用也爲明主之所珍暗生昧然豈能貴之其功足以運籌通變變以求通故能成其功其退也藏於隱微計出微密是以不露其爲業也奇而希用主計神奇用之者希也故或沈微而不章世希能用道何由章智意之業本于原度其道順而不忤將順時宜何忤之有故其未達也爲衆人之所容矣庶事不逆善者來親已達也爲寵愛之所嘉與衆同和內外美之其功足

以讚明計慮媚順於時言計是信也其敝也知進而不退不見忌害
是以慕進也或離正以自全用心多媚故違於正其爲業也譎而難
持韜情譎智非推正之倫也故或先利而後害知進忘退取悔之道臧否之
業本乎是非其道廉而且砭清而混雜砭去纖芥故其未達也
爲衆人之所識清潔不汙在幽而明已達也爲衆人之所稱業常
明白出則受譽其功足以變察是非理清道潔是非不亂其敝也爲詆
訶之所怨詆訶之徒不樂聞過其爲業也峭而不裕峭察於物何能寬裕
故或先得而後離衆清亮爲時所稱理峭爲衆所憚伎倆之業本于
事能其道辨而且速伎計如神是以速辨其未達也爲衆人之

所異伎能出衆故雖微而顯已達也爲官司之所任遂事成功政之所務其功足以理煩糾邪釋煩理邪亦須伎倆其敝也民勞而下困上不端而下困大乎其爲業也細而不泰故爲治之末也道不平弘其能

接識第七推己接物俱識同體兼能之士乃達羣材

夫人初甚難知貌厚情深難得知也而士無衆寡皆自以爲知人故以己觀人則以爲可知也己尚清節則凡清節者皆己之所知觀人之察人則以爲不識也夫何哉由己之所尚在於清節人之所好在於利欲曲直不同於他便謂人不識物也是故能識同體之善性長思謀則善策畧

之士而或失異量之美遵法者雖美乃思謀之所不取何以論其然夫
清節之人以正直為度故其歷象材也能識性行之
常度在正直故悅有恒之人而或疑法術之詭謂守正足以致治何以法術為也
法制之人以分數為度故能識較方直之量度在法分故悅
方直之人而不貴變化之術謂法分足以濟業何以術謀為也術謀之人
以思謨為度故能成策畧之奇度在思謀故貴策畧之人而不識
遵法之良謂司謨足以化民何以法制為也器能之人以辨護為度
故能職方略之規度在辨護故悅方計之人而不知制度之原謂方
計足以立功何以制度為也智意之人以原意為度故能識韜諝

之權度在原意故悅翰諝之人而不貴法教之常謂原意足以為正何以法理為
也伎倆之人以邀功為度故能識進趣之功度在邀功故悅
功能之人而不通道德之化謂伎能足以成事何以道德為也臧否之人
以伺察為度故能識訶砭之明度在同察故悅譴詞之人而不暢
倜儻之異謂譴訶乃成教何以寬弘為也言語之人以辨析為度故
能識捷給之惠度在剖析故悅敏給之人而不知含章之美謂辨論事
乃理何以含章為也是以互相非駁莫肯相是人皆自以為是誰肯道人之是
取同體也則接詥而相得性能苟同則雖胡越接響而情通取異體
也雖歷久而不知性能苟異則雖比肩歷年而逾踈矣凡此之類皆謂

一流之材也故同體則親異體則踈若二至已上亦隨其所兼
以及異數法家兼術故能以術輔法故一流之人能識一流之善
以法治者所以舉不過法二流之人能識二流之美體法術者法術兼行盡
有諸流則亦能兼達衆材體通八流則八材當位物無不理故兼材
之人與國體同謂八材之人始進陳言冢宰之官察其所以欲觀其一隅
則終朝足以識之將究其詳則三日而後足何謂三
日而後足夫國體之人兼有三材故談不三日不足
以盡之一以論道德二以論法制三以論策術然後
乃能竭其所長而舉之不疑在上者兼明八材然後乃能盡其所進用而無

疑矣然則何以知其兼偏而與之言乎察言之時何以識其偏材何以
識其兼材也其為人也務以流數杼人之所長而為之名
目如是兼也每因事類杼盡人之所能為之名目言不容口如陳以美欲人
稱之已之有善因事自說又欲令人言常稱已不欲知人之所有如是者
偏也人之有善耳不樂聞人稱之口不和也不欲知人則言無不疑聞法
則疑其刻削聞術則疑其詭詐是故以深說淺益深益異淺者意近故聞深理
而心逾術是以商君說帝王之道不入則以彊兵之義示之異則相返反則相非
聞深則心衍焉得而相是是以李兌塞而不聽蘇秦之說是故多陳處直則以
為見美以其多方疑似見美也靜聽不言則以為虛空待時來語疑其

無實抗爲高談則爲不遜辭護理高疑其凌己遜讓不盡則以為淺陋卑言寡氣疑其淺薄言稱一善則以爲不薄未敢多陳疑其陋狹歷發衆奇則以爲多端偏舉事類則欲以釋之復以為多端先意而言則以為分美言合其意疑分已美因失難之則以爲不喻欲補其失反不喻也說以對反則以爲較已欲反其事而明言乃疑其較也博以異雜則以爲無要控盡所懷謂之無要論以同體然後乃悅弟兄忿肆為陳管蔡之事則欣暢而和悅於是乎有親愛之情稱舉之譽苟言之同非徒親愛而已乃至譽而舉之此偏材之常失意常婣護欲人同已已不必得何由暫得

英雄第八

自非平淡能各有名英爲文昌雄爲武稱

夫草之精秀者爲英獸之特群者爲雄物尚有之況於人乎故人之文武茂異取名於此文以英爲名武以雄爲號是故聰明秀出謂之英膽力過人謂之雄此其大體之別名也若校其分數則牙則須英得雄分然後成章雄得英分然後成剛各以二分取彼一分然後乃成膽者雄之分智者英之分英有聰明須膽而後成雄有膽力須知而後立何以論其然夫聰明者英之分也不得雄之膽則說不行智而無膽不能正言膽力者雄之分也不得英之智則事不立勇而無謀不能立事是故英以其聰謀始以其明見機智以謀事之始明以見事之機待雄之膽行之不決則不能行雄以其力

服衆以其勇排難非力衆不服非勇難不排待英之智成之智以制宜巧乃可成然後乃能各濟其所長也譬金待水而成利功物得水然後成養功若聰能謀始而明不見機乃可以坐論而不可以處事智能坐論而明不見機何事務之能處聰能謀始明能見機而勇不能行可以循常而不可以慮變明能循常勇不能行何應變之能為若力能過人而勇不能行可以為力人未可以為先登力雖絕群膽雄不決何先鋒之能為力能過人勇能行之而智不能斷事可以為先登未足以為將帥力能先登臨事無謀何將帥之能為必聰能謀始明能見機膽能決之然後可以為英張良

是也氣力過人勇能行之智足斷事乃可以為雄韓
信是也體分不同以多為目故英雄異名張良英智多韓信雄
膽勝然皆偏至之材人臣之任也故英可以為相制勝于近
雄可以為將揚威于遠若一人之身兼有英雄則能長世
高祖項羽是也然英之分以多於雄而英不可以少
也英以致智智能役雄何可少也英分少則智者去之故項羽氣力
蓋世明能合變膽烈無前濟江焚糧而不能聽采奇異有一范
增不用是以陳平之徒皆亡歸高祖英分多故群雄
服之英材歸之兩得其用雄既服矣英又歸之故能吞秦破楚

宅有天下然則英雄多少能自勝之數也（勝在於身則能勝物）徒英而不雄則雄材不服也（內無生於中外物何由人）徒雄而不英則智者不歸往也（無名以接之智者何由往）故雄能得雄不能得英（兕虎自成羣也）英能得英不能得雄（鸞凤自相親也）故一人之身兼有英雄乃能役英與雄能役英與雄故能成大業也（武以服之文以綏之則業隆當年福流後世）

八觀第九（群材異品志各異帰觀其通否所格者八）

八觀者一曰觀其奪救以明間雜（或慈欲濟恤而恡奪某人或救濟廣厚而乞醯為惠）二曰觀其感變以審常度（觀其慍作則常度可審）三曰

觀其志質以知其名徵質相應覩色知名四曰觀其所由以辨
依似依許似直倉卒難明察其所安昭然可辨五曰觀其愛敬以知通塞
純愛則物親而情通純敬則理疏而情塞六曰觀其情機以辨恕惑得其所欲
則恕違其所欲則慼七曰觀其所短以知其長許剌雖短而長於為直八
曰觀其聰明以知所達雖體衆材而材不聰明事事蔽塞其何能達何謂
觀其奪救以明間雜夫質有至有違剛質無欲所以為至貪情或勝
所以為違若至勝違則惡情奪正若然而不然以欲勝剛以此似剛
而不剛故仁出於慈有慈而不仁者仁必有恤有仁而
不恤者厲必有剛有厲而不剛者若夫見可憐則流

涕（慈心發於中）將分與則怯當是慈而不仁者（為仁者必濟恤）覬
危急則惻隱（仁情動於內）將赴救則畏患是仁而不恤者
（為恤者必赴危）處虛義則色厲（精厲見於貌）顧利慾則內荏是厲
而不剛者（為剛者以無慾）然則慈而不仁者則怯奪之也（愛財
傷於慈）仁而不恤者則懼奪之也（恇怯損於仁）厲而不剛者
則慾奪之也（利慾害於剛）故曰慈不能勝怯無必其能仁
也（愛則不施何於仁之為能）仁不能勝懼無必其能恤也（畏懦不果何恤
之能行）厲不能勝慾無必其能剛也（情存利終何剛之能成）是故
不仁之質勝則伎力為害器（仁質既弱而有伎力此害己之器也）貪悖

之性勝則彊猛為禍悌廉質既負而性強猛此禍已之悌也亦有善情救惡不至為害惡物宜翦而除純善之人憐而救之此禍厚之人非大害也愛惠分篤雖傲狎不離平生結交情厚分深雖原壞夷俟而不相棄無大過也助善著明雖疾惡無害也如殺無道以就有道疾惡雖甚無大非也救濟過厚雖取人不貪也取人之物以有救濟雖譏在乞醯非大貪也是故觀其奪救而明間雜之情可得知也或畏怯奪慈仁或救過濟其分而平淡之主順而恕何謂觀其感变以審常度夫人厚貌深情將欲求之必觀其辭旨察其應贊視發言之旨趣觀應和之當否夫觀其辭旨猶聽音之善醜音唱而善醜別察其應贊猶視智之能否

也聲和而能否別故觀辭察應足以互相別識彼唱此和是非相舉然
則論顯揚正白也辭顯唱正是曰明白不善言應玄也默而識之是曰
玄也經緯玄白通也明辨是非可謂通理移易無正雜也理不一據言意
渾雜先識未然聖也追思玄事叡也見事過人明也以
明為晦智也心雖明之常若不足微忽必識妙也理雖至微而能察之美
妙不昧踈也心致昭然是曰踈明測之益深實也心有實智探之愈精猶泉
滋中出測之益深也假合炫燿虛也道聽塗說久而無實猶池水無源浅而虗竭自
見其美不足也智不贍足恐人不知以自伐不伐其能有餘也不畏
不知故曰凡事不度必有其故色貌失實必有憂喜之故憂患之色

乏而且荒憂患在心故形色荒疾疾之色亂而垢雜黃黑色雜理多塵垢喜色愉然以懌慍色厲然以揚妬惑之色冐昧無常粗白粗赤憒憒在面及其動作荅竝言辭色既發揚言亦從之是故其言甚懌而精色不從者中有違也心恨而言強和色貌終不相從其言有違而精色可信者辭不敏也言不自盡故辭雖違而色貌可信言未發而怒色先見者意憤溢也憤怒填胷者未言而色貌已作言將發而怒氣送之者彊所不然也欲強行不然之事故怒氣助言凡此之類徵見於外不可奄違心懽而怒容意恨而和貌雖欲違之精色不從心動貌從感愕以明雖變可知情雖在內感愕發外千形萬貌粗可

知矣是故觀其感變而常度之情可知觀人辭色而知其心物有常度然後審矣何謂觀其至質以知其名凡偏材之性二至以上則至質相發而令名生矣二至質氣之謂也質直氣清則善名生矣是故骨直氣清則休名生焉骨氣相應名是以美氣清力勁則烈名生焉氣既清矣力勁則烈勁智精理則能名生焉智既勁矣精理則能稱智直彊慤則任名生焉直而又美是以見任集于端質則令德濟焉質微端和善德乃成加之學則文理灼焉圭玉有質瑩則成文是故觀其所至之多少而異名之所生可知也尋其質氣覽其清濁雖有多少之異異狀之名斷可知之何謂觀其所由以辨依似夫純

訐性違不能公正（質氣俱訐何正之有）依訐似直以訐訐善（以直之訐計及良善）純宕似流不能通道（質氣俱宕何道能通）依宕似通行傲過節（似通之宕容傲無節）故曰直者亦訐訐者亦訐其訐則同其所以爲訐則異（直人之訐訐惡憚非純訐為訐訐善刺是）通者亦宕宕者亦宕其宕則同其所以為宕則異（通人之宕簡而達道純宕傲僻以自恣）然則何以別之直而能溫者德也（溫和為直所以為德）直而好訐者偏也（性直過訐所以為偏）訐而不直者依也（純訐似直所以為依）道而能節者通也（以道自節所以為通）通而時過者偏也（性通時過所以為偏）宕而不節者依也（純宕自通所以為依）偏之與依志

同質違所謂似是而非也質同通直或偏或依是故輕諾似烈
而寡信不量己力輕許死人臨雖畏怯不能殉命多易似能而無効不顧材能
日謂能辨受事猖獗作無効驗進銳似精而去速精躁之人不能久任訶者似
察而事煩譴訶之人每多煩乱許施似惠而無成當時似給終無所成面
從似忠而退違阿順目前却則自是此似是而非者也紫色乱朱聖人
惡之亦有似非而是者事同於非功實則是其大權似姦而有功
伊去太甲以成其功大智似愚而內明終日不違內實分別慱愛似虛而
實厚汎愛無私似虛而實正言似訐而情忠譬帝桀紂至誠忠愛夫察似
明非御情之反欲察似類審則是非御取人情反覆明之有似理訟其實

難別也故聖人參訊廣訪與衆共之非天下之至精其孰能得其

實若其實可得何憂乎驩兜何迁乎有苗是以昧旦辰興揚明反陋語之三槐詢之九棘故聽

言信貌或失其眞言訥貌惡仲尼失之子羽詭情御反或失其賢

疑非人情公孫失之卜戎實否之察實在所依雖其難知即當尋其所依而察之

是故觀其所依而似類之質可知也雖其不盡得其實然察其所依

似身其體氣粗可幾矣何謂觀其愛敬以知通塞蓋人道之極

莫過愛敬愛生於父子敬立於君臣是故孝經以愛為至德起父子之

親故為至德以敬爲要道終君臣之義故為道之要易以感為德氣通生物

人得之以利養以謙爲道尊卑殊別道之次序老子以無爲德施化無方德之

則也以虛爲道寂寞無為道之倫也禮以敬爲本礼由陰作肅然清淨樂以愛爲主樂由陽來欢然親愛然則人情之質有愛敬之誠方在哺乳愛敬生矣則與道德同體動獲人心而道無不通也體道修德故物順理通然愛不可少於敬少於敬則廉節者歸之廉人好敬是以歸之而衆人不與衆人樂愛愛少是以不與愛多於敬則雖廉節者不悅而愛接者死之廉人寡常人衆衆人樂愛致其死則事成業濟是故愛之為道不可少矣何則敬之爲道也嚴而相離其勢難久動必肅容過之不及逆旅之人不及溫和而歸也愛之爲道也情親意厚深而感物煦渝篤寀感物深感是以醫柔之人倒戈報德是故觀其愛敬之誠而

通塞之理可得而知也篤於慈愛則溫和而上下之情通務在私敬則嚴肅而外內之情塞然必愛敬相須不可一時而無然行其二義者常當務令愛多敬少然後肅穆之風可得希矣

何謂觀其情機以辨恕惑天人之情有六機杼其所欲則喜為有力者譽烏獲其心莫不忻焉不杼其所能則怨為辨給者稱三純其心莫不忿然以自伐歷之則惡抗已所能以歷衆人衆人所惡以謙損下之則悅卑損不人人皆喜悅犯其所乏則婟人皆悅已所長惡已所短故稱其所短則婟戾忿肆以惡犯婟則妬自伐其能人所惡也稱人之短人所婟也令伐其所能犯人所婟則妬害生也此人性之六機也夫人情莫不欲遂其志志之所欲欲遂已成故烈士樂奮力之功遭難而力士奮善士樂督

政之訓政脩而善士用能士樂治亂之事治乱而求賢能術士樂計
策之謀廣筭而求其策辨士樂陵訊之辞賓贊而求辨給貪者樂貨
財之積貨財積則貪者容其求幸者樂權勢之尤權勢之尤則幸者窃其柄
苟贊其志則莫不欣然是所謂抒其所欲則喜也所欲
之心抒盡復之何悲乎若不抒其所能則不獲其志不獲其志則
戚憂已才之不展是故功力不建則怨士奮奮憤不能盡其材也德行
不訓則正人哀哀不得行具化政亂不治則能者歎歎不得用其能
敵乱未弭則術人思思不得運其奇貨財不積則貪者憂憂無
所收其利權勢不尤則幸者悲悲不得弄其權是所謂不抒其能

則怨也所怨不杅其能悅也人情莫不欲處前故惡人之自伐皆欲居物先故惡人之自我也自伐皆欲勝之類也是故自伐其善則莫不惡也惡其有勝己之心是所謂自伐歷之則惡也是以達者終不自伐人情皆欲求勝故悅人之謙謙所以下之下有推與之意是故人無賢愚接之以謙則無不色擇不問能否皆欲勝人是所謂以謙下之則悅也是以君子終日謙謙人情皆欲掩其所短見其所長稱其所長則悅稱其所短則慍是故人駮其所短似若物冒之情之憤悶有若覆冒是所謂駮其所乏則媢也覆冒純塞其心媢矣人情陵上者也見人勝己皆欲陵之陵犯其所

惡雖見憎未害也雖惡我自伐未甚疾害也若以長駮短是所謂
以惡犯媢則妒惡生矣以己之長較人之短而取其害是以達者不為之也凡
此六機其歸皆欲處上物之自大人人皆尔是以君子接物犯
而不校知物情好勝雖或以小犯已終不較拒也不校則無不敬下所以
避其害也務行謙敬誰害之哉求人則不然既不見機不達妒害之機
而欲人之順己謂欲人無違己以佯愛敬為見異孔光逡巡董賢欣喜
以偶邀會為輕己謂非本心忿其輕己苟犯其機則深以為怨小人
易悅而難事是故觀其情機而賢鄙之志可得而知也賢明
志在退下鄙劣志在陵上是以平淡之主御之以正
訓貪者之所憂戒幸者之所悲然後物不自伐下不

陵上贊否當位治道有序何謂觀其所短以知所長夫偏材之人皆有所短智不能周也故直之失也許刺許傷於義故其父攘羊其子證之剛之失也厲剛切傷於理故諫君不從承之以劍和之失也愞愞弱不及道故宮之奇為人撓不能強諫介之失也拘拘愚不達事尾生守信死於橋下夫直者不許無以成其直既悅其直不可非其許用人之直恕其許也許也者直之徵也非許不能為直剛者不厲無以濟其剛既悅其剛不可非其厲用人之剛恕其厲也厲也者剛之徵也非厲不能為剛和者不愞無以保其和既悅其和不可非其懦用人之和恕其愞也愞也者和之徵也非懦不能為知介者不拘無以

守其介既悅其介不可非其拘（用人之介恕其拘也）拘也者介
之徵也（非拘不能為介）然有短者未必能長也（純計之人未能正真）有
長者必以短爲徵（純和之人徵必愞弱）是故觀其徵之所短而
其材之所長可知也（欲用其剛必采之於厲）何謂觀其聰則以
知所達夫仁者德之基也（載德而行）義者德之節也（制德之所
宜也）禮者德之文也（禮德之文理也）信者德之固也（固德之所執也）智
者德之帥也（非智不成德）夫智出於明（明達乃成智）明之於人
猶晝之待白日夜之待燭火（火日所以照晝夜智達所以明物理）其明
益盛者所見及遠（火日愈明所照愈遠智達彌明理通彌深）及遠之明難

聖人猶有不及是故守業勤學未必及材生知者上學能者次材藝精巧未必及理因習成巧淺於至理理義辯給未必及智理成事業於味玄智智能經事未必及道役智經務去道遠矣道思玄遠然後乃周道無不載故無不周是謂學不及材材不及理理不及智智不及道道智玄微故四變而後及道也者回覆變通理不繫一故變通之是故別而論之各自獨行則仁為勝仁者濟物之資明者見物而已合而俱用則明為將仁者待明其功乃成故以明將仁則無不懷威以使之仁以恤之以明將義則無不勝示以斷割之宜以明將理則無不通理若明練萬事乃達然則苟無聰明無以能遂暗者昧時何能

成務成遂故好聲而實不克則恢恢迂遠於實好辯而理不至則煩辭煩而無正理好法而思不深則刻刻過於理好術而計不足則偽詭誑詐也是故鈞材而好學明者為師比力而爭智者為雄等德而齊達者稱聖聖之為稱明智之極名也是以動而為天下法言而為萬世範居上位而不亢在下位而不悶是以觀其聰明而所達之材可知也

人物志卷中 終

人物志卷下

魏　邯鄲劉邵著

涼　燉煌劉昞注

明　新安程榮校

七繆第十（人物之理妙而難明以情鑒察繆猶有七）

七繆一曰察譽有偏頗之繆（徵質不明故聽有偏頗也）二曰接物有愛惡之惑（或情同志其惡或意異違其善也）三曰度心有小大之誤（或小知而大無成或小暗而大無明）四曰品質有早晚之疑（有早智而速成者有晚智而晚成者）五曰變類有同體之嫌（材同勢均則相競材同勢傾則相敬）

六曰論材有申壓之詭藉富貴則惠施而名申處貧賤則乞求而名壓七曰觀奇有二尤之失妙尤含藏直尤虛瑰故察难中也夫采訪之要不在多少事無巨細要在得正然徵質不明者信耳而不敢信自目不能察而信於耳故人以爲是則心隨而明之人以為非則意轉而化之信人毀譽故向之所是化而為非雖無所嫌意若不疑信毀譽者心雖無嫌意周疑矣且人察物亦自有誤愛憎兼之其情萬原明既不察加之愛惡是非是疑豈可勝計不暢其本胡可必信去愛憎之情則實理得矣是故知人者以目正耳雖聽人言常正之以目不知人者以耳敗目親見其誠猶信毀而棄之故州閭之士皆譽皆毀未

可爲正也或衆附阿党或獨立不群交遊之人譽不三周未必信
是也交結致譽不三周色貌取人而行違之夫實厚之士交遊之間必
每所在肩稱言忠信行篤敬雖蠻貊之邦行矣上等援之下等推之
蠻貊推之況州里乎苟不能周必有咎毀行不篤敬者或諂諛得上而失於下或阿
党得下而失於上故偏上失下則其終有毀非之者多故不能終偏下
失上則其進不傑衆雖推之上不信異故誠能三周則爲國所
利此正直之交也由其正直故名有利故皆合而是亦有違比
或違正阿党故合而是之皆合而非或在其中或特立不群故合而非之若有
奇異之材則非衆所見奇逸絶衆衆何由識而耳所聽采以多

爲信 不能審查其材但信衆人言也 是繆於察譽者也 信言察物必多繆夫是以聖人如有所譽必有所試 夫愛善疾惡人情所常 不問賢愚情皆同之也 苟不明質或疎善善非 非者見善善者見疎豈故然哉由意不明 何以論之

夫善非者雖非猶有所是 既有百非必有一是 以其所是順已所長 惡人一是與已所長同也 則不自覺情通意親忽忘其惡 以與已同忘其百非謂矯駕為至孝殘桃為至忠 善人雖善猶有所之 雖有百善或有一短 以其所之不明已長 善人一短與已所長異也 以其所長輕已所短則不自知志乖氣違忽忘其善 以與已異百善皆棄謂曲秋為七首葬楯為反具耶 是惑於愛惡者也 徵質暗昧者其於接物常以愛惡惑異其正

夫精欲深微，質欲懿重，志欲弘大，心欲嗛小。精微所以入神妙也（麄則失神），懿重所以崇德宇也（躁則失身），志大所以戡物任也（小則不勝），心小所以慎咎悔也（大則驕陵）。故詩詠文王小心翼翼，不大聲以色，小心也（言不貪求大名，聲見於顏色）；王赫斯怒，以對于天下，志大也（故能誅紂定天下，以致太平）。由此論之，心小志大者，聖賢之倫也（心小故以服事殷，志大故三分天下有其二）；心大志大者，豪傑之儁也（志大而心又大，故名豪儁）；心大志小者，傲蕩之類也（志小而心闊遠，故為傲蕩之流也）；心小志小者，拘愞之人也（心近志短，豈能弘大）。衆人之察，或陋其心小（見沛公燒絶棧道謂其不能定天下或壯其志大見項羽號稱強楚便謂足以匡諸侯是誤於小大者也由智不能察其度心常誤於小大夫人材不同成有早晚有早智而速成者質清氣朗生則秀異故童烏蒼舒總角曜奇也有晚智而晚成者質重氣遲則久乃成器故公孫含道者而後章有少無智而終無所成者質濁氣暗終老無成故原壤年老聖人叩脛而不能化有少有令材遂為雋器者幼而通理長則愈明故常材發奇於應賓效德於公相四者之理不可不察當察其早晚隨時而用之夫幼智之人材智精達然其在童髦皆有端緒仲尼戲言俎豆鄧艾指圖軍旅故文本辭繁初辭繁者長必文麗辯始給口幼給口者長必辯論也仁出慈恤幼慈恤者長必矜人施發過與幼過

與者長必好施慎生畏懼幼多畏者長必謹慎廉起不取幼不妄取長必清廉早智者淺惠而見速見小事則達其形容晚成者奇識而舒遲智雖舒緩能識其妙終暗者並困於不足事務難易意皆昧然遂務者周達而有餘事無大小皆能極之而眾人之察不慮其變常以一槩責於終始是疑於早晚者也或以早成而疑晚智或以晚智而疑早成故於品質常有妙失也夫人情莫不趣名利避損害名利之路在於是得是得在己名利與之損害之源在於非失非失在己損害攻之故人無賢愚皆欲使是得在己賢者尚然況愚者乎能明己是莫過同體體同於我則能明己是以偏材之人交遊進趨之類皆親愛同體

而譽之同體能明己是以親而譽之憎惡對反而毀之與己體反是以惡而踈之序異雜而不尚也不與己同不與己異則雖不憎亦不尚之推而論之無他故焉大譽同體毀對反所以証彼非而著己是也由與己同體故証彼非而著己是也至于異雜之人於彼無益於己無害則序而不尚不以彼為是不以己為非都無損益何所尚之是故同體之人常患於過譽譬俱為力人則力小者慕大力天者提小故其相譽常失其實也及其名敵則尠能相下若俱能負鼎則事勝之心生故不能相下是故直者性奮好人行直於人見人正直則心好之而不能受人之訐利己之非則訐而不受盡者情露好人行盡於人見人穎露則心好之而

不能納人之徑說已徑盡則違之不納務名者樂人之進趨過人見人乘人則悅其進趨而不能出陵已之後人陵於已則忿而不服是故性同而材傾則相援而相賴也並有旅力則大能獎小性同而勢均則相競而相害也恐彼勝已則妬善之心生此又同體之變也故或助直而毀直人直過人已直則非毀之心生或與明而毀明人明通於已明則妬害之心動而衆人之察不辨其律理是嫌於體同也體同尚然況異體乎夫人所處異勢勢有申壓富貴遂達勢之申也身處富貴物不能屈是以佩六國之印父母迎於百里之外貧賤窮匱勢之壓也身在貧賤志何申展是以黑貂之裘弊妻嫂墮子閨門之内上材之

人能行人所不能行凡云為動靜周非衆人之所及是故達有勞謙之稱窮有著明之節材出于衆其進則衰多並寡勞謙濟世退則履道坦坦幽人貞吉中材之人則隨世損益守常之智申壓在時故勢來則益勢去則損是故藉富貴則貨財充於內施惠周於外貲財自餘恣意周濟見贍者求可稱而譽之感其恩紀匡救其惡是以朱建受金而為食其盡計見援者闡小美而大之感其引援將順其美是以曹丘見接為季布揚名雖無異材猶行成而名立夫富與貴可不欣哉乃至無善而行成無智而名立是以富貴妻嫂恭況他人乎處貧賤則欲施而無財欲援而無勢有慈心而無以拯識奇材而不能援親戚不能恤朋友不見濟內無蔬食之饋外無緼袍之贈

分義不復立恩愛浸以離意氣皆空薄分意何由立怨望者並至
歸非者日多非徒薄已遂生怨謗之言雖無罪乜猶無故而廢也
夫貧與賤可不慵哉乃至無由而生謗無罪而見廢是故貧賤妻子漫況他人乎故世有佞
儉名由進退行雖在我而名稱在世是以良農能稼未必能穡天下皆富則
清貧者雖若必無委頓之憂家給人足路人皆饋之且有辭施
之高以獲榮名之利得辭施之高名受餘光之善利皆貧則求假無
所告家貧戶乏粟成珠玉而有窮乏之患且生鄙吝之訟乞假無遺
與嫂叔爭糟糠是故鈎材而進有與之者則體益而茂遂已既
自足復須給賜則名美行成所為遂達私理卑抑有累之者已既不足親戚並囷

則徵降而稍退上等不援下等不推而衆人之觀不理其本各
指其所在謂申達者爲材能壓屈者爲愚短是疑於申壓者也材智雖鈞
貴賤殊塗申壓之變在乎貧富夫清雅之美著乎形質察之寡失形色
外著故可得而察之失繆之由恒在二尤二尤之生與物異列
是故非常人之所見故尤妙之人含精於内外無飾姿譬金氷内明而
不外朗故馮唐白首屈於郎署尤虛之人碩言瑰姿内實乖反猶燭火外
照灰燼内暗故主父偃辭麗一歲四遷而人之求奇不可以精微測其
玄機明異希其尤奇異非精不察或以貌少爲不足覩醜茂貌悪便疑其
淺陋或以瑰姿爲巨偉見江克貌麗便謂其巨偉或以直露爲虛華

（以其欺盡疑無厚實）以巧飾爲真實（巧言如流悅而覩之）是以早拔多誤不如順次（或以其羅爲早成而用之於早歲或訣復欲順次也）夫順次常度也苟不察其實亦焉往而不失（徵質不明不能識奇故使順次亦不能得）故遺賢而賢有濟則恨在不早拔（故鄭伯謝之於燭武）拔奇而奇有敗則患在不素別（故光武悔之於朱浮）任意而獨繆則悔在不廣問（秦穆不從蹇叔雖追誓而無及）廣問而誤己則怨己不自信（隗囂心存於漢而為王元所誤）是以驥子發足衆士乃誤韓信立功淮陰乃震夫豈惡奇而好疑哉乃尤物不世見而奇逸美異也（故非常人之所識也）是以張良體弱而精强為衆

智之雋也不以質弱而傷於智荆叔色平而神勇爲衆勇之傑也不以色和而傷於勇然則雋傑者衆人之尤也奇逸過於衆人故衆人不能及聖人者衆尤之尤也通達過於衆奇故衆奇不能逮其尤彌出者其道彌遠非天下之至精其孰能與於此故一國之雋於州爲輩未得爲第也郡國之所雋異比於州郡未及其第目一州之第於天下爲棖州郡之所第目以比天下之雋棖而不可及棖一回反棖也天下之棖世有優劣英人不世繼是以伊召管齊應運乃出是故衆人之所貴各貴其出已之尤智材勝已則以爲貴而不貴尤之所尤尤之尤者非是衆人之所識故衆人之明能知輩士之數衆人明者粗知郡國出輩之士而已而不

能知第目之度乃未識郡國品第之雋輩士之明能知第目之度出輩明者粗知郡國第目之良不能識出尤之良也未識出尤奇異之理出尤之人能知聖人之教瞻之在前忽焉在後不能究之入室之奧也如有所立卓尓雖欲從之末由也已由是論之人物之理妙不可得而窮已為當擬諸形容象其物宜觀其會通舉其一隅而已

效難第十一人材精微實自難知知之難審效薦之難

蓋知人之效有二難有難知之難尤奇遊雜是以難知有知之而無由得效之難已雖知之無由得薦何謂難知之難人物精微智無形狀奇逸精妙能神而明欲入其神而明其智其道甚難固難知

之難也知人則哲惟帝難之況常人乎是以衆人之察不能盡備各守其一方而己故各自立度以相觀采以己所能歷觀衆才或相其形容以貌狀取人或候其動作以進趨取人或揆其終始以發正取人或揆其儀象以言意取人或推其細微以情理取人或恐其過誤以簡恕取人或循其所言以辭音取人或稽其行事以功效取人八者遊雜各以意之所可為准是以雜而無紀故其得者少所失者多但取其同於己而失其異於己己不必兼故失者多是故必有草創信形之誤或色貌取人而行違又有居止變化之謬或身在江海心在魏闕故其接遇觀人也隨行信名失其中情是以聖人聽言觀行如有所譽必有所試

故淺美揚露則以為有異（智淺易見狀似異美）深明沉漠則以為空虛（智深內明狀似無實）分別妙理則以為離婁（研精至理狀似離婁）口傳甲乙則以為義理（強指物類狀似有理）好說是非則以為臧否（妄說是非似明善否）講目成名則以為人物（強議賢愚似明人物）平道政事則以為國體（妄論時事似識國體）猶聽有聲之類名隨其音（七者不能明物皆隨行而為之名猶聽猫音而謂之猫聽雀音而謂之雀不知二蟲竟何名也世之疑惑皆此類也是以魯國儒服者衆人皆謂之佇立而問之一人而已）夫名非實用之不效（南箕不可以簸揚北斗不可挹酒漿）故曰名猶口進而實從事退（衆覩形而名之故用而不驗也）中情之人名不副實用之有效（真智

在中衆不能見故無外名而有內實故名由衆退而實從事章效立則名章
此草創之常失也淺智無終深智無始故人之參物常失之於初衆故必待
居止然後識之視其所止觀其所居而焉不知故居視其所安安其舊者
敦於仁達視其所舉舉剛直者厚於義富視其所與與嚴壯者明於礼
窮視其所為為經術者勤於智貧視其所取取其分者存於信然後
乃能知賢否行此者賢及此者否此又已試非始相也試而知之豈相
也哉所以知質未足以知其略畧在變通不可常准且矢下之人
不可得皆與遊處故視其外狀可以得一未足盡知或志趣變易隨
物而化是以世祖失之龐萌曹公失之量卓或未至而懸欲或已至而

易顧李軼始專心於光武終歿顧於聖公或窮約而力行或得志而從
欲王莽初則布衣折節卒則窮奢極侈此又居止之所失也情愛如此誰能定之
由是論之能兩得其要是難知之難既知其情又察其變故非常人
之所審何謂無由得效之難上材已莫知已難識知或所識
者在幼賤之中未達而喪未及進達其人已喪或所識者未拔
而先沒未及扳舉已先沒世或曲高和寡唱不見讚公叔座薦商鞅而魏
王不能困或身卑力微言不見亮禽息舉百里奚首足皆碎或噐非時
好不見信貴竇后方好黃老儒者何由見進或不在其位無由得拔
卞和非因匠所以抱璞泣或在其位以有所屈迫何武舉公孫錄而為王氏所推

是以良材識真萬不一遇也材能雖良當遇知已知已雖遇當值明王三者之遭萬不一會須識真在位識百不一有也雖識已真或不在位以位勢值可薦致之宜十不一合也識已須在位智達復須宜或明足識真有所妨奪不欲貢薦雖識辨賢愚而屈於妨奪故有不欲或好貢薦而不能識真在位之人雖心好賢善而明不能識是故知與不知相與分乱於總猥之中或好賢而不識或知賢而心妬故用與不用同於衆總紛然淆乱實知者患於不得達效身無位次無由效達不知者亦自以為未識身雖在位而不能識所謂無由得效之難也故曰知人之效有二難是以人主常當運其聰智廣其視聰明揚側陋旁求俊乂舉能不避仇讐拔賢

不棄幽隱然後國家可得而治功業可得而濟也

釋爭第十二賢善不伐況小事乎釋忿去爭必荷榮福

蓋善以不伐為大為善而自伐其能衆人之所小賢以自矜為損賢行而去自賢之心何往而不益哉是故舜讓于德而顯義登聞湯降不遲而聖敬日躋彼二帝雖天挺聖德生而上哲猶懷勞謙疾行退下然後信義登聞光宅天位却至上人而抑下滋甚王叔好爭而終于出犇此二大夫矜功陵物或宗遺族滅或迯禍出奔由此觀之爭讓之道豈不懸歟然則卑讓降下者茂進之遂路也江海所以為百谷王以其處下也矜奮侵陵者毀塞之險途也兕虎所以攖牢檻以其性獷噬也是以君子舉不敢越

儀準志不敢凌軌等足不苟蹈常懷退下内勤己以自濟外謙讓以敬懼獨處不敢為非出門如見大賓是以怨難不在於身而榮福通於長久也外物不見傷子孫賴以免彼小人則不然矜功伐能好以陵人初無巨細心發揚以陵物是以在前者人害之矜能奔縱人情所害有功者人毀之恃功驕盈人情所毀毀敗者人幸之及其覆敗人情所幸是故並轡爭先而不能相奪小人競進智不相過並驅爭險更相蹈籍兩頓俱折而為後者所趨中道而斃後者乘之譬兔殛犬疲而田父收其功由是論之爭讓之途其別明矣君子尚讓故涉萬里而塗清小人好爭足未動而路塞然好勝之人猶謂不然貪則好勝雖聞德讓之風意猶昧然

乃云古人讓以得今人讓以夫心之所是起而爭之以在前為速銳以處後為
留滯故行坐汲汲不暇脂車以下眾為卑屈以躡等為異傑苟矜
起等不羞負乘以讓敵為迴辱以陵上為高厲故趙穿不顧元帥彘子以
偏師陷是故抗奮遂往不能自反也譬虎狼食生物遂有殺人之怒夫
以抗遇賢必見遜下相如為廉頗逡巡兩得其利以抗遇暴必搆
敵難灌夫不為田蚡持下兩得其尤敵難既搆則是非之理必涵而
難明俱自是而非彼誰明之耶涵而難明則其與自毀何以異哉
兩虎共鬭小者死大者傷焉得而兩全且人之毀己皆發怨憾而变生
舋也老本無憾恨遺事際會亦不致毀害必依託於事飾成端末凡相毀謗

必因事類而飾成之其餘聽者雖不盡信猶半以為然也由言有端
角故信之者半已之校報亦又如之復當報謗為生翅尾終其所歸亦
各有半信著於遠近也俱有形狀不知其實是以近遠之聽皆半信於此半信於
彼然則交氣疾爭者為易口而自毀也已說又之瑕人亦說已之
識雖詈人自取其詈也並辭競說者為貪手以自殿辭忿則力爭已既殿
人人亦殿已此為借乎以自殿其為惑繆豈不甚哉借手自殿借口自詈非惑如何
然原其所由豈有躬自厚責以致變訟者乎已能自責人亦
自責兩不言競變訟何由生哉皆由內恕不足外望不已所以爭者由內不能
恕已自責而外望於人不已也或怨彼輕我或疾彼勝已是故心爭終無休已

夫我薄而彼輕之則由我曲而彼直也（曲而見輕固其宜矣）我賢而彼不知則見輕非我咎也（親反傷也固其宜矣）若彼賢而處我前則我德之未至也（德輕在彼固所宜也）若德鈞而彼先我則我德之近次也（德鈞年次固其常矣）夫何怨哉且兩賢未别則能讓者爲雋矣（材鈞而不爭優劣衆人善其讓）爭雋未别則用力者爲雋矣（雋等而名未别衆人惡其鬪）是故藺相如以廻車決勝於廉頗寇恂以不鬪取賢於賈復（此二賢者知爭途不可由故回車退避或酒炙迎送故廉賈肉袒爭尚泯矣）物勢之反乃君子所謂道也（龍蛇之蟄以存身尺蠖之屈以求伸蟲微物耳尚知蟠屈況於人乎）是故君子知屈之

可以為伸故含辱而不辭韓信屈於跨下之辱知卑讓之可以
勝敵故下之而不疑展喜犒齊師之謂也及其終極乃轉禍而
為福晋文避楚三舍而有城濮之勳屈讎而為友相如下廉頗為刎頸之交而使
怨讎不延於後嗣而美名宣於無窮子孫荷其榮蔭竹帛紀其高義
君子之道豈不裕乎若偏急好爭則身危當年何後來之能福且君子能
受纖微之小嫌故無變鬬之大訟大訟起於纖芥故君子慎其小小
人不能忍小忿之故終有赫赫之敗辱小人以小惡為無傷而不
去故罪大不可解惡積不可救怨在微而下之猶可以為謙德也怨有
纖微則謙德可以除之變在萌而爭之則禍成而不救矣消消不息

遂成江河水漏覆舟胡可救哉是故陳餘以張耳之变卒受離身之
害思復須臾之忿忘終身之惡是以身滅而嗣絕也彭寵以朱浮之郄終有
覆亡之禍恨督責之小故違終始之大計是以宗夷而族夷也禍福之機可不
慎哉二女爭桑吳楚之難作季邱鬪雞魯國之釁作可不畏歟可不畏歟是故君子之
求勝也以推讓為利鋭推讓所往前無堅敵以自修爲棚櫓修己
以敬物無害者靜則閑嘿泯之玄門動則由恭順之通路時可
以靜則重閑而玄嘿時可以動則履正而後進是以戰勝而爭不形動靜得節故勝
無與爭爭不以力故勝功見耳敵服而怨不構干戈不用何怨構之有若然者
悔恡不存于聲色夫何顯爭之有哉色貌猶不動況力爭乎彼

顯爭者必自以為賢人而人以為險詖者以己為賢專固自是是己非人人得不爭乎實無險德則無可毀之義若信有險德又何可與訟乎險而與之訟是柙兕而攖虎其可乎怒而害人亦必矣易曰險而違者訟訟必有衆起言險而行違必起衆而成訟矣老子曰夫惟不爭故天下莫能與之爭以謀讓為務者所往而無爭是故君子以爭途之不可由也由於爭途者必覆輸而致禍是以越俗乘高獨行於三等之上何謂三等大無功而自矜一等空虛自矜故為下等也有功而伐之二等自伐其能故為中等功大而不伐三等推功於物故為上等愚而好勝

一等（不自量度故為下等）賢而尚人，二等（自美其能故為中等）賢而能讓，三等（婦善於物故為上等）緩已急人，一等（性不恕人故為下等）急已急人，二等（褊戾峭刻故為中等）急已寬人，三等（謹身恕物故為上等）凡此數者，皆道之奇物之變也（心不純一是為奇變）三變而後得之，故人莫能遠也（小人安其下等何由能反哉）夫唯知道通變者然後能處之（處上等而不失者也）是故孟之反以不伐獲聖人之譽（不伐其功美譽自生）管叔以辭賞受嘉重之賜（不貪其賞嘉賜自致）夫豈詭遇以求之哉，乃純德自然之所合也（豈故不代辭賞詭情求名耶乃至直發於中自與理會也）彼君子知自損之為益，故功一而美二自損而行成名立小人不知自益之爲損故一伐而並失自伐而行毀名喪由此論之則不伐者伐之也不爭者爭之也不伐而名章不爭而理得讓敵者勝之也下衆者上之也退讓而敵服謙尊而德光君子誠能覩爭途之名險獨乘高於玄路則光暉煥而日新德聲倫於古人矣避忿肆之險途獨逍遥於上等遠燕雀於啁啾足鳴鳳於玄曠然後德輝耀於來今清光作於往代

人物志卷下

右人物志三卷十二篇魏劉邵撰案隋唐經籍志篇第皆與今同列于名家十六國時燉煌劉昞重其書始作注解然世所傳本多謬誤今合官私書校之去其複重附益之文為定本内或疑字無書可證者今據衆本皆相承傳疑難輒意改云邵之叙五行曰簡暢而明砭火之德也徧檢書傳無明砭之證案字書砭者以石刺病此外更無他訓然自魏晋以後轉相傳寫豕亥之變莫能究知不尔則邵當別有異聞今則亡矣愚謂明砭都無意義自東晋諸公草書啓字為然疑為簡暢而明啓耳文寛夫題

劉邵字孔才廣平邯鄲人也擿今官書魏志作勉劭之劭從力他本或從邑者晉邑之名案字書此二訓外無他釋然俱不協孔才之意說文則為邵音同上但召旁從卩耳訓高也李舟切韻訓美也高美又與孔才義符楊子法言曰周公之才之邵是也今俗寫法言亦作邑旁邵葢力卩文近易訛讀者又昧偏旁之別今定從邵云建安中為計吏詣許太史上言正旦當日蝕邵時在尚書令荀或所坐者數十人或云當廢朝或云宜却會邵曰梓慎裨竈古之良史猶占水火錯失天時禮記曰諸侯旅見天子及門不得終礼者四日蝕在一然則聖人垂訓不為变豫廢朝礼者或災消異伏或推衍謬誤也或善其言敕朝

會如舊日亦不蝕魏黄初中爲尚書郎散騎侍郎受
詔集五更群書以類相從作皇覽後與議郎庾嶷荀
詢等定科令作新律十八篇著律畧論遷散騎常侍
嘗作趙都賦明帝美之詔劭作許都洛都賦時外興
軍旅内營宫室劭作二賦皆諷諫焉景初中受詔爲
都官考課劭作七十二條及畧說一篇又以謂宜制
礼作樂以移風俗著洛論十四篇正始中執經講學
賜爵關内侯凡所撰述法論人物志之類百餘篇卒
追贈光禄勳詔書博求衆賢散騎侍郎夏侯惠上疏

盛稱邵才史臣陳壽亦曰邵該覽學籍文質周洽云

劉昞字延明燉煌人也年十四就博士郭瑀瑀弟子五百餘人通經業者八十餘人瑀有女始笄妙選良偶有心於昞遂別設一席謂弟子曰吾有一女欲覓快女婿誰坐此席者吾當婚焉昞遂奮坐神志湛然曰昞其人也瑀遂以女妻之昞後隱居酒泉不應州郡命弟子受業者五百餘人李暠據涼州徵為儒林祭酒從事郎暠好尚文典書史穿落者親自補葺昞時侍側請代其事暠曰躬自執者欲人重此典籍吾與卿相遇何異孔明之會玄德遷撫夷護軍雖有政

務手不釋卷暠曰卿注記篇籍以燭繼晝白日且然、
夜可休息昞曰朝聞道夕死可矣不知老之將至孔
聖稱言昞何人斯敢不如此昞以三史文繁著略記
百三十篇八十四卷燉煌實錄二十卷方言三卷靖
恭堂銘一卷注周易韓子人物志黃石公三畧行於
世沮渠蒙遜平酒泉拜秘書郎專管注記築陸沈觀
於西苑躬往禮焉號玄處先生學徒數百月致羊酒
牧犍尊為國師親自致拜命官屬以下皆北面爲業
魏太武平涼州士庶東遷夙聞其名拜樂平王從事

中郎後思歸道病卒以上竝案邵晌本傳剛取其要

云廣平宋庠記

序人物志後

余嘗三復人物志而竊有感焉夫人德性資之繼成初未始有異也而終之相去懸絕者醇駁較於材隆汙判諸習曰三品曰五儀胥是焉而賢不肖殊途矣是以知人之哲古人難之言貌而取人者聖人弗是也茲劉邵氏之有以志人物也乎修己者得之以自觀用人者持之以照物焉可廢諸然用舍之際人材之趨向由之可弗慎乎精於擇而庸適其能篤於任而弗貳以私則眞材獲用大猷允升矣其或偏聽眩

志而用不以道動曰才難吾恐蕭艾弗擇魚目混珍也左馮翊王三省識

人物志跋

劉卲人物志凡十二篇辨性質而準之中庸甄材品以程其職任事核詞章三代而下善評人品者莫或能踰之矣卲生漢末乃其著論體裁纚然有荀卿韓非風致而亹亹自成一家言即九徵八則之論質之孔孟觀人之法唐虞九德之旨自有發所未發者後世欲辨官論材惡可以不知也顧其書獲見者少又脱落難讀

大中丞眞定梁公持節鉞拊鎮中州熊車所莅吏稱

民安爰覓善本加訂正刻之宋郡用以傳之人人授
簡屬吏旻綴一言于末簡旻得卒業反復流業篇國
體器能之說深有味乎其言之也今
中丞公厲風俗正天下謀廟勝三材允兼至其振策
群吏惟器所適靡不奮方展采兢兢罔敢怠遑總達
衆材至矣異日秉鈞當軸將使官不易方而太平用
成知人安民之道拭目身親見之邵之志何幸獲酬
於公哉刻成輙志固陋僭書識刻之歲月覽者當知
言之非佞云

隆慶六年壬申仲夏之吉歸德府知府揭陽鄭旻謹書

人物志附題

夫高談品流蓋末尚哉鈎微蒐隱代之變矣予讀人物志而有感於邵之恕心也懸鑑炤己提衡執物喆士之恒不炤不執漫無臧剌命曰諄德知人顧可後已人情險於山川形淆於眉睫良不易程鳳之性仁其文五色昭明侶鳳性至不仁其文亦五色禾之始培也謂其利材也長而爲櫟則雖其大蔽牛靡所用之士有中外異致始未殊方率類於此自非上賢疇別伍彙邵之爲志也九徵以驗情體別以辨性流業

材理材能而精品任利害接識英雄而家能稱有八觀則志剖有七繆則非獨責副而佹之乎效難平忿而揆之於釋爭總之準繩在體格調劑在中和一依先民之經不越人情之變脩己品物章往詧來抖賢贋於錙銖吹紕疵於毛髮筆端巧運幾奪天真矣是胡爲者挈邵之世度今之年不翅逖鄴邵當日且如此今竟何所底之予故重有感焉志刻於相臺有年板行既久木腐字蝕無當於觀予從而新之既完聊述所見旹在萬曆閼逢涒灘太歲月臨黃鍾天道行

南日也瀛海用齋劉元霖元澤甫題

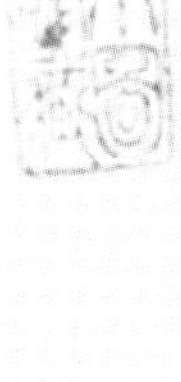

（三國魏）劉邵　撰　（北魏）劉昞　注

人物志三卷

民國六年（1917）潮陽鄭氏刊《龍谿精舍叢書》本

丙辰七月

人物志

楚園

潮陽鄭氏
用守山閣
本叅中州
彭氏本刊

欽定四庫全書提要

人物志三卷魏劉邵撰邵字孔才邯鄲人黃初中官散騎常侍正始中賜爵關內侯事蹟具三國志本傳別本或作劉劭或作劉卲此書末有宋庠跋云據今官書魏志作勉劭之劭從力他本或從邑者晉邑之名案字書此二訓外別無他釋然俱不協孔才之義說文則爲卲音同上但召旁從卩耳訓高也李舟切韻訓美也高美又與孔才義符揚子法言曰周公之才之卲是也所辨精核今從之其註爲劉昞所作昞字延明燉煌人舊本名上結銜題涼儒林祭酒蓋李暠時嘗授是官然十六國春秋稱沮渠蒙遜平酒泉授昞祕書郎專管注記魏

太武時又授樂平從事中郎將則昞歷事三主署涼官者誤矣邵書凡十二篇首尾完具晁公武讀書志作十六篇疑傳寫之誤其書主於論辨人才以外見之符驗內藏之器分別流品研析疑似故隋志以下皆著錄於名家然所言究悉物情而精覈近理視尹文之說兼陳黃老申韓公孫龍之說惟析堅白同異者迥乎不同蓋其家雖近乎名家其理則弗乖於儒者也昞註不涉訓詁惟疏通大意而文詞簡古猶有魏晉之遺漢魏叢書所載惟每篇之首存其解題十六字且以卷首阮逸之序謁題晉人殊爲疏舛此本爲萬曆甲申河間劉用霖所刊蓋用隆慶壬申鄭閔舊版而修之猶古本云

原序

人性爲之原而情者性之流也性發於内情導於外而形色隨之故衺正態度變露莫狀涵而莫覩其眞也惟至哲爲能以材觀情索性尋流照原而善惡之迹判矣聖人沒諸子之言性者各膠一是以倡惑於後是俾馳辨鬭異者得肆其說蔓衍天下故學者莫要其歸而天理幾乎熄矣予好閱古書於史部中得劉邵人物志十二卷極數萬言其述性品之上下材質之兼偏研幽摘微一貫於道若度之長短權之輕重無銖髮藏也大抵考諸行事而約人於中庸之域誠一家之善志也由魏至宋歷數百載其用尚晦而鮮有知者吁可惜哉矧蟲篆殘技無益於教者猶刊鏤以行於世是書也博而

暢辨而不肆非眾說之流也王者得之爲知人之龜鑑士君子得之爲治性修身之檃括其效不爲小矣予安得不序而傳之嬿夫頁金美玉篋櫝一啟而觀者必知其寶也阮逸撰

自序

夫聖賢之所美莫美乎聰明（天以三光著其象人以聰明邵其度）聰明之所貴莫貴乎知人（聰於書記者六藝之一術聰於人物者官材之總司）知人誠智則衆材得其序而庶績之業興矣是以聖人著爻象則立君子小人之辭（君子者小人之師小人者君子之資師資相成其來尚矣）敘詩志則別風俗雅正之業（九土殊風五方異俗是以聖人立其教不易其方制其政不改其俗）制禮樂則考六藝祇庸之德（雖不易其方常以詩禮爲首雖不改其俗常以孝友爲本）躬南面則援俊逸輔相之材皆所以達衆善而成天功也（繼天成物其任至重故求賢舉善常若不及）天功既成則並受名譽（忠臣竭力而效能明君得賢而高枕上下忠愛毀謗何從生哉）是以堯以克明俊德爲稱舜以登庸二八爲功湯以拔有莘之賢爲名文王以舉渭濱之叟爲貴由此論之聖人興德孰不勞聰明於

求人獲安逸於任使者哉（采士飯牛秦穆所以霸西戎一則仲父齊桓所以成九合）是故仲尼不試無所援升猶序門人以爲四科汎論衆材以辨三等（舉德行爲四科之首敘生知爲三等之上明德行者道義之門質志氣者材智之根也）又歎中庸以殊聖人之德（中庸之德其至矣乎人鮮久矣唯聖人能之也）尚德以勸庶幾之論（顔氏之子其殆庶幾乎三月不違仁乃窺德行之門若非志士仁人希邁之性日月至焉者豈能終之）訓六蔽以戒偏材之失（仁者愛物蔽在無斷信者露誠蔽在無隱此偏材之常失也）思狂狷以通拘抗之材（或進趨於道義或潔己而無爲在上者兩順其所能則拘抗並用）疾悾悾而無信以明爲似之難保（厚貌深情聖人難之聽其言而觀其所爲則似託不得逃矣）又曰察其所安觀其所由以知居止之行（言必契始以要終行必覩初以求卒則中外之情麤可觀矣）人物之察也如此其詳（不詳察則官材失其序而庶政之業荒矣）是以敢依聖訓志序人物庶以補綴遺忘惟博識君子裁覽其義焉

人物志目錄

人物志卷上

魏　散騎常侍劉　邵撰

涼　儒林祭酒劉　昞注

九徵第一

（人物情性志氣不同徵神見貌形驗有九）

蓋人物之本出乎情性（性質稟之自然情變由於染習是以觀人察物當尋其性質也）情性之理甚微而元非聖人之察其孰能究之哉（知無形狀故常人不能覩惟聖人目擊而照之）凡有血氣者莫不含元一以為質（質不至則不能涉寒暑歷四時）稟陰陽以立性（性資於陰陽故剛柔之意別矣）體五行而著形（骨勁筋柔皆稟精於金木）苟有形質猶可即而求之（由氣色外著故相者得其情素也）凡人之質量中和

最貴矣質白受采味甘受和中和者百姓之根本人情之良田也中和之質必平淡無味惟淡也故五味得和焉若苦則不能甘矣若酸也則不能鹹矣故能調成五材變化應節平淡無偏羣材必御致用有宜通變無滯是故觀人察質必先察其平淡而後求其聰明譬之驥騄雖迢迢絕羣若氣性不和必有毀衡碎首決胸之禍也聰明者陰陽之精離目坎耳視聽之所由也陰陽清和則中叡外明聖人渟耀能兼二美知微知章耳目兼察通幽達微官材授方舉無遺失自非聖人莫能兩遂雖得之於目或失之於耳故明白之士達動之機而暗於元慮達於進趨而暗於止靜以之進趨則欲速而成疾以之深慮則抗奪而不入也元慮之人識靜之原而困於速捷性安沈默而智乏應機以之閑靜則元微之道構以之濟世則勁捷而無成猶火日外照不能內見金水內映不能外光人各有能物各有性是以聖人任明白以進趨委守成於元慮然後動止得節出處應宜矣二者之義蓋陰陽之別也陽動陰靜乃天地之定性況人物乎若量其材質稽

諸五物五物之徵亦各著於厥體矣筋勇色青血勇色赤中動外形豈可匿也其在體也木骨金筋火氣土肌水血五物之象也五性者成形之具五物爲母故氣色從之而具五物之實各有所濟五性不同各有所稟稟性多者則偏性生也是故骨植而柔者謂之宏毅宏毅也者仁之質也木性垂蔭爲仁之質質不宏毅不能成仁氣清而朗者謂之文理文理也者禮之本也火則照察爲禮之本本無文理不能成禮體端而實者謂之貞固貞固也者信之基也土必吐生爲信之基也基不貞固不能成信筋勁而精者謂之勇敢勇敢也者義之決也金能斷割爲義之決決不勇敢不能成義色平而暢者謂之通微通微也者智之原也水流疏達爲智之原原不通微不能成智五質恆性故謂之五常矣五物天地之常氣五德人物之常行五常之別列爲五德是故溫直而擾毅木之德也溫而不直則懦擾而不毅則剉剛塞而宏毅金之德也剛而不塞則決宏而不毅則缺愿

恭而理敬水之德也愿而不恭則悖理而不敬則亂寬栗而柔立土之德也寬而不栗則慢柔而不立則散簡暢而明砭火之德也簡而不暢則滯明而不砭則翳雖體變無窮猶依乎五質人情萬化不可勝極尋常竟源常在於五故其剛柔明暢貞固之徵見乎形容見乎聲色發乎情味各如其象自然之理神動形色誠發於外德輝外耀故心質亮直其儀勁固心質休決其儀進猛心質平理其儀安閒夫儀動成容各有態度直容之動矯矯行行休容之動業業蹌蹌德容之動顒顒卬卬夫容之動作發乎心氣心氣於內形見於外心氣之徵則聲變是也心不繫一聲和乃變夫氣合成聲聲應律呂清而亮者律和而平者呂有和平之聲有清暢之聲有回衍之聲心氣不同故聲發亦異也夫聲暢於氣則實存貌色非氣無以成聲聲成則貌應故誠仁必有溫柔之色誠勇必有矜奮之色誠智必有明達

之色聲既殊管故色亦異狀夫色見於貌所謂徵神貌色疾徐為神之徵驗徵神見貌則情發於目目為心候故應心而發故仁目之精愨然以端心不傾倚則視不回衺勇膽之精曄然以彊志不怯懦則視不衰悴然皆偏至之材以勝體為質者也未能不厲而威不怒而嚴故勝質不精則其事不遂能勇而不能怯動必悔吝隨之是故直而不柔則木木彊激訐失其正直勁而不精則力負鼎絕臏失其正勁固而不端則愚專己自是陷於愚戇氣而不清則越辭不清順發越無成暢而不平則蕩好智無涯蕩然失紀是故中庸之質異於此類勇而能怯仁而能決其體兩兼故為眾材之主五常既備包以澹味既體鹹酸之量而以無味為御五質內充五精外章五質澹凝淳耀外麗是以目彩五暉之光也心清目朗粲然自耀故曰物生有情形有神精不問賢愚皆受氣質之稟性陰陽但智有精麤形有淺深耳尋其精色視其儀象下至皁隸牧圉皆可想而得之也能知精神則窮理盡性聖人有以見天下之動而擬諸

形容故能窮理盡性以至於命性之所盡九質之徵也陰陽相生數不過九故性情之變質亦同之然則平陂之質在於神神者質之主也故神平則質平神陂則質陂明暗之實在於精精者實之本故精惠則實明精濁則實暗勇怯之勢在於筋筋者勢之用故筋勁則勢勇筋弱則勢怯彊弱之植在於骨骨者植之基故骨剛則植彊骨柔則植弱躁靜之決在於氣氣者決之地也氣盛決於躁氣冲決於靜矣慘懌之情在於色色者情之候也故色悴由情慘色悅由情懌衰正之形在於儀儀者形之表也故儀衰由形殆儀正由形肅態度之動在於容容者動之符也故衰動則容態正動則容度緩急之狀在於言言者心之狀也故心恕則言緩心褊則言急其爲人也質素平澹中叡外朗筋勁植固聲清色懌儀正容直則九徵皆至則純粹之德也非至德大人其孰能與於此九徵有違違爲乖戾也則偏雜之材也或聲清色懌而質不平淡或筋勁植固而儀不崇直三度不同其德異稱偏材荷一至之名兼材居德儀之目兼德體中庸之度故偏至

之材以材自名猶百工眾技各有其名也兼材之人以德為目仁義禮智得其一目兼德之人更為美號道不可以一體說德不可以一方待育萬物而不為仁齊眾形而不為德凝然平淡與物無際誰知其名也是故兼德而至謂之中庸居中履常故謂之中庸中庸也者聖人之目也大仁不可親大義不可報無德而稱寄名於聖人也具體而微謂之德行德行也者大雅之稱也施仁以親物立義以利人失道而成德抑亦其次也一至謂之偏材偏材小雅之質也徒仁而無義徒義而無仁未能兼濟各守一行是以名不及大雅也一徵謂之依似依似亂德之類也純訐似直而非直純宕似通而非通一至一違謂之間雜間雜無恆之人也善惡參渾心無定是無恆之操胡可擬議無恆依似皆風人末流其心孔艱者乃有教化之所不受也末流之質不可勝論是以略而不論也蕃徒成羣豈可數哉

體別第二稟氣陰陽性有剛柔拘抗文質體越各別

夫中庸之德其質無名泯然不繫一貌人無得而稱焉故鹹而不鹻謂之鹹耶無鹻
可容公成百鹵也與鹹同淡而不醰謂之淡耶味復不醰質而不縵謂之質耶理不縵索文而
不繢謂之文耶采不畫繢能威能懷能辨能訥居鹹淡之和處質文之際是以望之儼然卽之
而文言滿天下無辭費變化無方以達爲節應變適化期於通物是以抗者過之
勵然抗奮於進趨之塗而拘者不逮屯然無爲於拘抗之外夫拘抗違中故善有
所章而理有所失養形至甚則虎食其外高門懸薄則病攻其內是故厲直剛毅材
在矯正失在激訐訐刺生於剛厲柔順安恕美在寬容失在少決多疑
生於恕懦雄悍傑健任在膽烈失在多忌慢法生於桀悍精良畏慎善在
恭謹失在多疑疑難生於畏慎彊楷堅勁用在楨幹失在專固專己生於
堅勁論辨理繹能在釋結失在流宕傲宕生於機辨普博周給宏在覆
裕失在溷濁溷濁生於周普清介廉潔節在儉固失在拘局拘局生於廉潔

休動磊落業在攀躋失在疏越（疏越生於磊落）沈靜機密精在元微失在遲緩（遲緩生於沈靜）樸露徑靜質在中誠失在不微（漏露生於徑盡）多智韜情權在譎略失在依違（隱違生於韜情）及其進德之日不止揆中庸以戒之材之拘抗（抗者自是以奮勵拘者自是以守局）而指人之所短以益其失（拘者愈拘抗者愈抗或負石沈軀或抱木燋死）猶晉楚帶劍遞相詭反也（自晉視楚則笑其在左自楚視晉則笑其在右左右雖殊各以其用而不達理者橫相誹謗拘抗相反皆不異此）是故彊毅之人狠剛不和不戒其彊之搪突而以順爲撓厲其抗（以柔順爲撓弱抗其搪突之心）是故可以立法難與入微（狠彊剛戾何機微之能入）柔順之人緩心寬斷不戒其事之不攝而以抗爲劌安其舒（以猛抗爲劌傷安其恕忍之心）是故可與循常難與權疑（緩心寡斷何疑事之能權）雄悍之人氣奮勇決不戒其勇之毀跌而以順爲恇竭其勢（以順忍爲恇怯而竭

其毀跌之勢 是故可以涉難難於居約 奮悍毀跌何約之能居 懼愼之人畏患多忌不戒其愞於爲義而以勇爲狎增其疑 以勇戇爲輕傳而增其疑 畏之心 是故可與保全難與立節 畏患多忌何節義之能立 淩楷之人秉意勁特不戒其情之固護而以辨爲僞彊其事 以辨博爲浮虛而彊其專一之心 是故可以持正難與附衆 執意堅持何人衆之能附 辨博之人論理贍給不戒其辭之汎濫而以楷爲繫遂其流 以楷正爲繫礙而遂其流宕之心 是故可與汎序難與立約 辨博汎濫何質約之能立 宏普之人意愛周洽不戒其交之溷雜而以介爲狷廣其濁 以拘介爲狷戾而廣其溷雜之心 是故可以撫衆難與厲俗 周洽溷雜何風俗之能厲 狷介之人砭 甫廉反 清激濁不戒其道之隘狹而以普爲穢益其拘 以宏普爲穢雜而益其拘扃之心 是故可與守節難以變通 道狹津隘何通塗之能涉 休動之人志慕超越

不戒其意之大猥而以靜爲滯果其銳（以沉靜爲滯屈而增果銳之心）是故
可以進趨難與持後（志在超越何前後之能持）沉靜之人道思迴復不戒
其靜之遲後而以動爲疏美其愞（以躁動爲麤疏而美其懦弱之心）是故可
與深慮難與捷速（思慮迴復何機速之能及）樸露之人中疑實䛕不戒其
實之野直而以譎爲誕露其誠（以權譎爲浮誕而露其誠信之心）是故可與
立信難與消息（實䛕野直何輕重之能量）韜譎之人原度取容不戒其術
之離正而以盡爲愚貴其虛（以欵盡爲愚直而貴其浮虛之心）是故可與讚
善難與矯違（韜譎離正何違衰之能矯）夫學所以成材也（彊毅靜其抗柔順厲其懦）恕
所以推情也（推己之情通物之性）偏材之性不可移轉矣（固守性分聞義不徙）雖
教之以學材成而隨之以失（剛毅之性已成激訐之心彌篤）雖訓之以恕推
情各從其心（意之所非不肯是之於人）信者逆信（推己之信謂人皆信而詐者得容爲僞也）詐

龍谿精舍校刊

者逆詐推己之詐謂人皆詐則信者或受其疑也故學不入道恕不周物偏材之人各是己能何道之能入何物能周也此偏材之益失也材不能兼教之愈失是以宰物者用人之仁去其貪用人之智去其詐然後羣材畢御而道周萬物也矣

流業第三三材爲源習者爲流流漸失源其業各異

蓋人流之業十有二焉性既不同染習又異枝流條別各有志業有清節家行爲物範有法家立憲垂制有術家知慮無方有國體三材純備有器能三材而微有臧否分別是非有伎倆錯意工巧有智意能鍊衆疑有文章屬辭比事有儒學道藝深明有口辨應對給捷有雄傑膽略過人若夫德行高妙容止可法是謂清節之家延陵晏嬰是也建法立制彊國富人是謂法家管仲商鞅是也思通造化策謀奇妙是謂術家范蠡張良是也兼有三材三材皆備德與法術皆純備也其德足以厲風俗其法足以正天

下其術足以謀廟勝伊尹呂望是也是謂國體兼有三材三材皆微（不純備也）其德足以率一國其法足以正鄉邑其術足以權事宜是謂器能子產西門豹是也兼有三材之別各有一流（三材爲源則習者爲流也）淸節之流不能宏恕（以淸爲理何能寬恕）好尚譏訶分別是非（已不寬恕則是非生）是謂臧否子夏之徒是也法家之流不能創思遠圖（法制於近思不及遠）而能受一官之任錯意施巧（務在功成故巧意生）是謂伎倆張敞趙廣漢是也術家之流不能創制垂則（以術求功故不垂則）而能遭變用權權智有餘公正不足（長於權者必短於正）是謂智意陳平韓安國是也凡此八業皆以三材爲本（非德無以正法非法無以興術是以八業之建常以三材爲本）故雖波流分別皆爲經世之材也（耳目殊官其用同功羣材雖異成務一致）能屬文著述是謂文章司馬遷班固是也能傳

聖人之業而不能幹事施政是謂儒學毛公貫公是也辨不入道而應對資給是謂口辨樂毅曹丘生是也膽力絕衆材畧過人是謂驍雄白起韓信是也凡此十二材皆人臣之任也各抗其材不能兼備保守一官故爲人臣之任也主德不預焉主德者聰明平淡總達衆材而不以事自任者也目不求視耳不參聽各司其官則衆材達衆材既達則人主垂拱無爲而理是故主道立則十二材各得其任也上無爲則下當任也清節之德師氏之任也掌以道德教道冑子法家之材司寇之任也掌以刑法禁制發姦術家之材三孤之任也掌以廟謨佐公論正三材純備三公之任也佐於三槐坐而論道三材而微冢宰之任也天官之卿總御百官臧否之材師氏之佐也分別是非以佐師氏智意之材冢宰之佐也師氏制宜以佐天官伎倆之材司空之任也錯意施巧故掌冬官儒學之材安民之任也掌以德教保安

其人文章之材國史之任也憲章紀述垂之後代辨給之材行人之任也掌以應答送迎道路驍雄之材將帥之任也掌轄師旅討平不順是謂主道得而臣道序官不易方而太平用成太平之所以成由官人之不易方若使足操物手求行四體何由當理若道不平淡與一材同好則一材處權而衆材失任矣惟規之用則矩不得立其方繩不得經其直雖目運規矩無由成矣

材理第四

材既殊塗理亦異趣故講羣材至理乃定

夫建事立義莫不須理而定言前定則不惑事前定則不躓及其論難鮮能定之夫何故哉蓋理多品而人異也事有萬端人情舛駁誰能定之夫理多品則難通人材異則情詭情詭難通則理失而事違也情詭理多何由而得夫理有四部道義事情各有部也明有四家明通四部各有其家情有九偏以情犯明得失有九流有七似似是而非其流有七說有三失辭勝理滯所失者三難有六

構彊良競氣忿構有六通有八能聰思明達能通者八若夫天地氣化盈虛損益道之理也以道化人與時消息法制正事事之理也以法理人務在憲制禮教宜適義之理也以禮教之進止得宜人情樞機情之理也觀物之情在於言語四理不同其於才也須明而章明待質而行是故質於理合而有明明足見理理足成家道義與事情各有家是故質性平淡思心元微容不躁擾其心詳密能通自然道理之家也以道爲理故能通自然也質性警徹權略機捷容不遲鈍則其心機速能理煩速事理之家也以事爲理故審於理煩也質性和平能論禮教容不失適則禮教得中辨其得失義理之家也以義爲禮故明於得失也質性機解推情原意容不妄動則原物得意能適其變情理之家也以情爲理故能極物之變四家之明既異而有九偏之情以性犯明各有得失明出於眞情動於性情勝明則蔽故雖得而必喪也剛略之人不能理微

用意麤疏意不元微故其論大體則宏博而高遠性剛則志遠歷纖理則宕

往而疏越志遠故疏越抗厲之人不能回撓用意猛奮志不旋屈論法直則

括處而公正性厲則理毅說變通則否戾而不入理毅則滯礙堅勁之

人好攻其事實用意端確言不虛徐指機理則穎灼而徹盡性確則言盡涉

大道則徑露而單持言切則義少辨給之人辭煩而意銳用意疾急志不

在退挫推人事則精識而窮理性銳則窮理即大義則恢愕而不周

理細故遺大浮沉之人不能沉思用意虛廓志不淵密序疏數則豁達而傲

博性浮則志微立事要則爁炎而不定志傲則理疏淺解之人不能深

難用意淺脫思不深熟聽辨說則擬鍔而愉悅性淺則易悅審精理則掉轉

而無根易悅故無根寬恕之人不能速捷用意徐緩思不速疾論仁義則宏

詳而長雅性恕則理雅趨時務則遲緩而不及徐雅故遲緩溫柔之人

力不休彊（用意温潤，志不美悅）味道理則順適而和暢（性和則理順）擬疑難
則濡愞而不盡（理順故依違）好奇之人橫逸而求異（用意奇特，志不同物）造
權譎則倜儻而瓌壯（性奇則尚麗）案清道則詭常而恢迂（奇逸故恢詭）
此所謂性有九偏各從其心之所可以爲理（心之所可以爲理，是非相蔽終
無休已）若乃性不精暢則流有七似有漫談陳說似有流行者（
浮漫流雅，似若可行）有理少多端似若博意者（辭繁喻博，似若宏廣）有迴說合意
似若讚解者（外佯稱善，內實不知）有處後持長從衆所安似能聽斷者（
實自無知，如不言觀，察衆談讚其所安）有避難不應似若有餘而實不知者（實不
能知，妄佯不應，似有所知而不答者）有慕通口解似悅而不懌者（聞言即說，有似於解者，心
中漫漫，不能悟）有因勝情失窮而稱妙（辭已窮矣，自以爲妙而未盡）跌則掎蹠（理已
跌矣而彊牽據）實求兩解似理不可屈者（辭窮理屈，心樂兩解而言猶不止，聽者謂之未屈）

凡此七似衆人之所惑也 非明鏡焉能鑑之 夫辯有理勝 理至不可動 有辭勝 辭巧不可屈 理勝者正白黑以廣論釋微妙而通之 說事分明有如粉黛朗然區別辭不漬雜 辭勝者破正理以求異求異則正失矣 以白馬非白馬一朝而服於人及其至關禁錮直而後過也 夫九偏之材有同有反有雜同則相解 譬水流於水 反則相非 猶火滅於水 雜則相恢 亦不必同又不必異所以恢達 故善接論者度所長而論之 因其所能則其言易曉 歷之不動則不說也 意在狗馬彼俟他日 傍無聽達則不難也 凡相難講爲達者聽 不善接論者說之以雜反 彼意在狗而說以馬彼意大同而說以小異 說之以雜反則不入矣 以方入圓理終不可 善喻者以一言明數事 辭附於理則言寡而事明 不善喻者百言不明一意 辭遠乎理雖汎濫多言己不自明況他人乎 百言不明一意則不聽也 自意不明誰聽之 是說之三失也善難者務釋事本 每得理而止住 不善難者舍

龍谿精舍校刊

本而理末（逐其言而接之）舍本而理末則辭構矣（不尋其本理以煩辭相文）而善攻彊者下其盛銳（對家彊梁始氣必盛故善攻彊者避其初鼓也）扶其本指以漸攻之（二鼓氣勝衰則易攻）不善攻彊者引其誤辭以挫其銳意（彊者意銳辭或暫誤擊誤挫銳理之難也）挫其銳意則氣構矣（非徒羣言交錯遂至動其聲色）善躡失者指其所跌（彼有所跌暫指不逼）不善躡失者因屈而抵其性（陵其屈跌而抵挫之）因屈而抵其性則怨構矣（非徒聲色而已怨恨逆結於心）或常所思求久乃得之倉卒諭人人不速知則以爲難諭（己自久思而不恕人）以爲難諭則忿構矣（非徒怨恨遂生忿爭）夫盛難之時其誤難迫（氣盛辭誤且當避之）故善難者徵之使還（氣折意還自相應接）不善難者淩而激之雖欲顧藉其勢無由（棄誤顧藉不聽其言）其勢無由則妄構矣（妄言非訾縱橫恣口）凡人心有所思則耳且不能聽（思心一至不聞雷霆）是故並思俱說競相制止欲人

之聽已止他人之言欲使聽己人亦以其方思之故不了己意則以爲不解非不解也當已出言由彼立思故人不解人情莫不諱不解謂其不解則性諱怒諱不解則怒構矣不顧道理是非於其兇怒忿肆凡此六構變之所由興也然雖有變構猶有所得造事立義當須理定故雖有變說小故終於理定功立若說而不難各陳所見則莫知所由矣人人競說若不難質則不知何者可用也由此論之談而定理者眇矣理多端人情異故發言盈庭莫肯執其咎必也聰能聽序登高能賦求物能名如顏回聽哭蒼舒量象思能造端子展謀侵晉得諸侯之盟乃明能見機臾駢覩目動即知秦師退辭能辯意伊籍答吳王一拜一起未足爲勞捷能攝失郭淮答魏帝曰自知必免防風之誅守能待攻墨子謂楚人吾弟子已學之於宋攻能奪守毛遂進曰今日從爲楚不爲趙也楚王從而謝之奪能易予以子之矛易子之盾則物主辭窮兼此八者然後乃能通於天下之理通於天下之理則能通人矣不能兼有八美適

有一能（所謂偏材之人）則所達者偏而所有異目矣（各以所通而立其名）是故聰能聽序謂之名物之材思能造端謂之構架之材明能見機謂之達識之材辭能辯意謂之贍給之材捷能攝失謂之權捷之材守能待攻謂之持論之材攻能奪守謂之推徹之材奪能易予謂之貿說之材通材之人既兼此八材行之以道與通人言則同解而心喻（同即相是是以心相喻）與衆人言則察色而順性（下有盛色避其所短）雖明包衆理不以尙人（恆能謙下故處物上）聰叡資給不以先人（常懷退後故在物上）善言出己理足則止（通理則止不務繁辭）鄙誤在人過而不迫（見人過跌輒當歷避）寫人之所懷扶人之所能（扶贊人之所能則人人自任矣）不以事類犯人之所婟（胡故反與盲人言不諱眇瞎之類）不以言例及己之所長（己有武力不與虣虎之倫）說直說變無所畏惡（通材平釋信而後諫雖觸

龍麟物無害者采蟲聲之善音不以聲醜棄其善曲贊愚人之偶得不以人愚廢其嘉言

奪與有宜去就不留方其盛氣折謝不恡不避銳跌不惜屈撓方其勝

難勝而不矜理自勝耳何所矜也心平志諭無適無莫付是非於道理不負勝以求名

期於得道而已矣是可與論經世而理物也曠然無懷委之至當是以世務自經萬物自理

人物志卷上

人物志卷中

材能第五材能大小其準不同量力而授所任乃濟

或曰人材有能大而不能小猶函牛之鼎不可以烹雞愚以爲此非名也夫人材猶器大小異或者以大鼎不能烹雞喻大材不能治小失其名也夫能之爲言已定之稱先有定質而後能名生焉豈有能大而不能小乎凡所謂能大而不能小其語出於性有寬急寬者宏裕急者急切性有寬急故宜有大小寬宏宜治大急切宜治小寬宏之人宜爲郡國使下得施其功而總成其事急切則煩碎事不成急小之人宜理百里使事辨於已宏裕則網

漏庶事荒矣然則郡之與縣異體之大小者也明能治大郡則能治小郡能治大縣亦能治小縣以實理寬急論辨之則當言大小異宜不當言能大不能小也若能大而不能小仲尼豈不爲季氏臣若夫雞之與牛亦異體之小大也鼎能烹牛亦能烹雞銚能烹雞亦能烹犢故鼎亦宜有大小若以烹犢則豈不能烹雞乎但有宜與不宜豈有能與不能故能治大郡則亦能治小郡矣推此論之人材各有所宜非獨大小之謂也文者理百官武者治軍旅夫人材不同能各有異有自任之能修己潔身總御百官有立法使人從之之能法懸人懼無敢犯也有消息辨護之能智意辨護周旋得節有德教師人之能道術深明動爲物教有行事使人譴讓之能云爲得理義和於時有司察糾擿之能督察是非無不區別有權奇之能務以奇計成事立功有威猛之能猛毅昭著振威敵國夫能出於材材不同量材能既殊任政亦異是故自任

之能清節之材也故在朝也則冢宰之任爲國則矯直之政其身正故掌天官而總百揆立法之能治家之材也故在朝也則司寇之任爲國則公正之政法無私故掌秋官而詰姦暴計策之能術家之材也故在朝也則三孤之任爲國則變化之政計慮明故輔三槐而助論道人事之能智意之材也故在朝也則冢宰之佐爲國則諧合之政智意審故佐天官而諧內外行事之能譴讓之材也故在朝也則司寇之佐爲國則督直之政辨衆事故佐秋官而督傲慢權奇之能伎倆之材也故在朝也則司空之任爲國則藝事之政伎能巧故任冬官而成藝事司察之能臧否之材也故在朝也則師氏之佐爲國則刻削之政是非章故佐師氏而察善否威猛之能豪傑之材也故在朝也則將帥之任爲國則嚴厲之政體果毅故總六師而振威風凡偏材之人皆一

味之美（譬飴以甘爲名酒以苦爲實）故長於辨一官（弓工揉材而有餘力）而短於爲一國（兼掌陶治器不成矣）何者夫一官之任以一味協五味（鹽人調鹽醯人調醯則五味成矣譬梓里治材土官治牆則厦屋成）一國之政以無味和五味（水以無味故五味得其和猶君體平淡則百官施其用）又國有俗化民有劇易（五方不同風俗各異土有剛柔民有劇易）而人材不同故政有得失（以簡治易則得治煩則失）是以王化之政宜於統大（易簡而天下之理得矣）以之治小則迂（網疏而吞舟之姦漏）辨護之政宜於治煩（事皆辨護煩亂乃理）以之治易則無易（甚於督促民不便也）策術之政宜於治難（權畧無方解釋患難）以之治平則無奇（術數煩衆民不安矣）矯抗之政宜於治侈（矯枉過正以厲侈靡）以之治弊則殘（俗弊治嚴則民殘矣）諧和之政宜於治新（國新禮殺苟合而已）以之治舊則虛（苟合之教非禮實也）公刻之政宜於糾姦（刻削不深姦亂不止）以之治邊則失衆（衆民憚法易逃叛矣）威猛之政宜於討

亂（亂民桀逆非威不服）以之治善則暴（政猛民殘濫良善矣）伎倆之政宜於治富（以國彊民以使）以之治民則勞而下困（易貨改鑄民失業矣）故量能授官不可不審也凡此之能皆偏材之人也故或能言而不能行或能行而不能言（智勝則能言材勝則能行）至於國體之人能言能行故爲衆材之雋也人君之能異於此（平淡無爲以任衆能）故臣以自任爲能（竭力致功以取爵位）君以用人爲能（任賢使能國家自理）臣以能言爲能（各言其能而受其官）君以能聽爲能（聽言觀行而授其官）臣以能行爲能（必行其所言）君以能賞罰爲能（必當其功過也）所能不同（君無爲而臣有事）故能君衆材也（若君以有爲代大匠斲則衆能失巧功不成矣）

利害第六（建法陳術以利國家及其弊也害歸於己）

蓋人業之流各有利害（流漸失源故利害生）夫清節之業著於儀容發

於德行（心清意正則德容外著）未用而章其道順而有化（德輝昭著故不試而效效理於人故物無不化）故其未達也爲衆人之所進（理順則衆人樂進之）既達也爲上下之所敬（德和理順誰能慢之）其功足以激濁揚清師範僚友其爲業也無弊而常顯（非徒不弊存而有顯）故爲世之所貴（德治有常人不能賤）法家之業本於制度待乎成功而效（法以禁姦姦止乃效）其道前苦而後治嚴而爲衆（初以威嚴是以勞苦終以道化是以民治）故其未達也爲衆人之所忌（姦黨樂亂忌法者衆）已試也爲上下之所憚（憲綱肅然內外振悚）其功足以立法成治（民不爲非治道乃成）其弊也爲羣枉之所讐（法行寵貴終受其害）其爲業也有敞而不常用（明君乃能用之彊明不繼世故法不常用）故功大而不終（是以商君車裂吳起支解）術家之業出於聰思待於謀得而章（斷於未行人無信者功成事效而後乃彰也）其道先微而後著精而且元（計謀微妙其始至精終始合符是以道著）其未

達也爲衆人之所不識（謀在功前衆何由識）其用也爲明主之所珍（暗主昧然豈能貴之）其功足以運籌通變（變以求通故能成其功）其退也藏於隱微（計出微密是以不露）其爲業也奇而希用（主計神奇用之者希也）故或沈微而不章（世希能用道何由章）智意之業本於原度其道順而不忤（將順時宜何忤之有）故其未達也爲衆人之所容（庶事不逆善者來親）已達也爲寵愛之所嘉（與衆同和內外美之）其功足以讚明計慮（媚順於時言計是信也）其敝也知進而不退（不見忌害是以慕進也）或離正以自全（用心多媚故違於正）其爲業也諝而難持（韜情諝智非雅正之倫也）故或先利而後害（知進忘退取悔之道）臧否之業本乎是非其道廉而且砭（清而混雜砭去纖芥）故其未達也爲衆人之所識（清潔不污在幽而明）已達也爲衆人之所稱（業常明白出則受譽）其功足以變察是非（理清道潔是非不亂）其敝也爲詆訶之所怨（詆訶之徒不樂聞過）其爲

業也峭而不裕峭察於物何能寬裕故或先得而後離衆清亮爲時所稱理峭爲衆所憚伎倆之業本於事能其道辨而且速伎計如神是以速辨其未達也爲衆人之所異伎能出衆故雖微而顯已達也爲官司之所任遂事成功政之所務其功足以理煩糾衺釋煩理衺亦須伎倆其敝也民勞而下困上不端而下困其爲業也細而不泰故爲治之末也道不平宏其能泰乎

接識第七推己接物俱識同體兼能之士乃達羣材

夫人初甚難知貌厚情深難得知也而士無衆寡皆自以爲知人故以己觀人則以爲可知也己尚清節則凡清節者皆己之所知觀人之察人則以爲不識也夫何哉由己之所尚在於清節人之所好在於利欲曲直不同於他便謂人不識物也是故能識同體之善性長思謀則善策畧之士而或失異量之美遵法者雖美乃思謀之所不取何以論其然夫清節之人以正直爲度故其歷衆材也

能識性行之常度在正直故悅有恆之人而或疑法術之詭謂守正足以致治何以法
術爲也法制之人以分數爲度故能識較方直之量度在法分故悅方直
之人而不貴變化之術謂法分足以濟時何以術謀爲也術謀之人以思謨爲
度故能成策畧之奇度在思謀故貴策畧之人而不識遵法之良謂思謨足以化
民何以法制爲也器能之人以辨護爲度故能識方畧之規度在辨護故悅
方計之人而不知制度之原謂方計足以立功何以制度爲也智意之人以原意
爲度故能識韜諝之權度在原意故悅韜諝之人而不貴法教之常謂原意足
以爲正何以法理爲也伎倆之人以邀功爲度故能識進趣之功度在邀功
故悅功能之人而不通道德之化謂伎能足以成事何以道德爲也臧否之人以伺
察爲度故能識訶砭之明度在伺察故悅譏訶之人而不暢倜儻之異謂譏
訶乃成教何以寬宏爲也言語之人以辨析爲度故能識捷給之惠度在剖析

故悅敏捷之人而不知含章之美謂辨論事乃理何以含章為也是以互相非駁莫肯相是人皆自以為是誰肯道人之是取同體也則接論而相得性能苟同則雖胡越接響而情通取異體也雖歷久而不知性能苟異則雖比肩歷年而逾疎矣凡此之類皆謂一流之材也故同體則親異體則疎若二至已上亦隨其所兼以及異數法家兼術故能以術輔法故一流之人能識一流之性以法治者所以舉不過法二流之人能識二流之美體法術者法術兼行盡有諸流則亦能兼達眾材體通八流則八材當位物無不理故兼材之人與國體同謂八材之人始進陳言冢宰之官察其所以欲觀其一隅則終朝足以識之將究其詳則三日而後足何謂三日而後足夫國體之人兼有三材故談不三日不足以盡之一以論道德二以論法制三以論策術然後乃能竭其所長而舉之不疑在上者兼有八材然後乃能盡其所進用而無疑矣

然則何以知其兼偏而與之言乎（察言之時何以識其偏材何以識其兼材也）其爲人也務以流數杼人之所長而爲之名目如是兼也（每因事類杼盡人之所能爲之名目言不容口）如陳己美欲人稱之（己之有善因事自說又欲令人言常稱己）不欲知人之所有如是者偏也（人之有善耳不樂聞人稱之口不和也）不欲知人則言無不疑（聞法則疑其刻削聞術則疑其詭詐）是故以深說淺益深益異（淺者意近故聞深理而心愈衔是以商君說帝王之道不入則以彊兵之義示之）異則相反反則相非（聞深則心衔焉得而相是是以李兌塞耳不聽蘇秦之說）是故多陳處直則以爲見美（以其多方疑似見美也）靜聽不言則以爲虛空（待時來語疑其無實）抗爲高談則爲不遜（辭護理高疑其凌己）遜讓不盡則以爲淺陋（卑言寡氣疑其淺薄）言稱一善則以爲不博（未敢多陳疑其陋狹）歷發衆奇則以爲多端（偏舉事類則欲以釋之復以爲多端）先意而言則以爲分美（言合其意疑分己美）因失難之則以爲

不喻欲補其失故不喻也說以對反則以爲較己欲反其事而明言乃疑其較也博以異雜則以爲無要控盡所懷謂之無要論以同體然後乃悅弟兄忿肆爲陳管蔡之事則歡暢而和悅於是乎有親愛之情稱舉之譽苟言之同非徒親愛而已乃至譽而舉之此偏材之常失意常婣護欲人同己己不必得何由暫得

英雄第八

自非平淡能各有名英爲文昌雄爲武稱

夫草之精秀者爲英獸之特羣者爲雄物尙有之況於人乎故人之文武茂異取名於此文以英爲名武以雄爲號是故聰明秀出謂之英膽力過人謂之雄此其大體之別名也若校其分數則互則須英得雄分然後成章雄得英分然後成剛各以二分取彼一分然後乃成膽者雄之分智者英之分英有聰明須膽而後成雄有膽力須智而後立何以論其然夫聰明者英之分也不得雄之膽則說不行智而無膽不能正言膽力者雄之分也不得英

之智則事不立勇而無謀不能立事是故英以其聰謀始以其明見機智以謀事之始明以見事之機待雄之膽行之不決則不能行雄以其力服衆以其勇排難非力衆不服非勇難不排待英之智成之智以制宜巧乃可成然後乃能各濟其所長也譬金待水而成利功物得水然後成養功若聰能謀始而明不見機乃可以坐論而不可以處事智能坐論而明不見機何事務之能處聰能謀始明能見機而勇不能行可以循常而不可以慮變明能循常勇不能行何應變之能爲若力能過人而勇不能行可以爲力人未可以爲先登力雖絶羣膽雄不決何先鋒之能爲力能過人勇能行之而智不能斷事可以爲先登未足以爲將帥力能先登臨事無謀何將帥之能爲必聽能謀始明能見機膽能決之然後可以爲英張良是也氣力過人勇能行之智足斷事乃可以爲雄韓信是也體分不同以多爲目

故英雄異名（張良英智多，韓信雄膽勝）然皆偏至之材人臣之任也故英可以爲相（制勝於近）雄可以爲將（揚威於遠）若一人之身兼有英雄則能長世高祖項羽是也然英之分以多於雄而英不可以少也（英以致智智能役雄何可少也）英分少則智者去之故項羽氣力蓋世明能合變（膽烈無前濟江焚糧）而不能聽采奇異有一范增不用是以陳平之徒皆亡歸高祖英分多故羣雄服之英材歸之兩得其用（雄既服矣英又歸之）故能吞秦破楚宅有天下然則英雄多少能自勝之數也（勝在於身則能勝物）徒英而不雄則雄材不服也（內無主於中外物何由入）徒雄而不英則智者不歸往也（無名以接之智者何由往）故雄能得雄不能得英（兕虎自成羣也）英能得英不能得雄（鸞鳳自相親也）故一人之身兼有英雄乃能役英與雄能役英與雄故能成大業也（武以服之

文以綏之則業隆當年福流後世

八觀第九

羣材異品志各異歸觀其通否所格者八

八觀者一曰觀其奪救以明間雜或慈欲濟恤而恡奪其人或救濟廣厚而乞醯爲惠二曰觀其感變以審常度觀其愠作則常度可審三曰觀其志質以知其名徵質相應覩色知名四曰觀其所由以辨依似依訐似直倉卒難明察其所安昭然可辨五曰觀其愛敬以知通塞純愛則物親而情通純敬則理疎而情塞六曰觀其情機以辨恕惑得其所欲則恕違其所欲則惑七曰觀其所短以知所長訐剌雖短而長於爲直八曰觀其聰明以知所達雖體衆材而材不聰明事事蔽塞其何能達

何謂觀其奪救以明間雜夫質有至有違剛質無欲所以爲至貪情好勝所以爲違若至勝違則惡情奪正若然而不然以欲勝剛以此似剛而不剛故仁出於慈有慈而不仁者仁必有恤有仁而不恤者厲必有剛

有厲而不剛者若夫見可憐則流涕（慈心發於中）將分與則悋嗇是慈而不仁者（爲仁者必濟恤）覩危急則惻隱（仁情動於內）將赴救則畏患是仁而不恤者（爲恤者必赴危）處虛義則色厲（精厲見於貌）顧利慾則內荏是厲而不剛者（爲剛者必無慾）然則慈而不仁者則悋奪之也（愛財傷於慈）仁而不恤者則懼奪之也（恇怯損於仁）厲而不剛者則慾奪之也（利慾害於剛）故曰慈不能勝悋無必其能仁也（愛而不施何於仁之爲能）仁不能勝懼無必其能恤也（畏懦不果何恤之能行）厲不能勝慾無必其能剛也（情存利慾何剛之能成）是故不仁之質勝則伎力爲害器（仁質既弱而有伎力此害己之器也）貪悖之性勝則彊猛爲禍梯（廉質既負而性彊猛此禍己之梯也）亦有善情救惡不至爲害（惡物宜翦而除純善之人憐而救之此稠厚之人非大害也）愛惠分篤雖傲狎不離（平生結交情厚分深雖原壤夷俟而不相棄無大過也）助善

著明雖疾惡無害也如殺無道以就有道疾惡雖甚無大非也救濟過厚雖取人
不貪也取人之物以有救濟雖譏在乞醯非大貪也是故觀其奪救而明間雜之
情可得知也或畏悋奪慈仁或救濟過其分而平淡之主順而恕何謂觀其感變以審
常度夫人厚貌深情將欲求之必觀其辭旨察其應贊視發言之
旨趣觀應和之能否夫觀其辭旨猶聽音之善醜音唱而善醜別察其應贊猶
視智之能否也聲和而能否別故觀辭察應足以互相別識彼唱此和是非
相舉然則論顯揚正白也辭顯唱正是曰明白不善言應元也默而識之是曰元也
經緯元白通也明辨是非可謂通理移易無正雜也理不一據言意渾雜先識未
然聖也追思元事叡也見事過人明也以明爲晦智也心雖明之
常若不足微忽必識妙也理雖至微而能察之美妙不昧疎也心致昭然是曰疎朗測
之益深實也心有實智探之愈精猶泉滋中出測之益深也假合炫燿虛也道聽塗說久而

無質猶池水無源洩而虛竭自見其美不足也智不贍足恐人不知以自伐不伐其能有餘也不畏不知故曰凡事不度必有其故色貌失實必有憂喜之故憂患之色乏而且荒憂患在心故形色荒疾疢之色亂而垢雜黃黑色雜理多塵垢喜色愉然以懌慍色厲然以揚妒惑之色冒昧無常麤白麤赤憤憤在面及其動作蓋並言辭色既發揚言亦從之是故其言甚懌而精色不從者中有違也心恨而言彊和色貌終不相從其言有違而精色可信者辭不敏也言不自盡故辭雖違而色貌可信言未發而怒色先見者意憤溢也憤怒填胷者未言而色貌已作言將發而怒氣送之者彊所不然也欲彊行不然之事故怒氣助言凡此之類徵見於外不可奄違心懽而怒容意恨而和貌雖欲違之精色不從心動貌從感愕以明雖變可知憤雖在內感愕發外千形萬貌麤可知矣是故觀其感變而常度之情可知觀人辭色而知其心物有常度然後審矣何謂觀其

至質以知其名凡偏材之性二至以上則至質相發而令名生矣（二至質氣之謂也質直氣清則善名生矣）是故骨直氣清則休名生焉（骨氣相應名是以美）氣清力勁則烈名生焉（氣既清矣力勁則烈）勁智精理則能名生焉（智既勁矣精理則能稱）智直彊慤則任名生焉（直而又美是以名任）集於端質則令德濟焉（質徵端和善德乃成）加之學則文理灼焉（圭玉有質瑩則成文）是故觀其所至之多少而異名之所生可知也（尋其質氣覽其清濁雖有多少之異異狀之名斷可知之）何謂觀其所由以辨依似夫純訐性違不能公正（質氣俱訐何正之有）依訐似直以訐訐善（以直之訐訐及良善）純宕似流不能通道（質氣俱宕何道能通）依宕似通行傲過節（似通之宕容傲無節）故曰直者亦訐訐者亦訐其訐則同其所以為訐則異（直人之訐訐惡憚非純訐為訐訐善刺是）通者亦宕宕者亦宕其宕則同其所以為宕則異（通人之宕簡而達道）

純宕傲僻以自恣然則何以別之直而能溫者德也溫和爲直所以爲德直而好訐者偏也性直過訐所以爲偏訐而不直者依也純訐似直所以爲依道而能節者通也以道自節所以爲通通而時過者偏也性通時過所以爲偏宕而不節者依也純宕似通所以爲依偏之與依志同質違所謂似是而非也質同通直或偏或依是故輕諾似烈而寡信不量已力輕許死人臨事懼怯不能殉命多易似能而無效不顧材能自謂能辦受事猖獗皆無效驗進銳似精而去速精躁之人不能久任訶者似察而事煩譴訶之人每多煩亂許施似慧而無成當時似給終無所成面從似忠而退違訶順目前却則自是此似是而非者也紫色亂朱聖人惡之亦有似非而是者事同於非其切實則是大權似姦而有功伊去太甲以成其功大智似愚而內明終日不違內實分明博愛似虛而實厚汎愛無私似虛而實正言似訐而情忠譬帝桀紂至誠忠愛夫察似明非御情之反欲察似類審則是非御取人情

反覆明之有似理訟其實難別也故聖人參訊廣訪與衆共之非天下之至精其孰能得其實若其實可得何憂乎驩兜何遷乎有苗是以昧旦晨興揚明仄陋語之三槐詢之九棘故聽言信貌或失其眞言訥貌惡仲尼失之子羽詭情御反或失其賢疑非人情公孫失之卜式賢否之察實在所依雖其難知卽當尋其所依而察之是故觀其所依而似類之質可知也雖其不盡得其實然察其所依似身其體氣麤可幾矣何謂觀其愛敬以知通塞蓋人道之極莫過愛敬愛生於父子敬立於君臣是故孝經以愛爲至德起父子之親故爲至德以敬爲要道終君臣之義故爲道之要易以感爲德氣通生物人得之以利養以謙爲道尊卑殊別道之次序老子以無爲德施化無方德之則也以虛爲道寂寞無爲道之倫也禮以敬爲本禮由陰作肅然清淨樂以愛爲主樂由陽來歡然親愛然則人情之質有愛敬之誠方在哺乳愛敬生矣則與道德同體動獲人心而道無不通也體道修德故物順理通然愛

不可少於敬少於敬則廉節者歸之廉人好敬是以歸之而衆人不與衆人樂愛愛少是以不與愛多於敬則雖廉節者不悅而愛接者死之廉人寡常人衆衆人樂愛致其死則事成業濟是故愛之爲道不可少矣何則敬之爲道也嚴而相離其勢難久動必肅容過之不久逆旅之人不及溫和而歸也愛之爲道也情親意厚深而感物煦渝篤密感物深感是以翳桑之人倒戈報德是故觀其愛敬之誠而通塞之理可得而知也篤於慈愛則溫和而上下之情通務在禮敬則嚴肅而內外之情塞然必愛敬相須不可一時而無然行其二義者常當務令愛多敬少然後肅穆之風可得希矣何謂觀其情機以辨恕惑夫人之情有六機杼其所欲則喜爲有力者譽烏獲其心莫不折焉不杼其所欲則怨爲辨給者稱三緘其心莫不忿然以自伐歷之則惡抗己所能以歷衆人衆人所惡以謙損下之則悅卑損下人人皆喜悅犯其所乏則婟人皆悅己所長惡己所短故稱其所短則婟戾忿肆以惡犯婟則妒自伐其能人所惡也稱人之短人所婟也

今伐其所能犯人所婟則妒害生也此人情之六機也夫人情莫不欲遂其志志之所欲欲遂已成故烈士樂奮力之功遭難而力士奮善士樂督政之訓修政而善士用能士樂治亂之事治亂而求賢能術士樂計策之謀廣算而求其策辨士樂陵訊之辭賓贊而求辨給貪者樂貨財之積貨財積則貪者容其求幸者樂權勢之尤權勢之尤則幸者竊其柄苟贊其志則莫不欣然是所謂杼其所欲則喜也所欲之心杼盡復何怨乎若不杼其所能則不獲其志不獲其志則戚憂已材之不展是故功力不建則烈士奮奮憤不能盡其材也德行不訓則正人哀哀不得行其化政亂不治則能者歎歎不得用其能敵能未弭則術人思思不得運其奇貨財不積則貪者憂憂無所收其利權勢不尤則幸者悲悲不得弄其權是所謂不杼其能則怨也所怨不杼其能悅也人情莫不欲處前故惡人之自伐皆欲居人先故惡人之自伐也自發皆欲勝

之類也是故自伐其善則莫不惡也惡其有勝己之心是所謂自伐歷之則惡也是以達者終不自伐人情皆欲求勝故悅人之謙謙所以下之下有推與之意是故人無賢愚接之以謙則無不色懌不問能否皆欲勝人是所謂以謙下之則悅也是以君子終日謙謙人情皆欲掩其所短見其所長稱其所長則悅稱其所短則慍是故人駮其所短似若物冒之情之憤悶有若覆冒是所謂駮其所乏則婟也覆冒純塞其心婟戾人情陵上者也見人勝己皆欲陵之陵犯其所惡雖見憎未害也雖惡我自伐未甚疾害也若以長較短是所謂以惡犯婟則妒惡生矣以己之長駮人之短而取其害是以達者不爲之也凡此六機其歸皆欲處上物之自大人人皆爾是以君子接物犯而不校知物情好勝雖或以小犯己終不校拒也不校則無不敬下所以避其害也務行謙敬誰害之哉小人則不然既不見機不達妒害之機而欲人之

順己（謂欲人無違己）以佯愛敬爲見異（孔光逡巡董賢欣喜）以偶邀會爲輕（謂非

本心忿其輕己）苟犯其機則深以爲怨（小人易悅而難事）是故觀其情機而

賢鄙之志可得而知也（賢明志在退下鄙吝志在陵上是以平淡之主御之以正訓貪者之所憂

戒幸者之所悲然後物不自伐下不陵上賢否當位治道有序）何謂觀其所短以知所長夫

偏材之人皆有所短（智不能周也）故直之失也訐（剌訐傷於義故其父攘羊而子

證之）剛之失也厲（剛切傷於理故諫君不從承之於刎）和之失也愞（愞弱不及道故宮之奇爲

人愞不能彊諫）介之失也拘（拘愚不達事尾生守信死於橋下）夫直者不訐無以成

其直既悅其直不可非其訐（用人之直恕其訐也）訐也者直之徵也（非訐

不能爲直）剛者不厲無以濟其剛既悅其剛不可非其厲（明人之剛恕其

厲也）厲也者剛之徵也（非厲不能爲剛）和者不愞無以保其和既悅其

和不可非其愞（用人之和恕其愞也）愞也者和之徵也（非愞不能爲和）介者不

拘無以守其介既悅其介不可非其拘（用人之介恕其拘也）拘也者介之徵也（非拘不能爲介）然有短者未必能長也（純訐之人未能正直）有長者必以短爲徵（純和之人徵必懦弱）是故觀其徵之所短而其材之所長可知也（欲用其剛必采之於厲）何謂觀其聰明以知所達夫仁者德之基也（載德而行）義者德之節也（制德之所宜也）禮者德之文也（禮德之文理也）信者德之固也（固德之所執也）智者德之帥也（非智不成德）夫智出於明（明達乃成智）明之於人猶晝之待白日夜之待燭火（火日所以照晝夜智達所以明物理）其明益甚者所見及遠（火日愈明所照愈遠智達彌明理通彌深）及遠之明難（聖人猶有不及）是故守業勤學未必及材（生知者上學能者次）材藝精巧未必及理（因習成巧淺於至理）理義辨給未必及智（理成事業昧於元智）智能經事未必及道（役智經務去道遠矣）道思元遠然後乃周（道無不載故無不周）是謂學不及

材材不及理理不及智智不及道道智元微故四變而後及道也者回覆變通理不繫一故變通之是故別而論之各自獨行則仁爲勝仁者濟物之資明者見物而已合而俱用則明爲將仁者待明其功乃成故以明將仁則無不懷威以使之仁以恤之以明將義則無不勝示以斷割之宜以明將理則無不通理者明練萬事乃達然則苟無聰明無以能遂暗者昧時何能成務成遂故好聲而實不充則恢恢迂遠於實好辯而理不至則煩辭煩而無正理好法而思不深則刻刻過於理好術而計不足則僞詭誣詐也是故鈞材而好學明者爲師比力而爭智者爲雄等德而齊達者稱聖聖之爲稱明智之極名也是以動而爲天下法言而爲萬世範居上位而不亢在下位而不悶是以觀其聰明而所達之材可知也

人物志 卷中

人物志卷中

人物志卷下

七繆十　　效難十一

釋爭十二

七繆第十（人物之理妙而難明以情鑒察繆猶有七）

七繆一曰察譽有偏頗之繆（徵質不明故聽有偏頗也）二曰接物有愛惡之惑（或情同忘其惡或意異違其善也）三曰度心有小大之誤（或小知而大無成或小暗而大無明）四曰品質有早晚之疑（有早智而速成者有晚智而晚成者）五曰變類有同體之嫌（材同勢均則相競材同勢傾則相敬）六曰論材有申壓之詭（藉富貴則惠施而名申處貧賤則乞求而名壓）七曰觀奇有二尤之失（妙尤含藏直尤虛瑰故察難中也）夫采訪之要不在多少（事無巨細要在得正）然徵質不明者信耳而不敢信目（目不能察而信於耳）故人以為是則心隨而明之人以為非則意

轉而化之信人毀譽故向之所是化而爲非雖無所嫌意若不疑信毀譽者心雖無嫌意固疑矣且人察物亦自有誤愛憎兼之其情萬原明既不察加之愛惡是非是疑豈可勝計不暘其本胡可必信去愛憎之情則實理得矣是故知人者以目正耳雖聽人言常正之以目不知人者以耳敗目親見其誠猶信毀而棄之故州閭之士皆譽皆毀未可爲正也或衆附阿黨或獨立不羣交遊之人譽不三周未必信是也交結致譽不三周色貌取人而行違之夫實厚之士交遊之間必每所在肩稱言忠信行篤敬雖蠻貊之邦行矣上等援之下等推之蠻貊推之況州里乎苟不能周必有咎毀行不篤敬者或諂諛得上而失於下或阿黨得下而失於上故偏上失下則其終有毀非之者多故不能終偏下失上則其進不傑衆雖推之上不信異故誠能三周則爲國所利此正直之交也由其正直故名有利故皆合而是亦有違此或違正阿黨故合而是之皆合而非或在其中或特

立不孝故合而非之若有奇異之材則非衆所見奇逸絕衆衆何由識而耳所聽采以多爲信不能審察其材但信衆人言也是繆於察譽者也信言察物必多繆失是以聖人如有所譽必有所試夫愛善疾惡人情所常不問賢愚情皆同之也苟不明質或疏善善非非者見善善者見疏豈故然哉由意不明何以論之夫善非者雖非猶有所是既有百非必有一是以其所是順己所長惡人一是與己所長同也則不自覺情通意親忽忘其惡以與己同忘其百非謂矯駕爲至孝殘桃爲至忠善人雖善猶有所乏雖有百善或有一短以其所乏不明己長善人一短與己所長異也以其所長輕己所短則不自知志乖氣違忽忘其善以與己異百善皆棄謂曲杖爲匕首葬楯爲反具邪是惑於愛惡者也徵質暗昧者其於接物常以愛惡惑異其正夫精欲深微質欲懿重志欲宏大心欲嗛小精微所以入神妙也麤則失神懿重所以崇德宇也躁則失身志大所以戡物任也小則不勝

心小所以慎咎悔也大則驕陵故詩詠文王小心翼翼不大聲以色小心也言不貪求大名聲見於顏色王赫斯怒以對於天下志大也故能誅討定天下以致太平由此論之心小志大者聖賢之倫也心小故以服事殷志大故三分天下有其二心大志大者豪傑之雋也志大而心又大故名豪雋心大志小者傲蕩之類也志小而心闊遠故爲傲蕩之流也心小志小者拘愞之人也心近志短豈能宏大眾人之察或陋其心小見沛公燒絕棧道謂其不能定天下或壯其志大見項羽號稱彊楚便謂足以匡諸侯是誤於小大者也由智不能察其度心常誤於小大夫人材不同成有早晚有早智而速成者質清氣朗生則秀異故童烏蒼舒緫角曜奇也有晚智而晚成者質重氣遲則久乃成器故公孫含道老而後章有少無智而終無所成者質濁氣暗終老無成故原壤年老聖人叩脛而不能化有少有令材爲雋器者幼而通理長則愈明故常材發奇於應賓效德於公相四者之理不可不察當察

其早晚隨時而用之夫幼智之人材智精達然其在童髦皆有端緒仲尼戲言俎豆鄧艾指圖軍旅故文本辭煩幼辭繁者長必文麗辯始給口幼給口者長必辯論也仁出慈恤幼慈恤者長必矜人施發通與幼過與者長必好施慎生畏懼幼多畏者長必謹慎廉起不取幼不妄取長必清廉早智者淺惠而見速見小事則達其形容晚成者奇識而舒遲智雖舒緩能識其妙終暗者並困於不足事務難易意皆昧然遂務者周達而有餘事無大小皆能極之而衆人之察則慮其變常以一槩責於終始是疑於早晚者也或以早成而疑晚智或以晚智而疑早成故以品質常有妙失也夫人情莫不趣名利避損害名利之路在於是得是得在己名利與之損害之源在於非失非失在己損害攻之故人無賢愚皆欲使是得在己賢者尚然況愚者乎能明己是莫過同體體同於我則能明己是以偏材之人交遊進趨之類皆親愛同體而譽之同體能明己是以親而譽之憎惡對反而

毁之與已體反是以惡而疏之序異雜而不尚也不與已同不與已異則雖不憎亦不尚之推
而論之無他故焉夫譽同體毁對反所以證彼非而著已是
也由與已同體故證彼非而著已是也至於異雜之人於彼無益於已無害則
序而不尚不以彼爲是不以已爲非都無損益何所尚之是故同體之人常患於過
譽譬俱爲力人則力小者慕大力大者提小故其相譽常失其實也及其名敵則尠能相下
若俱能負鼎則爭勝之心生故不能相下是故直者性奮好人行直於人見人正直則心
好之而不能受人之訐刺已之非則訐而不受盡者情露好人行盡於人
見人穎露則心好之而不能納人之徑說已徑盡則違之不納務名者樂人之進
趨過人見人乘人則悅其進趨而不能出陵已之後人陵於已則忿而不服是故
性同而材傾則相援而相賴也並有膂力則大能奬小性同而勢均則
相競而相害也恐彼勝已則妒害之心生此又同體之變也故或助直而

毀直人直過於已直則非毀之心生或與明而毀明人明過於已明則妒害之心動而眾人之察不辨其律理是嫌於同體也體同尚然況異體乎夫人所處異勢勢有申壓富貴遂達勢之申也身處富貴物不能屈是以佩六國之印父母迎於百里之外貧賤窮匱勢之壓也身在貧賤志何申展是以黑貂之裘敝妻嫂憒於閨門之內上材之人能行人所不能行凡云為動靜固非眾人之所及是故達有勞謙之稱窮有著明之節材出於眾其進則裒多益寡勞謙濟世退則履道坦坦幽人貞吉中材之人則隨世損益守常之智申壓在時故勢來則益勢去則損是故藉富貴則貨財充於內施惠周於外貲財有餘恣意周濟見贍者求可稱而譽之感其恩紀匡救其惡是以朱建受金而為食其晝計見援者闡小美而大之感其引接將順其美是以曹邱見接為季布揚名雖無異材猶行成而名立夫富與貴可不欣哉乃至無善而行成無智而名立是以富貴妻嫂恭況他人乎處貧賤則欲施而無財欲援而無勢有慈心而無以

拯識奇才而不能援親戚不能恤朋友不見濟內無蔬食之餽外無縕袍之贈分義不復立恩愛浸以離意氣皆空薄分義何由立怨望者竝至歸非者日多非徒薄已遂生怨謗之言雖無罪尤猶無故而廢也夫貧與賤可不懼哉乃至無尤而生謗無罪而見廢是故貧賤妻子慢況他人乎故世有侈儉名由進退行雖在我而名稱在世是以良農能稼未必能穡天下皆富則淸貧者雖苦必無委頓之憂家給人足路人皆餽之且有辭施之高以獲榮名之利得辭施之高名受餘光之榮利皆貧則求假無所告家貧戶乏粟成珠玉而有窮乏之患且生鄙吝之訟乞假無遺與嫂叔爭糟糠是故鈞材而進有與之者則體益而茂遂已既自足復須給賜則名美行成所爲遂達私理卑抑有累之者已既不足親戚竝困則微降而稍退上等不援下等不推而眾人之觀不理其本各指其所在謂申達者爲材能壓屈者爲愚短是疑於申壓者也材智雖鈞貴賤殊塗申壓之變在乎貧富夫淸雅之美著乎

形質察之寡失（形色外著故可得而察之）失繆之由恆在二尤二尤之生與物異列（是故非常人之所見）故尤妙之人含精於內外無飾姿（譬金水內明而不外朗故馮唐白首屈於郎署）尤虛之人碩言瓌姿內實乖反（猶燭火外照灰燼內暗故主父偃辭麗一歲四遷）而人之求奇不可以精微測其元機明異希（其尤奇異非精不察）或以貌少為不足（覩醜蔑貌惡便疑其淺陋）或以瓌姿為巨偉（見江充貌麗便謂其巨偉）或以直露為虛華（以其款盡疑無厚實）或以巧飾為真實（巧言如流悅而親之）是以早拔多誤不如順次（或以甘羅為早成而用之於早歲或誤復欲順次也）夫順次常度也苟不失其實亦焉往而不失（徵質不明不能識奇故使順次亦不能得）故遺賢而賢有濟則恨在不早拔（故鄭伯謝之於燭武）拔奇而奇有敗則患在不素別（故光武悔之於朱浮）任意而獨繆則悔在不廣問（秦穆不從蹇叔雖追誓而無及）廣問而誤己則怨己不自信（隗囂心存於漢而為王元

所謨是以驥子發足眾士乃寤韓信立功淮陰乃震夫豈惡奇而好疑哉夫尤物不世見而奇逸美異也故非常人之所識也是以張良體弱而精彊為眾智之雋也不以質弱而傷於智荊叔色平而神勇為眾勇之傑也不以色和而傷於勇然則雋傑者眾人之尤也奇逸過於眾人故眾人不能及聖人者眾尤之尤也通達過於眾奇故眾奇不能遠則尤彌出者其道彌遠非天下之至精其孰能與於此故一國之雋於州為輩未得為第也郡國之所雋異此於州郡未及其第目一州之第於天下為椳州郡之所第目以比天下之雋椳而不可及椳烏魁反樞也天下之椳世有優劣英人不世繼是以伊呂管樂應運乃出是故眾人之所貴各貴其出己之尤智材勝己則以為貴而不貴尤之所尤尤之所尤非眾人之所識是故眾人之明能知輩士之數眾人明者麤知郡國出輩之士而已而不能知第目之度乃不識郡國品第之雋輩士之明能知第目

之度（出輩明者麤知郡國第目之良）不能識出尤之良也（未識出尤奇異之理）出尤之人能知聖人之教（瞻之在前忽焉在後）不能究之入室之奧也（如有所立卓爾雖欲從之末由也已）由是論之人物之理妙不可得而窮已（為當擬諸形容象其物宜觀其會通舉其一隅而已）

效難第十一（人材精微實自難知知之難審效薦之難）

蓋知人之效有二難有難知之難（尤奇遊雜是以難知）有知之而無由得效之難（已雖知之無由得薦）何謂難知之難人物精微（智無形狀奇逸精妙）能神而明（欲入其神而明其智）其道甚難固難知之難也（知人則哲惟帝難之況常人乎）是以眾人之察不能盡備（各守其一方而已）故各自立度以相觀采（以己所能歷觀眾才）或相其形容（以貌狀取人）或候其動作（以進趨取人）或揆其終始（以發正取人）或揆其儗象（以旨意取人）或推其細微（以情理取人）或恐

龍谿精舍校刊

其過誤以簡恕取人或循其所言以辭旨取人或稽其行事以功效取人八者遊雜各以意之所可爲準是以雜而無紀故其得者少所失者多但取其同於己而失其異於己己不必兼故失者多是故必有草創信形之誤或色貌取人而行違又有居止變化之謬或身在江海心存魏闕故其接遇觀人也隨行信名失其中情是以聖人聽言觀行如有所譽必有所試故淺美揚露則以爲有異智淺易見狀似異美深明沈漠則以爲空虛智深內明狀似無實分別妙理則以爲離婁研精至理狀似離婁口傳甲乙則以爲義理强指物類狀似有理好說是非則以爲臧否妄說是非似明善否講目成名則以爲人物强議賢愚似明人物平道政事則以爲國體妄論時事似識國體猶聽有聲之類名隨其音七者不能明物皆隨行而爲之名猶聽猫音而謂之猫聽雀音而謂之雀不知二蟲竟謂何名也世之疑惑皆此類也是以魯國儒服者衆人皆謂之儒立而問之一人而已夫名非實用之不效南箕不可以簸揚北斗不可挹酒漿故

曰名猶口進而實從事退眾覩形而名之故用而不驗也中情之人名不副實用之有效眞智在中眾不能見故無外名而有內實故名由事退而實從事章效立則名章此草創之常失也淺智無終深智無始故眾人之察物常失之於初故必待居止然後識之視其所止觀其所居而焉不知故居視其所安安其舊者敦於仁達視其所舉舉剛直者近於義富視其所與與嚴莊者明於禮窮視其所爲爲經術者勤於智貧視其所取取其分者存於信然後乃能知賢否行此者賢反此者否此又已試非始相也試而知之豈相也哉所以知質未足以知其畧畧在變通不可常准且天下之人不可得皆與遊處故視其外狀可以得一未足盡知或志趣變易隨物而化是以世祖失之龐萌曹公失之董卓或未至而懸欲或已至而易顧李軼始專心於光武終改顧於聖公或窮約而力行或得志而從欲王莽初則布衣折節卒則窮奢極侈此又居止之所失也情變如此誰能定之由是論之

能兩得其要是難知之難既知其情又察其變何謂無由得效之難上材已莫知已難識知或所識者在幼賤之中未達而喪未及進達其人已喪或所識者未拔而先沒未及拔舉已先沒世或曲高和寡唱不見讚公叔痤薦商鞅而魏王不能用或身卑力微言不見亮禽息舉百里奚首足皆碎或器非時好不見信貴竇后方好黃老儒者何由見進或不在其位無由得拔卞和非因匠所以抱璞泣或在其位以有所屈迫何武舉公孫祿而爲王氏所推是以良材識真萬一不遇也材能雖良當遇知己雖遇當值明王三者之遭萬不一會須識真在位識百不一有也雖識已真或不在位以位勢值可薦致之宜十不一合也識已須在位智達復須宜或明足識真有所妨奪不欲貢薦雖識辨賢愚而屈於妨奪故有不欲或好貢薦而不能識真在位之人雖心好賢善而明不能識是故知與不知相與分亂於總猥之中或好賢而不識或知賢而心妒故用與不用同

於衆總紛然淆亂實知者患於不得達效身無位次無尤效達不知者亦自以爲未識身雖在位而不能識所謂無由得效之難也故曰知人之效有二難是以人主常當運其聰智廣其視聽明揚側陋旁求俊乂舉能不避仇讐拔賢不棄幽隱然後國家可得而治功業可得而濟也

釋爭第十二

賢善不伐況小事乎釋忿去爭必荷榮福

蓋善以不伐爲大爲善而自伐其能衆人之所小賢以自矜爲損行賢而去自賢之心何往而不益哉是故舜讓於德而顯義登聞湯降不遲而聖敬日躋彼二帝雖天挺聖德生而上哲猶懷勞謙疾行退下然後信義登聞光宅天位郤至上人而抑下滋甚王叔好爭而終於出奔此二大夫矜功陵物或宗夷族滅或逃禍出奔由此觀之爭讓之道豈不懸歟然則卑讓降下者茂進之遂路也江海所以爲百谷王以其處下也矜奮侵陵者毀塞之險途也兕虎所以攖牢檻以其性獷噬也是以君子舉不

敢越儀準志不敢凌軌等（足不苟蹈常懷退下）內勤己以自濟外謙讓以敬懼（獨處不敢爲非出門如見大賓）是以怨難不在於身而榮福通於長久也（外物不見傷子孫賴以免）彼小人則不然矜功伐能好以陵人（初無巨細心發揚以陵物）是以在前者人害之（矜能奔縱人情所害）有功者人毀之（恃功驕盈人情所毀）毀敗者人幸之（及其覆敗人情所幸）是故並轡爭先而不能相奪（小人競進智不相過並驅爭險更相蹈藉）兩頓俱折而爲後者所趨（中道而斃後者乘之譬兔殛犬疲而田父收其功）由是論之爭讓之途其別明矣（君子尚讓故涉萬里而途清小人好爭足未動而路塞）然好勝之人猶謂不然（貪則好勝雖聞德讓之風意猶昧然乃云古人讓以得今人讓以失心之所是起而爭之）以在前爲速銳以處後爲留滯（故行坐汲汲不暇脂車）以下衆爲卑屈以躡等爲異傑（苟矜己等不羞負乘）以讓敵爲迴辱以陵上爲高厲（故趙穿不顧元帥彘子以偏師陷）是故抗奮遂往不能自

反也譬虎狼食生物遂有殺人之怒夫以抗遇賢必見遜下相如爲廉頗逡巡兩得其利以抗遇暴必構敵難灌夫不爲田蚡持下兩得其尤敵難既構則是非之理必溷而難明俱自是而非彼誰明之耶溷而難明則其與自毀何以異哉兩虎共鬬小者死大者傷焉得而兩全且人之毀己皆發怨憾而變生釁也若本無憾恨遭事際會亦不致毀害必依託於事飾成端末凡相毀謗必因事類而飾成之其於聽者雖不見信猶半以爲然也由言有端角故信之者半己之校報亦又如之復當報謗爲生翅尾終其所歸亦各有半信著於遠近也俱有形狀不知其實是以近遠之聽皆半信於此半信於彼然則交氣疾爭者爲易口而自毀也己說人之瑕人亦說己之穢雖詈人自取其詈也竝辭競說者爲貸手以自毆辭忿則力爭己既毆人人亦毆己此其爲借手以自毆爲惑繆豈不甚哉借手自毆借口自詈非惑而何然原其所由豈有躬自厚責以致變訟者乎已能自責人亦自責兩不言競變訟

何由生哉皆由內恕不足外望不已所以爭者由內不能恕己自責而外望於人不已也或怨彼輕我或疾彼勝己是故心爭終無休已夫我薄而彼輕之則由我曲而彼直也曲而見輕固其宜也我賢而彼不知則見輕非我咎也親反傷也固其宜矣若彼賢而處我前則我德之未至也見輕在彼固所宜也若德鈞而彼先我則我德之近次也德鈞年次固其常矣夫何怨哉且兩賢未別則能讓者爲儁矣材均而不爭優劣衆人善其讓爭儁未別則用力者爲憊矣儁等而名未別則衆人惡其鬬是故藺相如以迴車決勝於廉頗寇恂以不鬬取賢於賈復此二賢者知爭途不可由故迴車退避或酒炙迎送故廉賈肉袒爭尙減矣物勢之反乃君子所謂道也龍蛇之蟄以存身尺蠖之屈以求伸蟲微物耳尙知蟠屈況於人乎是故君子知屈之可以爲伸故含辱而不辭韓信屈於跨下之辱知卑讓之可以勝敵故下之而不疑展喜犒齊師之謂也及其終極乃

轉禍而爲福晉文避楚三舍而有城濮之勳屈讐而爲友相如下廉頗而爲刎頸之交使怨讐不延於後嗣而美名宣於無窮子孫荷其榮蔭竹帛紀其高義君子之道豈不裕乎若偏急好爭則身危當年何後來之能福且君子能受纖微之小嫌故無變鬪之大訟大訟起於纖介故君子慎其小小人不能忍小忿之故終有赫赫之敗辱小人以小惡爲無傷而不去故罪大不可解惡積不可救怨在微而下之猶可以爲謙德也怨在纖微則謙德可以除之變在萌而爭之則禍成而不救矣涓涓不息遂成江河水漏覆舟胡可救哉是故陳餘以張耳之變卒受離身之害思復須臾之忿忘終身之惡是以身滅而嗣絕也彭寵以朱浮之郄終有覆亡之禍恨督責之小故違終始之大計是以宗夷而族覆也禍福之機可不愼哉二女爭桑吳楚之難作季郈鬪雞魯國之釁作可不畏歟可不畏歟是故君子之求勝也以推讓爲利銳推讓而往前無堅敵以自修爲棚櫓修己以敬物無害者靜則閉嘿泯之元

門動則由恭順之通路（時可以靜則重閉而元嘿時可以動則履正而後進）是以戰爭而爭不形（動靜得節故勝無與爭爭不以力故勝功見耳）敵服而怨不構（干戈不用何怨構之有）若然者悔悋不存於聲色夫何顯爭之有哉（色貌猶不動況力爭乎）彼顯爭者必自以爲賢人而人以爲險詖者（以己爲賢專固自是是己非人人得不爭乎）實無險德則無可毀之義若信有險德又何可與訟乎險而與之訟是柙兕而攖虎其可乎怒而害人亦必矣易曰險而違者訟訟必有衆起（言險而行違必起衆而成訟矣）老子曰夫惟不爭故天下莫能與之爭（以謙讓爲務者所往而無爭）是故君子以爭途之不可由也（由於爭途者必覆輪而致禍）是以越俗乘高獨行於三等之上何謂三等本無功而自矜一等（空虛自矜故爲下等也）有功而伐之二等（自伐其能故爲中等）功大而不伐三等（推功於物故爲上等）愚而好勝一等（不自

（度量故爲下等）賢而尙人二等（自美其能故爲中等）賢而能讓三等（歸善於物故爲上等）緩己急人一等（姓不恕人故爲下等）急己急人二等（褊戾峭刻故爲中等）急己寬人三等（謹身恕物故爲上等）凡此數者皆道之奇物之變也（心不純一是爲奇變）三變而後得之故人莫能得也（小人安其下等何由能及哉）夫唯知道通變者然後能處之（處上等而不不失者也）故孟之反不伐以獲聖人之譽（不伐其功美譽自生）管叔以辭賞受嘉重之賜（不貪其賞嘉賜自致）夫豈詭遇以求之哉乃純德自然之所合也（豈故不伐辭賞情詭求名邪乃自直發於中自與理會也）是君子之知損之爲益故功一而美二（自損而行成名立）小人不知自益之爲損故一伐而並失（自伐而行毀名喪）由此論之則不伐者伐之也不爭者爭之也（不伐而名章不爭而理得）讓敵者勝之也下眾者上之也（退讓而敵服謙尊而德光）君子誠能覩爭途之名險獨乘高於

元路則光輝煥而日新德聲倫於古人矣避忿肆之險途獨逍遙於上等遠燕雀於啁啾疋鳴鳳於元曠然後德暉耀於來今淸光侔於往代

人物志卷下終

廣陵邱義卿紹周監刻　揚州張旭東刊

劉卲字孔才廣平邯鄲人也（據今官書魏志作劭劭之劭從力他本或從邑者晉邑之名案字書此二訓外無他釋然俱不協孔才之意說文則爲卲音同上但召旁從卩耳訓高也李舟勿韻訓美也高美又與孔才義符楊子法言曰周公之才之卲是也今俗寫法言亦作邑旁卲蓋力卩文近易訛讀者又昧偏旁之別今定從卲云）建安中爲計吏詣許太史上言正旦當日蝕卲時在尙書令荀彧所坐者數十人或云當廢朝或云宜卻會卲曰梓愼裨竈古之良史猶占水火錯失天時禮記曰諸侯旅見天子及門不得終禮者四日蝕在一然則聖人垂訓不爲變豫廢朝禮者或災消異伏或推術謬誤也彧善其言敕朝會如舊日亦不蝕魏黃初中爲尙書郎散騎侍郎受詔集五經羣書以類相從作皇覽後與議郎庾嶷荀詵等定科令作新律十八篇著律畧論遷散騎常侍嘗作趙都賦明帝美之詔卲作許

都洛都賦時外興軍旅內營宫室劭作二賦皆諷諫焉景初中受詔爲都官考課劭作七十二條文略説一篇又以爲宜制禮作樂以移風俗著樂論十四篇正始中執經講學賜爵關內侯凡所撰述法論人物志之類百餘篇卒追贈光禄勳詔書博求衆賢散騎侍郎夏侯惠上疏盛稱劭才史臣陳壽亦曰劭該覽學籍文質周洽云

劉昞字延明燉煌人也年十四就博士郭瑀瑀弟子五百餘人通經業者八十餘人瑀有女始笄妙選良偶有心於昞遂別設一席謂弟子曰吾有一女欲覓快女壻誰坐此席者吾當婚焉昞遂奮坐神志湛然曰昞其人也瑀遂以女妻之昞後隱居酒泉不應州郡命弟子受業者五百餘人李暠據涼州徵爲儒林祭酒從事郎暠好尙文典書史穿落者親自補葺昞時侍側請代其事暠曰躬自執者欲人重此典籍吾與卿相遇何異孔明之會元德遷撫夷護軍雖有政務手不釋卷暠曰卿注記篇籍以燭繼晝白日且然夜可休息昞曰朝聞道夕死可矣不知老之將至孔聖稱言昞何人斯敢不如此昞以三史文繁著略記百三十篇八十四卷燉煌實錄二

十卷方言三卷靖恭堂銘一卷注周易韓子人物志黃石公三略行於世沮渠蒙遜平酒泉拜秘書郎專管注記築陸沉觀於西苑躬往拜焉號元處先生學徒數百月致羊酒牧犍尊爲國師親自致拜命官屬以下皆北面受業魏太武平涼州士庶東遷夙聞其名拜樂平王從事中郎後遣歸道病卒

以上竝案邵昞本傳刪取其要云廣平宋庠記

跋

右人物志三卷十二篇魏劉邵撰案隋唐經籍志篇第皆與今同列于名家十六國時燉煌劉昞重其書始作注解然世所傳本多謬誤今合官私書校之去其複重附益之文爲定本内或疑字無書可證者今據衆本皆相承傳疑難輒意改云邵之叙五行曰簡暢而明砭火之德也徧檢書傳無明砭之證案字書砭者以石刺病此外更無他訓然自魏晉以後轉相傳寫豕亥之變莫能究知不爾則邵當别有異聞今則亡矣愚謂明砭都無意義自東晉諸公草書啟字爲然疑爲簡暢而明啟耳文寬夫題

人物志

跋

（三國魏）劉邵 撰　（北魏）劉昞 注

人物志三卷

民國十六至二十三年（1927—1934）上海中華書局刊《四部備要》本

人物志

一册全

人物志

四部備要

子部

上海中華書局據金臺本校刊

桐鄉 陸費逵總勘

杭縣 高時顯 吳汝霖輯校

杭縣 丁輔之監造

原序

人性爲之原而情者性之流也性發於內情導於外而形色隨之故衺正態度變露莫狀涵而莫覩其眞也惟至哲爲能以材觀情索性尋流照原而善惡之迹判矣聖人沒諸子之言性者各膠一是以倡惑於後是俾馳辨鬭異者得肆其說蔓衍天下故學者莫要其歸而天理幾乎熄矣予好閱古書於史部中得劉卲人物志十二篇極數萬言其述性品之上下材質之兼偏硏幽摘微一貫於道若度之長短權之輕重無銖髮蔽也大抵考諸行事而約人於中庸之域誠一家之善志也由魏至宋歷數百載其用尚晦而鮮有知者吁可惜哉矧蟲篆淺技無益於教者猶刊鏤以行於世是書也博而暢辨而不肆非衆說之流

也王者得之爲知人之龜鑑士君子得之爲治性修
身之檃括其效不爲小矣予安得不序而傳之婉夫
良金美玉纔櫝一啓而觀者必知其寶也

自序

夫聖賢之所美莫美乎聰明（天以三光著其象人以聰明邵其度）聰明之所貴莫貴乎知人（聽於書記者六藝之一術聽於人物者官材之總司）知人誠智則衆材得其序而庶績之業興矣是以聖人著爻象則立君子小人之辭（君子者小人之師小人者君子之資師資相成其來尚矣）敘詩志則別風俗雅正之業（九土殊風五方異俗是以聖人立其教不易其方制其政不改其俗）制禮樂則考六藝祗庸之德（雖不易其方常以詩禮爲首雖不改其俗常以孝友爲本）躬南面則援俊逸輔相之材皆所以達衆善而成天功也（繼天成物其任至重故求賢舉善常若不及）天功既成則並受名譽（忠臣竭力而效能明君得賢而高枕上下忠愛謗毀何從生哉）是以堯以克明俊德爲稱舜以登庸二八爲功湯以拔有莘之賢爲名文王以舉渭濱之叟爲貴由此論之聖人興德孰不勞聰明於求人獲安逸於任使者哉

采士飯牛秦穆所以霸西戎一則仲父齊桓所以成九合是故仲尼不試無所援
升猶序門人以爲四科汎論衆材以辨三等舉德行爲四科
之首敘生知爲三等之上明德行者道義之門質志氣者材智之根也又歎中庸以殊
聖人之德中庸之德其至矣乎人鮮久矣唯聖人能之也尚德以勸庶幾之
論顏氏之子其殆庶幾乎三月不違仁乃窺德行之門若非志士仁人希邁之性日月至焉者豈能終
之訓六蔽以戒偏材之失仁者愛物蔽在無斷信者露誠蔽在無隱此偏材之
常失也思狂狷以通拘抗之材或進趨於道義或潔己而無爲在上者兩順其
所能則拘抗並用疾悾悾而無信以明爲似之難保厚貌深情聖人
難之聽其言而觀其所爲則似託不得逃矣又曰察其所安觀其所由以
知居止之行言必契始以要終行必覩初以求卒則中外之情麤可觀矣人物之
察也如此其詳不詳察則官材失其序而庶政之業荒矣是以敢依聖訓
志序人物庶以補綴遺忘惟博識君子裁覽其義焉

人物志提要

人物志三卷魏劉卲撰卲字孔才邯鄲人黃初中官散騎常侍正始中賜爵關內侯事蹟具三國志本傳別本或作劉劭或作劉卲此書末有宋庠跋云據今官書魏志作勉劭之劭從力他本或從邑者晉邑之名案字書此二訓外別無他釋然俱不協孔才之義說文則爲卲音同上但召旁從卩耳訓高也李舟切韻訓美也高美又與孔才義符揚子法言曰周公之才之卲是也所辨精核今從之其註爲劉昞所作昞字延明燉煌人舊本名上結銜題涼儒林祭酒蓋李暠時嘗授是官然十六國春秋稱沮渠蒙遜平酒泉授昞祕書郎專管注記魏太武時又授樂

平從事中郎則昞歷事三主惟署涼官者誤矣卲書凡十二篇首尾完具晁公武讀書志作十六篇疑傳寫之誤其書主於論辨人才以外見之符驗內藏之器分別流品硏析疑似故隋志以下皆著錄於名家然所言究悉物情而精覈近理視尹文之說兼陳黃老申韓公孫龍之說惟析堅白同異者迥乎不同蓋其學雖近乎名家其理則弗乖於儒者也昞注不涉訓詁惟疏通大意而文詞簡古猶有魏晉之遺漢魏叢書所載惟每篇之首存其解題十六字且以卷首阮逸之序譌題晉人殊爲疏舛此本爲萬曆甲申河間劉用霖所刊蓋用隆慶壬申鄭旻舊版而修之猶古本云

人物志目錄

上卷

中卷

下卷

珍倣宋版印

人物志卷上

魏 劉邵 撰

涼 劉昞 注

九徵第一

人物情性志氣不同徵神見貌形驗有九

蓋人物之本出乎情性性質稟之自然情變由於染習是以觀人察物當尋其性質也情性之理甚微而玄非聖人之察其孰能究之哉知無形狀故常人不能覩惟聖人目擊而照之凡有血氣者莫不含元一以爲質質不至則不能涉寒暑歷四時稟陰陽以立性性資於陰陽故剛柔之意別矣體五行而著形骨勁筋柔皆稟精於金木苟有形質猶可即而求之由氣色外著故相者得其情素也凡人之質量中和最貴矣質白受采味甘受和中和者百行之根本人情之良田也中和之質必平淡無味惟淡也故

五味得和焉若苦則不能甘矣若酸也則不能鹹矣故能調成五材變化應節平淡無偏羣材必御致用有宜通變無滯是故觀人察質必先察其平淡而後求其聰明譬之驥騄雖超逸絕羣若氣性不和必有毀衡碎首決胸之禍也聰明者陰陽之精離目坎耳視聽之所由也陰陽清和則中叡外明聖人淳耀能兼二美知微知章耳目兼察通幽達微官材授方舉無遺失自非聖人莫能兩遂雖得之於目或失之於耳故明白之士達動之機而暗於玄慮達於進趨而暗於止靜以之進趨則欲速而成疾以之深慮則抗奪而不入也玄慮之人識靜之原而困於速捷性安沈默而智乏應機以之閑靜則玄微之道構以之濟世則勁捷而無成猶火日外照不能內見金水內映不能外光人各有能物各有性是以聖人任明白以進趨委守成於玄慮然後動止得節出處應宜矣二者之義蓋陰陽之別也陽動陰靜乃天地之定性況人物乎若量其材質稽諸五物五物之徵亦各著於厥體矣筋勇色青血勇色赤中動外形豈可匿也其在體也木骨金筋火氣

土肌水血五物之象也（五性者成形之具五物為母故氣色從之而具）五物
之實各有所濟（五性不同各有所稟稟性多者則偏性生也）是故骨植而
柔者謂之弘毅弘毅也者仁之質也（木則垂蔭為仁之質質不弘毅
不能成仁）氣清而朗者謂之文理文理也者禮之本也（火則
照察為禮之本本無文理不能成禮）體端而實者謂之貞固貞固也者
信之基也（土必吐生為信之基也基不貞固不能成也）筋勁而精者謂之
勇敢勇敢也者義之決也（金能斷割為義之決決不勇敢不能成義）色平
而暢者謂之通微通微也者智之原也（水流疏達為智之原原不
通微不能成智）五質恆性故謂之五常矣（五物天地之常氣五德人物之常行）
五常之別列為五德是故溫直而擾毅木之德也（溫而
不直則懦擾而不毅則剉）剛塞而弘毅金之德也（剛而不直則決弘而不毅則缺）
愿恭而理敬水之德也（愿而不恭則悖理而不敬則亂）寬栗而柔立
土之德也（寬而不栗則慢柔而不立則散）簡暢而明砭火之德也（簡而

不暢則滯明而不砭則翳雖體變無窮猶依乎五質人情萬化不可勝極尋常竟源常在於五故其剛柔明暢貞固之徵著乎形容見乎聲色發乎情味各如其象自然之理神動形色誠發於中德輝外耀故心質亮直其儀勁固心質休決其儀進猛心質平理其儀安閑夫儀動成容各有態度直容之動矯矯行休容之動業業蹌蹌德容之動顒顒卬卬夫容之動作發乎心氣心氣於內容見於外心氣之徵則聲變是也心不繫一聲和乃變夫氣合成聲聲應律呂清而亮者律和而平者呂有和平之聲有清暢之聲有回行之聲心氣不同故聲發亦異也夫聲暢於氣則實存貌色非氣無以成聲聲成則貌應故誠仁必有溫柔之色誠勇必有矜奮之色誠智必有明達之色聲既殊管故色亦異狀夫色見於貌所謂徵神貌色徐疾為神之徵驗徵神見貌則情發於目目為心候故應心而發故仁目之精慤然以端心不傾倚

則視不冋衰勇膽之精曄然以彊志不怯懦則視不衰悴然皆偏至
之材以勝體爲質者也未能不厲而威不怒而嚴故勝質不精則
其事不遂能勇而不能怯動必悔吝隨之是故直而不柔則木木彊激訐
失其正直勁而不精則力負鼎絕臏失其正勁固而不端則愚專己自是
陷於愚戇氣而不清則越辭不清順發越無成暢而不平則蕩好智無涯
蕩然失紀是故中庸之質異於此類勇而能怯仁而能決其體兩兼故爲衆材
之主五常既備包以澹味既體鹹酸之量而以無味爲御五質內充五
精外章五質澹凝淳耀外麗是以目彩五暉之光也心清目朗粲然自耀
故曰物生有形形有神精不問賢愚皆受氣質之稟性陰陽但智有精麤形有
淺深耳尋其精色視其儀象下至皁隸牧圉皆可想而得之也能知精神則窮理盡
性聖人有以見天下之動而擬諸形容故能窮理盡性以至於命性之所盡九質之
徵也陰陽相生數不過九故性情之變質亦同之然則平陂之質在於神
神者質之主也故神平則質平神陂則質陂明暗之實在於精精者實之本故精惠

則實明精濁則實暗勇怯之勢在於筋筋者勢之用故筋勁則勢勇筋弱則勢怯彊
弱之植在於骨骨者植之基故骨剛則植彊骨柔則植弱躁靜之決在於
氣氣者決之地也氣盛決於躁氣沖決於靜矣慘懌之情在於色色者情之候也
故色悴由情慘色悅由情懌衰正之形在於儀儀者形之表也故儀衰由形殆儀正
由形肅態度之動在於容容者動之符也故衰動則容態正動則容度緩急
之狀在於言言者心之狀也故心恕則言緩心褊則言急其爲人也質素
平澹中叡外朗筋勁植固聲清色懌儀正容直則九
徵皆至則純粹之德也非至德大人其孰能與於此九徵有違違爲
乖戾也則偏雜之材也或聲清色懌而質不平淡或筋勁植固而儀不崇直三度
不同其德異稱偏材荷一至之名兼材居德儀之目兼德體中庸之度故偏至
之材以自名猶百工衆技各有其名也兼材之人以德爲目仁義禮智
得其一目兼德之人更爲美號道不可以一體說德不可以一方待育萬物而不爲
仁齊衆形而不爲德凝然平淡與物無際誰知其名也是故兼德而至謂之中

庸居中履常故謂之中庸中庸也者聖人之目也大仁不可親大義不可報

無德而稱寄名於聖人也具體而微謂之德行德行也者大雅之稱也施仁以親物立義以利仁失道而成德抑亦其次也一至謂之偏材偏材小雅之質也徒仁而無義徒義而無仁未能兼濟各守一行是以名不及大雅也一徵謂之依似依似亂德之類也純訐似直而非直純宕似通而非通一至一違謂之閒雜閒雜無恆之人也善惡參渾心無定是無恆之操胡可擬議無恆依似皆風人末流其心孔艱者乃有教化之所不受也末流之質不可勝論是以略而不概也蕃徒成羣豈可數哉

體別第二

稟氣陰陽性有剛柔拘抗文質體越各別

夫中庸之德其質無名汎然不繫一貌人無得而稱焉故鹹而不鹻謂之鹹耶無鹻可容公成百鹵也與鹹同淡而不䤁謂之淡耶味復不䤁質而不縵謂之質耶理不縵素文而不繢謂之文耶采不畫繢能威能懷能辨能訥居鹹淡之和處質文之際是以望之儼然即之而文言滿天下無辭費變化無方以達

爲節（應變適化期於通物）是以抗者過之（勵然抗奮於進趨之塗）而拘者不逮（屯然無爲於拘抗之外）夫拘抗違中故善有所章而理有所失（養形至甚則虎食其外高門懸薄則病攻其內）是故厲直剛毅材在矯正失在激訐（訐刺生於剛厲）柔順安恕美在寬容失在少決（多疑生於恕懦）雄悍傑健任在膽烈失在多忌（慢法生於桀悍）精良畏慎善在恭謹失在多疑（疑難生於畏慎）彊楷堅勁用在楨幹失在專固（專己生於堅勁）論辨理繹能在釋結失在流宕（傲宕生於機辨）普博周給弘在覆裕失在溷濁（溷濁生於周普）清介廉潔節在儉固失在拘局（拘局生於廉潔）休動磊落業在攀躋失在疏越（疏越生於磊落）沈靜機密精在玄微失在遲緩（遲緩生於沈靜）樸露徑盡質在中誠失在不微（漏露生於徑盡）多智韜情權在譎略失在依違（隱違生於韜情）及其進德之日不止揆中庸以戒其材之拘抗（抗者自是以奮勵拘者自是以守局）而指

人之所短以益其失（拘者愈拘抗者愈抗或負石沈軀或抱木燋死）猶晉楚帶劍遞相詭反也（自晉視楚則笑其在左自楚視晉則笑其在右左右雖殊各以其用而不達理者橫相誹謗拘抗相反皆不異此、）是故彊毅之人狠剛不和不戒其彊之搪突而以順為撓厲其抗（以柔順為撓弱抗其搪突之心）是故可以立法難與入微（狠彊剛戾何機微之能入）柔順之人緩心寬斷不戒其事之不攝而以抗為劌安其舒（以猛抗為劌傷安其怨忍之心）是故可與循常難與權疑（緩心寡斷何疑事之能權）雄悍之人氣奮勇決不戒其勇之毀跌而以順為恇竭其勢（以順忍為恇怯而竭其毀跌之勢）是故可以涉難難與居約（奮悍毀跌何約之能居）懼慎之人畏患多忌不戒其愞於為我而以勇為狎增其疑（以勇戇為輕侮而增其疑畏之心）是故可與保全難與立節（畏患多忌何節義之能立）淩楷之人秉意勁特不戒其情之固護而以辨為僞彊其專（以辨博為浮虛而彊其專一之心）是故可以持正，難與附衆（執意堅持何人衆之能附）辨博之人論理贍給，不戒其辭之汎濫，而以楷爲繫，遂其流（以楷正爲繫礙而遂其流宕之心）是故可與汎序，難與立約（辨博汎濫何質約之能立）弘普之人意愛周洽，不戒其交之溷雜，而以介爲狷，廣其濁（以拘介爲狷戾而廣其溷雜之心）是故可以撫衆，難與厲俗（周洽溷雜何風俗之能厲）狷介之人砭（甫廉反）清激濁，不戒其道之隘狹，而以普爲穢，益其拘（以弘普爲穢雜而益其拘局之心）是故可與守節，難以變通（道狹津隘何通塗之能涉）休動之人志慕超越，不戒其意之大猥，而以靜爲滯，果其銳（以沈靜爲滯屈而增果銳之心）是故可以進趨，難與持後（志在超越何謙後之能持）沈靜之人道思迴復，不戒其靜之遲後，而以動爲疏，美其愞（以躁動爲麤疏而美其懦弱之心）是故可與深慮，難與捷速（思慮迴復何機速之能及）樸露之人中疑實硌，不戒其實之野直，而以譎爲誕露其誠以權譎爲浮誕而露其誠信之心是故可與立信難與消息實碻野直何輕重之能量韜譎之人原度取容不戒其術之離正而以盡爲愚貴其虛以款盡爲愚直而貴其浮虛之心是故可與讚善難與矯違韜譎離正何違衰之能矯夫學所以成材也彊毅靜其抗柔順厲其懊恕所以推情也推己之情通物之性偏材之性不可移轉矣固守性分聞義不徙雖教之以學材成而隨之以失剛毅之性已成激訐之心彌篤雖訓之以恕推情各從其心意之所非不肯是之於人信者逆信推己之信謂人皆信而詐者得容爲僞也詐者逆詐推己之詐謂人皆詐則信者或受其疑也故學不入道恕不周物偏材之人各是己能何道之能入何物能周也此偏材之益失也材不能兼教之愈失是以宰物者用人之仁去其貪用人之智去其詐然後羣材畢御而道周萬物而已

流業第三

三材爲源習者爲流流漸失源其業各異

蓋人流之業十有二焉性既不同染習又異枝流條別各有志業有清節

家（行為物範）有法家（立□□制）有術家（智慮無方）有國體（三材純備）有器能（三材而微）有臧否（分別是非）有伎倆（錯意工巧）有智意（能鍊衆疑）有文章（屬辭比事）有儒學（道藝深明）有口辨（應對給捷）有雄傑（膽略過人）若夫德行高妙容止可法是謂清節之家延陵晏嬰是也建法立制彊國富人是謂法家管仲商鞅是也思通道化策謀奇妙是謂術家范蠡張良是也兼有三材三材皆備（德與術法皆純備也）其德足以厲風俗其法足以正天下其術足以謀廟勝是謂國體伊尹呂望是也兼有三材三材皆微（不純備也）其德足以率一國其法足以正鄉邑其術足以權事宜是謂器能子產西門豹是也兼有三材之別各有一流（三材為源習者為流也）清節之流不能弘恕（以清為理何能寬恕）好尚譏訶分別是非（己不寬恕則是非生）是謂臧否子夏之徒是也法家之流不能創思遠圖

法制於近思不及遠而能受一官之任錯意施巧務在功成故巧意生是謂伎倆張敞趙廣漢是也術家之流不能創制垂則□□求功□□垂則而能遭變用權權智有餘公正不足長於權者必短於正是謂智意陳平韓安國是也凡此八業皆以三材爲本非德無以正法非法無以興術是以八業之建常以三材爲本故雖波流分別皆爲輕事之材也耳目殊官其用同功羣材雖異成務一致故能屬文著述是謂文章司馬遷班固是也能傳聖人之業而不能幹事施政是謂儒學毛公貫公是也辯不入道而應對資給是謂口辯樂毅曹邱生是也膽力絕衆材略過人是謂驍雄白起韓信是也凡此十二材皆人臣之任也各抗其材不能兼備保守一官故爲人臣之任也主德不預焉主德者聰明平淡總達衆材而不以事自任者也目不求視耳不參聽各司其官則衆材達衆材既達則人主垂拱無爲而理是故主道立則十

二材各得其任也（上無爲則下當任也）清節之德師氏之任也（掌以道德教道胄子）法家之材司寇之任也（掌以刑法禁制姦暴）術家之材三孤之任也（掌以廟謨佐公論正）三材純備三公之任也（位於三槐坐而論道）三材而微冢宰之任也（天官之卿總御百官）臧否之材師氏之佐也（別分是非以佐師氏）智意之材冢宰之佐也（師氏制官以佐天官）伎倆之材司空之任也（錯意施巧故掌冬官）儒學之材安民之任也（掌以德教保安其人）文章之材國史之任也（憲章紀述垂之後代）辨給之材行人之任也（掌應答送迎之道路）驍雄之材將帥之任也（掌轄師旅討平不順）是謂主道得而臣道序官不易方而太平用成（太平之所以成由官人之不易方若使足操物手求行四體何由寧理道何由平）若道不平淡與一材同好（譬大匠善規則惟見之用）則一材處權而衆材失任矣（惟規之用則矩不得立其方繩不得經其直雖目運規矩無由成矣）

材理第四

（材既殊塗理亦異趣故講羣材至理乃定）

夫建事立義莫不須理而定言前定則不惑事前定則不躓及其論難鮮能定之夫何故哉蓋理多品而人異也事有萬端人情舛駁誰能定之夫理多品則難通人材異則情詭情詭難通則理失而事違也情詭理多何由而得夫理有四部道義事情各有部也明有四家明通四部各有其家情有九偏以情犯明得失有九流有七似似是而非其流有七說有三失辭勝理滯所失者三難有六構彊良競氣忿構有六通有八能聰思明達能通者八若夫天地氣化盈虛損益道之理也以道化人與時消息法制正事事之理也以法理人務在憲制禮教宜適義之理也以理教之進止得宜人情樞機情之理也觀物之情在於言語四理不同其於才也須明而章明待質而行是故質於理合合而有明明足見理理足成家道義與事情各有家是故質性平淡思心玄微容不躁□其□□□能通自然道理之家也以道為理故能通自然也質性警徹權略機捷容不遲鈍則其

心機速能理煩速事理之家也以事為理故審於理煩也質性和平
能論禮教容不失適則禮教得中辯其得失義禮之家也以義為禮
故明於得失也質性機解推情原意容不妄動則原物得意能適其變
情理之家也以情為理故能極物之變四家之明既異而有九偏
之情以性犯明各有得失明出於真情動於性情勝明則蔽故雖得而必喪也
剛略之人不能理微用意麤疏意不玄微故其論大體則弘博
而高遠性剛則志遠歷纖理則宕往而疏越志遠故疏越抗厲
之人不能迴撓用意猛奮志不旋屈論法直則括處而公正性厲
則理毅說變通則否戾而不入理毅則滯礙堅勁之人好攻
其事實用意端確言不虛徐指機理則穎灼而徹盡性確則言盡涉
大道則徑露而單持言切則義少辯給之人辭煩而意銳
用意疾急志不在退挫推人事則精識而窮理性銳於窮理即大義
則恢愕而不周理細故遺大浮沈之人不能沈思用意虛廓志不

淵密序疏數則豁達而傲博性浮則志微立事要則爁炎而不定志傲則理疏淺解之人不能深難用意淺思不深聽辯說則擬鍔而愉悅性殘則易悅審精理則掉轉而無根易悅故無根寬恕之人不能速捷用意徐緩思不速疾論仁義則弘詳而長雅性恕則理雅趨時務則遲緩而不及徐雅故遲緩溫柔之人力不休彊用意溫潤志不美悅味道理則順適而和暢性和則理順擬疑難則濡愞而不盡理順故依違好奇之人橫逸而求異用意奇特志不同物造權譎則倜儻而瓌壯性奇則尚麗案清道則詭常而恢迂奇逸故恢詭此所謂性有九偏各從其心之所可以為理心之所可以為理是非相蔽終無休已若乃性不精暢則流有七似有漫談陳說似有流行者浮漫流雅似若可行有理多端似若博意者辭繁喻博似若弘廣有迴說合意似若讚解者外似□□內實不知有處後持長從衆所安似能聽斷

者實自無知如不言觀察衆談讚其所安有避難不應似若有餘而實不知者實不能知忘佯不應似有所知而不荅者有慕通口解似悅而不懌者聞言即說有似於解者心中漫漫不能悟有因勝情失窮而稱妙辭已窮矣自以爲妙而未盡跌則掎蹠理已跌矣而彊牽據實求兩解似理不可屈者辭窮理屈心樂兩解而言猶不止聽者謂之未屈凡此七似衆人之所惑也非明鏡焉能監之夫辯有理勝理至不可動有辭勝辭巧不可屈理勝者正白黑以廣論釋微妙而通之說事分明有如粉黛朗然區別辭不潰雜辭勝者破正理以求異求異則正失矣以白馬非白馬一朝而服千人及其至關禁錮一直而後過也夫九偏之材有同有反有雜同則相解譬水流於水反則相非猶火滅於水雜則相恢亦不必同又不必異所以恢達故善接論者度所長而論之因其所能則其言易曉歷之不動則不說也意在狗馬彼俟他日傍無聽達則不難也凡相難講爲達者聽不善接論者說之以雜反彼意在狗而說以馬

（彼意大同而說以小異）說之以雜反則不入矣（以方入圓理終不可）善喻者以一言明數事（辭附於理則言寡而事明）不善喻者百言不明一意（辭遠乎理雖泛濫多言己不自明況他人乎）百言不明一意則不聽也（意自不明誰聽之）是說之三失也善難者務釋事本（每得理而止住）不善難者舍本而理末（逐其言而接之）舍本而理末則辭構矣（不尋其本理以煩辭相文）善攻彊者下其盛銳（對家彊梁始氣必盛故善攻彊者避其初鼓也）扶其本指以漸攻之（三鼓氣衰則易攻）不善攻彊者引其誤辭以挫其銳意（彊者意銳辭或暫誤擊誤挫銳理之難也）挫其銳意則氣構矣（非徒羣言交錯遂至動其聲色）善躡失者指其所跌（彼有所跌暫指不逼）不善躡失者因屈而抵其性（陵其屈跌而抵挫之）因屈而抵其性則怨構矣（非徒聲色而已怨根逆結於心）或常所思求久乃得之倉卒諭人人不速知則以爲難諭（己自久思而不怨人）以爲難諭則忿構矣（非徒怨恨遂生忿爭）夫盛難之時其

誤難迫（氣盛辭誤且當避之）故善難者徵之使還（氣折意還自相應接）不善難者淩而激之雖欲顧藉其勢無由（棄誤顧藉不聽其言）其勢無由則妄構矣（妄言非訾縱橫□□）凡人心有所思則耳且不能聽（思心一至不聞雷霆）是故並思俱說競相制止欲人之聽己（制他人之言欲使聽己）人亦以其方思之故不了己意則以爲不解（非不解也當己出言由彼方思故人不解）人情莫不諱不解（謂其不解則性諱怒）諱不解則怒構矣（不顧道理是非於其兇怒忿肆）凡此六構變之所由興也然雖有變構猶有所得（造事立義當須理定故雖有變說小故終於理定功立）若說而不難各陳所見則莫知所由矣（人人競說若不難質則不知何者可用也）由此論之談而定理者眇矣（理多端人情異故發言盈庭莫肯執其咎）必也聽能聽序（登高能賦求物能名如顏回聽哭蒼舒量象）思能造端（子展謀侵晉乃得諸侯之盟）明能見機（臾騑覘目動卽知秦師退）辭能辯意（伊藉答吳王一拜一起未足爲勞）捷能攝失（郭淮答魏帝曰

（自知必免防風之誅）守能待攻（墨子謂楚人吾弟子已學之於宋）攻能奪守（毛遂進曰今日從爲楚不爲趙也楚王從而謝之）奪能易予（以予之矛易予之盾則物主辭窮）兼此八者然後乃能通於天下之理通於天下之理則能通人矣不能兼有八美適有一能（所謂偏材之人）則所達者偏而所有異目矣（各以所通而立其名）是故聰能聽序謂之名物之材思能造端謂之構架之材明能見機謂之達識之材辭能辯意謂之贍給之材捷能攝失謂之權捷之材守能待攻謂之持論之材攻能奪守謂之推徹之材奪能易予謂之貿說之材通材之人既兼此八材行之以道與通人言則同解而心喻（同即相是是以心相喻）與衆人言則察色而順性（下□□□□□□短）雖明包衆理不以尚人（恆能謙下故處物上）聰叡資給不以先人（常懷退後故在物上）善言出己理足則止（通理則止不務煩辭）鄙誤在人過而

不迫（見人過跌輒當歷避）寫人之所懷扶人之所能（扶贊人之所能則人人自任矣）不以事類犯人之所婟（胡故反與盲人言不諱眇瞎之類）不以言例及己之所長（己有武力不與虓虎之倫）說直說變無所畏惡（通材平釋信而後諫雖觸龍鱗物無害者）采蟲聲之善音（不以聲醜棄其善曲）贊愚人之偶得（不以人愚廢其嘉言）奪與有宜去就不留方其盛氣折謝不恡（不避銳跌不惜屈撓）方其勝難勝而不矜（理自勝耳何所矜也）心平志諭無適無莫（付是非於道理不貪勝以求名）期於得道而已矣是可與論經世而理物也（曠然無懷委之至當是以世務自經萬物自理）

人物志卷上

人物志卷中

材能五　利害六

接識七　英雄八

八觀九

材能第五 材能大小其準不同量力而授所任乃濟

或曰人材有能大而不能小猶函牛之鼎不可以亨雞愚以爲此非名也夫人材猶器大小異或者以大鼎不能亨雞喻大材不能治小失其名也夫能之爲言已定之稱先有定質而後能名生焉豈有能大而不能小乎凡所謂能大而不能小其語出於性有寬急寬者宏裕急者急切性有寬急故宜有大小寬宏宜治大急切宜治小寬宏之人宜爲郡國使下得施其功而總成其事急切則煩碎事不成急小之人宜理百里使事辦於己宏裕則網漏庶事荒矣然則郡之與縣異體之大小者也□□□□□□能治小□□□

大縣亦能治小縣以實理寬急論辨之則當言大小異宜不當言能大不能小也若能大而不能小仲尼豈不爲季氏臣若夫雞之與牛亦異體之小大也鼎能烹牛亦能烹雞銚能烹雞亦能烹犢故鼎亦宜有大小若以烹犢則豈不能烹雞乎但有宜與不宜豈有能與不能故能治大郡則亦能治小郡矣推此論之人材各有所宜非獨大小之謂也文者理百官武者治軍旅夫人材不同能各有異有自任之能修己潔身總御百官有立法使人從之之能法懸人懼無敢犯也有消息辨護之能智意辨護周旋得節有德教師人之能道術深明動爲物教有行事使人譴讓之能云爲得理義和於時有司察糾摘之能督察是非無不區別有權奇之能務以奇計成事立功有威猛之能猛毅昭著振威敵國夫能出於材材不同量材能既殊任政亦異是故自任之能清節之材也故在朝也則冢宰之任爲國則矯直之政其身正故掌天官而總百揆

立法之能治家之材也故在朝也則司寇之任爲國則公正之政法無私故掌秋官而詰姦暴計策之能術家之材也故在朝也則三孤之任爲國則變化之政計慮明故輔三槐而助論道人事之能智意之材也故在朝也則冢宰之佐爲國則諧合之政智意審故佐天官而諧內外行事之能譴讓之材也故在朝也則司寇之佐爲國則督責之政辨衆事故佐秋官而督傲慢權奇之能伎倆之材也故在朝也則司空之任爲國則藝事之政伎能巧故任冬官而成藝事司察之能臧否之材也故在朝也則師氏之佐爲國則刻削之政是非章故佐師氏而察善否威猛之能豪傑之材也故在朝也則將帥之任爲國則嚴厲之政體果毅故總六師而振威風凡偏材之人皆一味之美譬飴以甘爲名酒以苦爲實故長於辦一官弓工揉材而有餘力而短於爲一國兼掌陶冶器不成矣何者夫一官之任

以一味協五味（鹽人調鹽醯人調醯則五味成矣譬梓里治材土官治牆則廈屋成）一國之政以無味和五味（水以無味故五味得其和猶君體平淡則百官施其用）又國有俗化民有劇易（五方不同風俗各異土有剛柔民有劇易）而人材不同故政有得失（以簡治易則得治煩則失）是以王化之政宜於統大（易簡而天下之理得矣）以之治小則迂（網疏而吞舟之姦漏）辨護之政宜於治煩（事皆辨護煩亂乃理）以之治易則無易（甚赴督促民不便也）策術之政宜於治難（權略無方解釋患難）以之治平則無奇（術數）矯抗之政宜於治侈（矯枉過正以厲侈靡）以之治弊則（煩衆民不安矣）諧和之政宜於治新（國興禮殺苟合而已）以之治舊則虛（苟合之教非禮實也）公刻之政宜於糾姦（刻削不深姦亂不止）以之治邊則失衆（衆民憚法易逃叛矣）威猛之政宜於討亂（亂民桀逆非威不服）以之治善則暴（政猛民殘濫良善矣）伎倆之政宜於治富（以國彊民以使）以之治貧則勞而下困（易貨改鑄民失業矣）故量能授

官不可不審也凡此之能皆偏材之人也故或能言而不能行或能行而不能言智勝則能言材勝則能行至於國體之人能言能行故爲衆材之雋也人君之能異於此平淡無爲以任衆能故臣以自任爲能竭力致功以取爵位君以用人爲能任賢使能國家自理故臣以能言爲能各言其能而受其官君以能聽爲能聽言觀行而授其官臣以能行爲能必行其所言君以能賞罰爲能必當其功過也所能不同君無爲而臣有事故能君衆材也若君以有爲代大匠斲則衆能失巧功不成矣

利害第六

建法陳術以利國家及其弊也害歸於己

蓋人業之流各有利害流漸失源故利害生夫清節之業著于儀容發於德行心清意正則德容外著未用而章其道順而有化德輝昭著故不試而效效理於人故物無不化故其未達也爲衆人之所進理順則衆人樂進之既達也爲上下之所敬德和理順誰能慢之其功

足以激濁揚清師範僚友其爲業也無弊而常顯非徒
不弊存而有顯故爲世之所貴德治有常人不能職法家之業本於制
度待乎成功而效法以禁姦姦止乃效其道前苦而後治嚴而
爲衆初以威嚴是以勞苦終以道化是以民治故其未達也爲衆人之所
忌姦黨樂亂忌法者衆已試也爲上下之所憚憲網肅然內外振悚其功
足以立法成治民不爲非治道乃成其弊也爲羣枉之所讎法行
寵貴終受其害其爲業也有敝而不常用明君乃能用之疆明不繼世故法不
常用故功大而不終是以商君車裂吳起支解術家之業出於聰思
待於謀得而章斷於未行人無信者功成事效而後乃彰也其道先微而
後著精而且玄計謀微妙其始至精終始合符是以道著其未達也爲衆
人之所不識謀在功前衆何由識其用也爲明主之所珍暗主昧然
豈能貴之其功足以運籌通變變以求通故能成其功其退也藏於
隱微計出微密是以不露其爲業也奇而希用主計神奇用之者希也故

或沈微而不章（世希能用道何由章）智意之業本於原度其道順而不忤（將順時宜何忤之有）故其未達也爲衆人之所容（庶事不逆善者來親）已達也爲寵愛之所嘉（與衆同和內外美之）其功足以讚明計慮（媚順於時言計是信也）其敝也知進而不退（不見忌害是以慕進也）或離正以自全（用心多媚故違於正）其爲業也諝而難持（諂情諝智非雅正之倫也）故或先利而後害（知進忘退取悔之道）臧否之業本乎是非其道廉而且砭（清而混雜砭去纖芥）故其未達也爲衆人之所識（清潔不汙在幽而明）已達也爲衆人之所稱（業常明白出則受譽）其功足以變察是非（理清道潔是非不亂）其敝也爲詆訶之所怨（詆訶之徒不樂聞過）其爲業也峭而不裕（峭察於物何能寬裕）故或先得而後離衆（清亮爲時所稱理口爲衆所憚）伎倆之業本于事能其道辨而且速（伎計如神是以速辨）其未達也爲衆人之所異（伎能出衆故雖微而顯）已達也爲官司之所任（遂事成□政之所□）其

功足以理煩糾衺（釋煩理衺亦須伎倆）其敝也民勞而下困（上不端而下困）其爲業也細而不泰故爲治之末也（道不平宏其能泰乎）

接識第七（推己接物俱識同體兼能之士乃達羣材）

夫人初甚難知（貌厚情深難得知也）而士無衆寡皆自以爲知人故以己觀人則以爲可知也（己尚清節則凡清節者皆己之所知）觀人之察人則以爲不識也夫何哉（由己之所尚在於清節人之所好在於利欲曲直不□□他便謂人不識物也）是故能識同體之善（性□□□則□□□之士）而或失異量之美（□法者□美乃□讓之所不取）何以論其然夫清節之人以正直爲度故其歷衆材也能識性行之常（度在正直故□有恆之人）而或疑法術之詭（謂守正足以致治何以法術爲也）法制之人以分數爲度故能識較方直之量（度在法分故悅方直之人）而不貴變化之術（謂法分足以濟時何以術謀爲也）術謀之人以思謨爲度故能成策略之奇（度在思謀故貴策略之人）而不識

遵法之良謂思謨足以化民何以法制爲也器能之人以辨護爲度故能識方略之規謂度在辨護故悅方計之人而不知制度之原謂方計足以立功何以制度爲也智意之人以原意爲度故能識韜諝之權度在原意故悅韜諝之人而不貴法教之常謂原意足以爲正何以法理爲也伎倆之人以邀功爲度故能識進趣之功度在邀功故悅功能之人而不通道德之化謂伎能足以成事何以道德爲也臧否之人以伺察爲度故能識訶砭之明度在伺察故悅譴訶之人而不暢倜儻之異謂譴訶乃成教何以寬宏爲也言語之人以辨析爲度故能識捷給之惠度在剖析故悅敏給之人而不知含章之美謂辨論事乃理何以含章爲也是以互相非駁莫肯相是人皆自以爲是誰肯道人之是取同體也則接詥而相得性能苟同則雖胡越接響而□通取異體也雖歷久而不知性能苟異則雖比肩歷年而逾疎矣凡此之類皆謂一流之材也故同體則親異體則疎若二至已上亦隨其所兼

以及異數法家兼兩故能以術輔法故一流之人能識一流之善以法治者所以舉不過法二流之人能識二流之美體法術者法術兼行盡有諸流則亦能兼達衆材體通八流則八材當位物無不理故兼材之人與國體同謂八材之人始進陳言冢宰之官察其所以欲觀其一隅則終朝足以識之將究其詳則三日而後足何謂三日而後足夫國體之人兼有三材故談不三日不足以盡之一以論道德二以論法制三以論策術然後乃能竭其所長而舉之不疑在上者兼明八材然後乃能盡其所進用而無疑矣然則何以知其兼偏而與之言乎察言之時何以識其偏材何以識其兼材也其爲人也務以流數杼人之所長而爲之名目如是兼也每因事類杼盡人之所能爲之名目言不容口如陳以美欲人稱之己之有善因事自說又欲令人言常稱己不欲知人之所有如是者偏也人之有善耳不樂聞人稱之口不和也不欲知人則言無不疑聞法

則疑其刻削聞術則疑其詭詐是故以深說淺益深益異淺者意近故聞深理而心逾衒是以商君說帝王之道不入則以彊兵之義示之異則相返反則相非聞深則心衒焉得而相是是以李兌塞耳不聽蘇秦之說是故多陳處直則以爲見美以其多方疑似見美也靜聽不言則以爲虛空待時來語疑其無實抗爲高談則以爲不遜辭護理高疑其淩己遜讓不盡則以爲淺陋卑言寡氣疑其淺薄言稱一善則以爲不博未敢多陳疑其陋狹歷發衆奇則以爲多端偏舉事類則欲以釋之復以爲多端先意而言則以爲分美言合其意疑分己美因失難之則以爲不喻欲補其失反不喻也說以對反則以爲較己欲反其事而明言乃疑其較也博以異雜則以爲無要控盡所懷謂之無要論以同體然後乃悅弟兄忿肆爲陳管蔡之事則歡暢而和悅於是乎有親愛之情稱舉之譽苟言之同非徒親愛而已乃至譽而舉之此偏材之常失意常婣護欲人同己己不必得何由暫得

英雄第八自非平淡能各有名英爲文昌雄爲武稱

夫草之精秀者爲英獸之特羣者爲雄物尚有之况於人乎故
人之文武茂異取名於此文以英爲名武以雄爲號是故聰明秀
出謂之英膽力過人謂之雄此其大體之别名也若
校其分數則牙則須英得雄分然後成章雄得英分然後成剛各以二分
取彼一分然後乃成膽者雄之分智者英之分英有聰明須膽而後成雄有膽力須
智而後立何以論其然夫聰明者英之分也不得雄之膽
則說不行智而無膽不能正言膽力者雄之分也不得英之智
則事不立勇而無謀不能立事是故英以其聰謀始以其明見
機智以謀事之始明以見事之機待雄之膽行之不決則不能行雄以其力
服衆以其勇排難非力衆不服非勇難不排待英之智成之智以制宜
巧乃可成然後乃能各濟其所長也譬金待水而成利功物得水然後成養功
若聰能謀始而明不見機乃可以坐論而不可以處
事智能坐論而明不見事機何事務之能處聰能謀始明能見機而勇不

能行可以循常而不可以慮變明能循常勇不能行何應變之能爲若力能過人而勇不能行可以爲力人未可以爲先登力雖絕羣膽雄不決何先鋒之能爲力能過人勇能行之而智不能斷事可以爲先登未足以爲將帥力能先登臨事無謀何將帥之能爲必聰能謀始明能見機膽能決之然後可以爲英張良是也氣力過人勇能行之智足斷事乃可以爲雄韓信是也體分不同以多爲目故英雄異名張良英智多韓信雄膽勝然皆偏至之材人臣之任也故英可以爲相制勝於近雄可以爲將揚威於遠若一人之身兼有英雄則能長世高祖項羽是也然英之分以多於雄而英不可以少也英以致智智能役雄何可少也英分少則智者去之故項羽氣力蓋世明能合變膽烈無前濟江焚糧而不能聽采奇異有一范增不用是以陳平之徒皆亡歸高祖英分多故羣雄

服之英材歸之兩得其用（雄既服矣英又歸之）故能吞秦破楚宅有天下然則英雄多少能自勝之數也（勝在於身則能勝物）徒英而不雄則雄材不服也（內無主於中外物何由入）徒雄而不英則智者不歸往也（無名以接之智者何由往）故雄能得雄不能得英（兕虎自成羣也）英能得英不能得雄（鸞鳳自相親也）故一人之身兼有英雄乃能役英與雄能役英與雄故能成大業也（武以服之文以綏之則業隆當年福流後世）

八觀第九（羣材異品志各異歸觀其通否所格者八）

八觀者一曰觀其奪救以明閒雜（或慈欲濟恤而恡奪其人或救濟廣厚而乞醯爲惠）二曰觀其感變以審常度（觀其愠怍則常度可審）三曰觀其志質以知其名（徵質相應覩色知名）四曰觀其所由以辨依似（依訏似直倉卒難明察其所安昭然可辨）五曰觀其愛敬以知通塞（純愛則物親而情通純敬則理疎而情塞）六曰觀其情機以辨恕惑（得其所欲

則恕違其所欲則惑七曰觀其所短以知所長訐刺雖短而長於爲直八曰觀其聰明以知所達雖體衆材而材不聰明事事蔽塞其何能達何謂觀其奪救以明閒雜夫質有至有違剛質無欲所以爲至貪情或勝所以爲違若至勝違則惡情奪正若然而不然所欲勝剛以此似剛而不剛故仁出於慈有慈而不仁者仁必有恤有仁而不恤者厲必有剛有厲而不剛者若夫見可憐則流涕慈心發於中將分與則恡嗇是慈而不仁者爲仁者必濟恤覩危急則惻隱仁情動於內將赴救則畏患是仁而不恤者爲恤者必赴危處虛義則色厲精厲見於貌顧利欲則內荏是厲而不剛者爲剛者必無欲然則慈而不仁者則恡奪之也愛財傷於慈仁而不恤者則懼奪之也恇怯損於仁厲而不剛者則欲奪之也利欲害於剛故曰慈不能勝恡無必其能仁也愛則不施何於仁之爲能仁不能勝懼無必其能恤也畏懦不果何恤

之能行厲不能勝慾無必其能剛也情存利慾何剛之能成是故
不仁之質勝則伎力爲害器仁質既弱而有伎力此害己之器也貪悖
之性勝則彊猛爲禍梯廉質既負而性強猛此禍己之梯也亦有善情
救惡不至爲害惡物宜翦而除純善之人憐而救之此口厚之人非大害也愛惠
分篤雖傲狎不離平生結交情厚分深雖原壤夷俟而不相棄無大過也助善
著明雖疾惡無害也如殺無道以就有道疾惡雖甚無大非也救濟過厚
雖取人不貪也取人之物以有救濟雖譏在乞醯非大貪也是故觀其奪
救而明閑雜之情可得知也或長悋奪慈仁或救過濟其分而平淡之主順
而怨何謂觀其感變以審常度夫人厚貌深情將欲求
之必觀其辭旨察其應贊視發言之旨趣觀應和之能否夫觀其辭
旨猶聽音之善醜音唱而善醜別察其應贊猶視智之能否
也聲和而能否別故觀辭察應足以互相別識彼唱此和是非相舉然
則論顯揚正白也辭顯唱正是曰明白不善言應玄也默而識之是曰

玄也經緯元白通也明辨是非可謂通理移易無正雜也理不一據言意渾雜先識未然聖也追思元事叡也見事過人明也以明爲晦智也心雖明之常若不足微忽必識妙也理雖至微而能察之美妙不昧疎也心致昭然是曰疎朗測之益深實也心有實智探之愈精猶泉滋中出測之益深也假合炫燿虛也道聽塗說久而無實猶池水無源洩而虛竭自見其美不足也智不贍足恐人不知以自伐不伐其能有餘也不畏不知故曰凡事不度必有其故色貌失實必有憂喜之故憂患之色乏而且荒憂患在心故形色荒疾疢之色亂而垢雜黃黑色雜理多塵垢喜色愉然以懌慍色厲然以揚妒惑之色冒昧無常麤白麤赤憤憤在面及其動作蓋並言辭色既發揚言亦從之是故其言甚懌而精色不從者中有違也心恨而言彊和色貌終不相從其言有違而精色可信者辭不敏也言不自盡故辭雖違而色貌可信言未發而怒色先見者意憤溢也憤怒塡胸者未言而色貌已作言將

發而怒氣送之者彊所不然也（欲彊行不然之事故怒氣助言）凡此之類徵見於外不可奄違（心懽而怒容意恨而和貌）雖欲違之精色不從（心動貌從）感愕以明雖變可知（憤雖在內感愕發外千形萬貌麤可知矣）是故觀其感變而常度之情可知（觀人辭色而知其心物有常度然後審矣）何謂觀其至質以知其名凡偏材之性二至以上則至質相發而令名生矣（二至質氣之謂也質直氣清則善名生矣）是故骨直氣清則休名生焉（骨氣相應名是以美）氣清力勁則烈名生焉（氣既清矣力勁則烈）勁智精理則能名生焉（智既勁矣精理則能稱）智直彊慤則任名生焉（直而又美是以名任）集于端質則令德濟焉（質徵端□□□□□）加之學則文理灼焉（圭玉有質瑩則成文）故觀其所至之多少而異名之所生可知也（尋其質氣覽其清濁雖有多少之異異狀之名斷可知之）何謂觀其所由以辨依似夫純訐性違不能公正（質氣俱訐何正之有）依訐似直以訐訐善（以直

之訐訐及良善純宕似流不能通道質氣俱宕何道能通依宕似通行

傲過節似通之宕容傲無節故曰直者亦訐訐者亦訐其訐則

同其所以爲訐則異直人之訐訐惡憚非純訐爲訐訐善刺是通者亦宕

宕者亦宕其宕則同其所以爲宕則異通人之宕簡而達道純宕之宕

傲僻以自恣然則何以別之直而能温者德也温和爲直所以爲德

直而好訐者偏也性直過訐所以爲偏訐而不直者依也純訐似直

所以爲依道而能節者通也以道自節所以爲通通而時過者偏也

性通時過所以爲偏宕而不節者依也純宕自通所以爲依偏之與依志

同質違所謂似是而非也質同通直或偏□□是故輕諾似烈

而寡信不量己力輕許死人臨事懼怯不能殉命多易似能而無效不顧材能

自謂能辦受事猖獗皆無效驗進銳似精而去速精躁之人不能久任訶者似

察而事煩譴訶之人每多煩亂訐施似惠而無成當時似給終無所成面

從似忠而退違阿順目前却則自是此似是而非者也紫色亂朱聖人

惡之亦有似非而是者事同於非其功實則是大權似姦而有功
伊去太甲以成其功大智似愚而內明終日不違內實分明博愛似虛而
實厚況愛無私似虛而實正言似訐而情忠譬帝桀紂至誠忠愛夫察似
明非御情之反欲察似類審則是非御取人情反覆明之有似理訟其實
難別也故聖人參訊廣訪與衆共之非天下之至精其孰能得其
實若其實可得何憂乎驩兜何遷乎有苗是以昧旦晨興揚明仄陋語之三槐詢之九棘故聽
言信貌或失其真言訥貌惡仲尼失之子羽詭情御反或失其賢
疑非人情公孫失之卜式賢否之察實在所依雖其難知卽當尋其所依而察之
是故觀其所依而似類之質可知也雖其不盡得其實然察其所依
似身其體氣麤可幾矣何謂觀其愛敬以知通塞蓋人道之極
莫過愛敬愛生於父子敬立於君臣是故孝經以愛爲至德起父子之
親故爲至德以敬爲要道終君臣之義故爲道之要易以感爲德氣通生物
人得之以利養以謙爲道尊卑殊別道之次序老子以無爲德施化無方德之

則也以虛爲道寂寞無爲道之倫也禮以敬爲本禮由陰作肅然清淨樂以
愛爲主樂由陽來歡然親愛然則人情之質有愛敬之誠方在哺乳
愛敬生矣則與道德同體動獲人心而道無不通也體道修德
故物順理通然愛不可少於敬少於敬則廉節者歸之廉人
好敬是以歸之而衆人不與衆人樂愛少是以不與愛多於敬則雖廉
節者不悅而愛接者死之廉人寡常人衆衆人樂愛致其死則事成業濟是故
愛之爲道不可少矣何則敬之爲道也嚴而相離其勢難久動必
肅容過之不久逆旅之人不及溫和而歸也愛之爲道也情親意厚深而
感物煦愉篤密感物深感是以翳桑之人倒戈報德是故觀其愛敬之誠而
通塞之理可得而知也篤於慈愛則溫和而上下之情通務在禮敬則嚴肅而內
外之情塞然必愛敬相須不可一時而無然行其二義者常當務令愛多敬少然後肅穆之風可得希矣
何謂觀其情機以辨恕惑夫人之情有六機杼其所
欲則喜爲有力者譽烏獲其心莫不折焉不杼其所能則怨爲辨給者稱三

纖其心莫不忿然以自伐歷之則惡抗己所能以歷衆人衆人所惡以謙損下之則悅卑損下人人皆喜悅犯其所乏則媢人皆悅己所長惡己所短故稱其所短則媢戾忿肆以惡犯媢則妒自伐其能人所惡也稱人之短人所媢也今伐其所能犯人所媢則妒害生也此人情之六機也夫人情莫不欲遂其志志之所欲欲遂己成故烈士樂奮力之功遭難而力士奮善士樂督政之訓政修而善士用能士樂治亂之事治亂而求賢能術士樂計策之謀廣算而求其策辯士樂陵訊之辭實贊而求辯給貪者樂貨財之積貨財積則貪者容其求幸者樂權勢之尤權勢之尤則幸者竊其口苟贊其志則莫不欣然是所謂杼其所欲則喜也所欲之心杼盡復何怨乎若不杼其所能則不獲其志不獲其志則戚憂己材之不展是故功力不建則烈士奮奮憤不能盡其材也德行不訓則正人哀哀不得行其化政亂不治則能者歎歎不得用其能敵能未弭則術人思思不得運其奇貨財不積則貪者憂憂無

所收其利權勢不尤則幸者悲（悲不得弃其權）是所謂不杼其能則怨也（所怨不杼其能悅也）人情莫不欲處前故惡人之自伐（皆欲居物先故惡人之自伐也）自伐皆欲勝之類也是故自伐其善則莫不惡也（惡其有勝己之心）是所謂自伐歷之則惡也（是以達者終不自伐）人情皆欲求勝故悅人之謙謙所以下之下有推與之意是故人無賢愚接之以謙則無不色懌（不問能否皆欲勝人）是所謂以謙下之則悅也（是以君子終日謙謙）人情皆欲掩其所短見其所長（稱其所長則悅稱其所短則愠）是故人駮其所短似若物冒之（情之憤悶有若覆冒）是所謂駮其所乏則婟也（覆冒純塞其心婟戾）人情陵上者也（見人勝己皆欲陵之）陵犯其所惡雖見憎未害也（雖惡我自伐未甚疾害也）若以長駮短是所謂以惡犯婟則妒惡生矣（以己之長駮人之短而取其害是以達者不為之也）凡此六機其歸皆欲處上（物之自大人人皆爾）是以君子接物犯

而不校（知物情好勝雖或以小犯己終不校拒也）不校則無不敬下所以
避其害也（務行謙敬誰害之哉）小人則不然既不見機（不達妒害之機）
而欲人之順己（謂欲人無違己）以佯愛敬爲見異（孔光逡巡董賢欣喜）
以偶邀會爲輕（謂非本心忿其輕己）苟犯其機則深以爲怨（小人
易悅而難事）是故觀其情機而賢鄙之志可得而知也（賢明
志在退下鄙劣志在陵上是以平淡之主御之以正訓貪者之所憂戒幸者之所悲然後物不自伐下不
陵上賢否當位治道有序）何謂觀其所短以知所長夫偏材之人
皆有所短（智不能周也）故直之失也訐（刺訐傷於義故其父攘羊而子證之）
剛之失也厲（剛□傷於理故諫□不從承之以劍）和之失也愞（愞弱不及道故
宮之奇爲人愞不能彊諫）介之失也拘（拘愚不達事尾生守信死於橋下）夫直者
不訐無以成其直既悅其直不可非其訐（用人之直恕其訐也）
訐也者直之徵也（非訐不能爲直）剛者不厲無以濟其剛既
悅其剛不可非其厲（用人之剛恕其厲也）厲也者剛之徵也（非厲

不能為剛和者不悷無以保其和既悅其和不可非其悷用人之和恕其悷也悷也者和之徵也非悷不能為和介者不拘無以守其介既悅其介不可非其拘用人之介恕其拘也拘也者介之徵也非拘不能為介然有短者未必能長也純訐之人未能正直有長者必以短為徵純和之人徵必悷弱是故觀其徵之所短而其材之所長可知也欲用其剛必采之於厲何謂觀其聰明以知所達夫仁者德之基也載德而行義者德之節也制德所宜也禮者德之文也禮德之文理也信者德之固也固德之所執也智者德之帥也非智不成德夫智出於明明達乃成智明之於人猶晝之待白日夜之待燭火火日所以照晝夜智達所以明物理其明益盛者所見及遠火日愈明所照愈遠智達彌明理通彌深及遠之明難聖人猶有不及是故守業勤學未必及材生知者上學能者次材藝精巧未必及理因習成巧淺於至理理義辨給未必及智理成事業昧於

玄智智能經事未必及道役智經務去道遠矣道思玄遠然後乃周道無不載故無不周是謂學不及材材不及理理不及智智不及道道智玄微故四變而後及道也者回覆變通理不繫一故變通之是故別而論之各自獨行則仁爲勝仁者濟物之資明者見物而已合而俱用則明爲將仁者待明乃成其功故以明將仁則無不懷威以使之仁以恤之以明將義則無不勝示以斷割之宜以明將理則無不通理若明練萬事乃達然則苟無聰明無以能遂暗者昧時何能成務成遂故好聲而實不充則恢恢迂遠於實好辨而理不至則煩辭煩而無正理好法而思不深則刻刻過於理好術而計不足則僞詭誣詐也是故鈞材而好學明者爲師比力而爭智者爲雄等德而齊達者稱聖聖之爲稱明智之極名也是以動而爲天下法言而爲萬世範居上位而不亢在下位而不悶是以觀其聰明而所達之材可知也

人物志卷中

珍倣宋版印

人物志卷下

七繆十　效難十一

釋爭十二

七繆第十（以人物之理妙而難明以情鑒察繆猶有七）

七繆一曰察譽有偏頗之繆（徵實不明故聽有偏頗也）二曰接物有愛惡之惑（或情同忘其惡或意異違其善也）三曰度心有小大之誤（或小知而大無成或小暗而大無明）四曰品質有早晚之疑（有早智而速成者有晚智而晚成者）五曰變類有同體之嫌（材同勢均則相競材同勢傾則相敬）六曰論材有申壓之詭（藉富貴則惠施而名申處貧賤則乞求而名壓）七曰觀奇有二尤之失（妙尤含藏直尤虛瑰故察難中也）夫采訪之要不在多少（事無巨細要在得正）然徵質不明者信耳而不敢信目（目不能察而信於耳）故人以爲是則心隨而明之人以爲非則意轉而化之（信人毀譽故向之所是化而爲非）雖無所嫌意若不疑

信毀譽者心雖無嫌意固疑矣且人察物亦自有誤愛憎兼之其情萬原明既不察加之愛惡是非是疑豈可勝計不暢其本胡可必信去愛憎之情則實理得矣是故知人者以目正耳雖聽人言常正之以目不知人者以耳敗目親見其誠猶信毀而棄之故州閭之士皆譽皆毀未可爲正也或衆附阿黨或獨立不羣交遊之人譽不三周未必信是也交結致譽不三周色貌取人而行違之夫實厚之士交遊之閒必每所在肩稱言忠信行篤敬雖蠻貊之邦行矣上等援之下等推之蠻貊推之況州里乎苟不能周必有咎毀行不篤敬者或諂諛得上而失於下或阿黨得下而失於上故偏上失下則其終有毀非之者多故不能終偏下失上則其進不傑衆雖推之上不信異故誠能三周則爲國所利此正直之交也由其正直故名有利故皆合而是亦有違比或違正阿黨故合而是之皆合而非或在其中或特立不羣故合而非之若有奇異之材則非衆所見奇逸趨衆衆何由識而耳所聽采以多

爲信（不能審察其材但信衆人言也）是繆於察譽者也（信言察物必多繆失是以聖人如有所譽必有所試）夫愛善疾惡人情所常（不問賢愚情皆同之也）苟不明質或疎善善非（非者見善善者見疎豈故然哉由意不明）何以論之夫善非者雖非猶有所是（既有百非必有一是）以其所是順己所長（惡人一是與己所長同也）則不自覺情通意親忽忘其惡（以與己同忘其百非謂矯駕爲至孝殘桃爲至忠）善人雖善猶有所乏（雖有百善或有一短）以其所乏不明己長（善人一短與己所長異也）以其所長輕己所短則不自知志乖氣違忽忘其善（以與己異百善皆棄謂曲杖爲匕首葬楯爲皮貝耶）是惑於愛惡者也（徵質暗昧者其於接物常以愛惡惑異其正）夫精欲深微質欲懿重志欲宏大心欲嗛小精微所以入神妙也（麤則失神）懿重所以崇德宇也（躁則失身）志大所以勘物任也（小則不勝）心小所以慎咎悔也（大則驕陵）故詩詠文王小心翼翼不大聲以色小心也（言不貪求大名聲見於顏色）

王赫斯怒以對于天下志大也故能誅紂定天下以致太平由此論之心小志大者聖賢之倫也心小故以服事殷志大故三分天下有其二心大志大者豪傑之雋也志大而心又大故名豪雋心大志小者傲蕩之類也志小而心闊遠故爲傲蕩之流也心小志小者拘愞之人也心近志短豈能宏大衆人之察或陋其心小見沛公燒絕棧道謂其不能定天下或壯其志大見項羽號稱彊楚便謂足以匡諸侯是誤於小大者也由智不能察其度心常誤於小大夫人材不同成有早晚有早智而速成者質氣清朗生則秀異故童烏蒼舒總角曜奇也有晚智而晚成者質重氣遲則久乃成器故公孫含道老而後章有少無智而終無所成者質濁氣暗終老無成故原壤年老聖人叩脛而不能化有少有令材遂爲雋器者幼而通理長則愈明故常材發奇於應賓效德於公相四者之理不可不察當察其早晚隨時而用之夫幼智之人材智精達然其在童髦皆有端緒仲尼戲言俎豆鄧艾指圖軍旅故文本辭繁幼辭繁者長必文麗辯始

給口（幼給口者長必辯論也）仁出慈恤（幼慈恤者長必矜人）施發過與（幼過與者長必好施）慎生畏懼（幼多畏者長必謹慎）廉起不取（幼不妄取長必清廉）早智者淺惠而見速（見小事則達其形容）晚成者奇識而舒遲（智雖舒緩能識其妙）終暗者並困於不足（事務難易意皆昧然）遂務者周達而有餘（事無大小皆能極之）而衆人之察不慮其變（常以一槩責於終始）是疑於早晚者也（或以早成而疑晚智或以晚智而疑早成故以品質常有妙失也）

夫人情莫不趣名利避損害名利之路在於是得（是得在己名利與之）損害之源在於非失（非失在己損害攻之）故人無賢愚皆欲使是得在己（賢者尚然況愚者乎）能明己是莫過同體（體同於我則能明己）是以偏材之人交遊進趨之類皆親愛同體而譽之（同體能明己是以親而譽之）憎惡對反而毀之（與己體反是以惡而疎之）序異雜而不尚也（不與己同不與己異則雖不憎亦不尚之）推而論之無他故焉夫譽同體毀對反所以證彼非而著己是

也（由與己同體故證彼非而著己是也）至於異雜之人於彼無益於己
無害則序而不尙（不以彼爲是不以己爲非都無損益何所尙之）是故同體
之人常患於過譽（譽俱爲人則力小者慕大力大者提小故其相譽常失其實也）
及其名敵則尠能相下（若俱能負鼎則爭勝之心生故不能相下）是故直
者性奮好人行直於人（見人正直則心好之）而不能受人之訐
（刺己之非則訐而不受）盡者情露好人行盡於人（見人穎露則心好之）而
不能納人之徑（說己徑盡則違之不納）務名者樂人之進趨過
人（見人乘人則悅其進趨）而不能出陵己之後（人陵於己則忿而不服）是
故性同而材傾則相援而相賴也（並爲膂力則大能獎小）性同
而勢均則相競而相害也（忿彼勝己則妒害之心生）此又同體之
變也故或助直而毀直（人直過於己直則非毀之心生）或與明而毀
明（人明過於己明則妒害之心動）而衆人之察不辨其律理是嫌於
體同也（體同尙然況異體乎）夫人所處異勢勢有申壓富貴遂

達勢之申也身處富貴物不能屈是以佩六國之印父母迎於百里之外貧賤窮匱勢之壓也身在貧賤志何申展是以黑貂之裘弊妻嫂墮于閨門之內上材之人能行人所不能行凡云爲動靜固非衆人之所及是故達有勞謙之稱窮有著明之節材出于衆其進則裒多益寡勞謙濟世退則履道坦坦幽人貞吉中材之人則隨世損益守常之智申壓在時故勢來則益勢去則損是故藉富貴則貨財充於內施惠周於外貲財有餘恣意周濟見贍者求可稱而譽之感其恩紀匡救其惡是以朱建受金而爲食其畫計見援者闡小美而大之感其引援將順其美是以曹邱見接爲季布揚名雖無異材猶行成而名立夫富與貴可不欣哉乃至無善而行成無智而名立是以富貴妻嫂恭況他人乎處貧賤則欲施而無財欲援而無勢有慈心而無以□職□林□不能援親戚不能恤朋友不見濟內無蔬食之饋外無縕袍之贈分義不復立恩愛浸以離意義皆空薄分意何由立怨望者並至歸非者日多非徒薄己遂生怨謗之言雖無罪尤猶無故而廢也

夫貧與賤可不懾哉乃至無尤而生謗無罪而見廢是故貧賤妻子慢況他人乎故世有侈
儉名由進退行雖在我而名稱在世是以良農能稼未必能穡天下皆富則
清貧者雖苦必無委頓之憂家給人足路人皆饋之且有辭施
之高以獲榮名之利得辭施之高名受餘光之善利皆貧則求假無
所告家貧戶乏粟成珠玉而有窮乏之患且生鄙吝之訟乞假無遺
與嫂叔爭糟糠是故鈞材而進有與之者則體益而茂遂己既
自足復須給賜則名美行成所為遂達私理卑抑有累之者己既不足親戚並困
則微降而稍退上等不援下等不推而衆人之觀不理其本各
指其所在謂申達者為材能壓屈者為愚短是疑於申壓者也材智雖鈞
貴賤殊塗申壓□□□乎貧富夫清雅之美著乎形質察之寡失□□
外著故□□□□之失繆之由恆在二尤二尤之生與物異列
是故非常人之所見故尤妙之人含精於內外無飾姿譬金水內明而
不外朗故馮唐白首屈於郎署尤虛之人碩言瓌姿內實乖反猶燭火外

照灰燼內暗故主父偃辭麗一歲四遷而人之求奇不可以精微測其玄機明異希其尤奇異非精不察或以貌少為不足覩醜蔑貌惡便疑其淺陋或以瑰姿為巨偉見江充貌麗便謂其巨偉或以直露為虛華以其款盡疑無厚實或以巧飭為真實巧言如流悅而覩之是以早拔多誤不如順次或以甘羅為早成而用之於早歲或誤復欲順次也夫順次常度也苟不察其實亦焉往而不失徵質不明不能識奇故使順次亦不能得故遺賢而賢有濟則恨在不早拔故鄭伯謝之於燭武拔奇而奇有敗則患在不素別故光武悔之於朱浮任意而獨繆則悔在不廣問秦穆不從蹇叔雖追誓而無及廣問而誤己則怨己不自信隗囂貳存於漢而為玉元所誤是以驥子發足眾士乃誤韓信立功淮陰乃震夫豈惡奇而好疑哉乃尤物不世見而奇逸美異也故非常人之所識也是以張良體弱而精彊為眾智之雋也不以質弱而傷於智荊叔色平而神勇為眾勇之傑

也不以色和而傷於勇然則儁傑者衆人之尤也奇逸過於衆人故衆人不
能及聖人者衆尤之尤也通達過於衆奇故衆奇不能逮其尤彌出者
其道彌遠非天下之至精其孰能與於此故一國之儁於州爲輩未
得爲第也郡國之所儁異比於州郡未及其第目一州之第於天下爲
椳州郡之所第目以比天下之儁椳而不可及椳烏魁反樞也天下之椳世有優
劣其人不□繼是以□□□□應運乃出是故衆人之所貴各貴其出
己之尤智謀勝己則以爲貴而不貴尤之所尤尤之尤者非衆人之所識是
故衆人之明能知輩士之數衆人明者纔知郡國出輩之士而已而不
能知第目之度乃未識郡國品第之儁輩士之明能知第目之
度出輩明者纔知郡國第目之良不能識出尤之良也未識出尤奇異之理出
尤之人能知聖人之教瞻之在前忽焉在後不能究之入室之
奧也如有所立卓爾雖欲從之末由也已由是論之人物之理妙不可
得而窮已爲當擬諸形容象其物宜觀其會通舉其一隅而已

效難第十一人材精微實自難知知之難審效薦之難

蓋知人之效有二難有難知之難尤奇遊雜是以難知有知之而無由得效之難己雖知之無由得薦何謂難知之難人物精微智無形狀奇逸精妙能神而明欲入其神而明其智其道甚難固難知之難也知人則哲惟帝難之況常人乎是以衆人之察不能盡備各守其一方而已故各自立度以相觀采以己所能歷觀衆才或相其形容以貌狀取人或候其動作以進趨取人或揆其終始以發正取人或揆其儗象以旨意取人或推其細微以情理取人或恐其過誤以簡恕取人或循其所言以辭旨取人或稽其行事以功效取人八者遊雜各以意之所可爲惟是以雜而無紀故其得者少所失者多但取其同於己而失其異於己己不必兼故失者多是故必有草創信形之誤或色貌取人而行違又有居止變化之謬或身在江海心存魏闕故其接遇觀人也隨行信名失其中情是以聖人聽言觀行如有所譽必有所試

故淺美揚露則以爲有異（智淺易見狀似異美）深明沈漠則以爲空虛（智深內明狀似無實）分別妙理則以爲離婁（研精至理狀似離婁）口傳甲乙則以爲義理（強指物類狀似有理）好說是非則以爲臧否（妄說是非似明善否）講目成名則以爲人物（強識賢愚似明人物）平道政事則以爲國體（妄論時事似識國體）猶聽有聲之類名隨其音（七者不能明物皆隨行而爲之名猶聽貓音而謂之貓聽雀音而謂之雀不知二蟲竟謂何名也世之疑惑皆此類也是以魯國儒服者衆人皆謂之儒立而問之一人而已）夫名非實用之不效（南箕不可以簸揚北斗不可挹酒漿）故曰名猶口進而實從事退（衆觀形而名之故用而不驗也）中情之人名不副實用之有效（真智在中衆不能見故無外名而有內實）故名由衆退而實從事章（效立則名章）此草創之常失也（淺智無終深智無始故衆人之察物常失之於初）故必待居止然後識之（視其所止觀其所居而焉不知）故居視其所安（安其舊者敦於仁）達視其所舉（舉剛直者近於義）富視其所與（與嚴壯者明於禮）

窮視其所爲（爲經術者勤於智）貧視其所取（取其分者存於信）然後乃能知賢否（行此者賢反此者否）此又已試非始相也（試而知之豈相也哉）所以知質未足以知其略（略在變通不可常准）且天下之人不可得皆與遊處（故視其外狀可以得一未足盡知）或志趣變易隨物而化（是以世祖失之龐萌曹公失之董卓）或未至而懸欲或已至而易顧（李軼始專心於光武終改顧於聖公）或窮約而力行或得志而從欲（王莽初則布衣折節卒則窮奢極侈）此又居止之所失也（情愛如此誰能定之）由是論之能兩得其要是難知之難（既知其情又察其變故非常人之所審）何謂無由得效之難上材已莫知（已難識知）或所識者在幼賤之中未達而喪（未及進達其人已喪）或所識者未拔而先沒（未及拔舉已先沒世）或曲高和寡唱不見讚（公叔座薦商鞅而魏王不能用）或身卑力微言不見亮（禽息舉百里奚首足皆碎）或器非時好不見信貴（竇后方好黃老儒者何由見進）或不在其位無由得拔

卞和非因匠所以抱璞泣或在其位以有所屈迫何武舉公孫祿而為王氏所推
是以良材識真萬不一遇也材能雖良當遇知己雖遇當值明王三者
之遭萬不一會須識真在位識百不一有也雖識己真或不在位以位
勢值可薦致之宜十不一合也識己須在位智達復須宜或明足
識真有所妨奪不欲貢薦雖識辨賢愚而屈於妨奪故有不欲或好貢
薦而不能識真在位之人雖心好賢善而明不能識是故知與不知相
與分亂於總猥之中或好賢而不識或知賢而心妒故用與不用同於衆總紛然淆
亂實知者患於不得達效身無位交無由效達不知者亦自以
爲未識身雖在位而不能識所謂無由得效之難也故曰知人
之效有二難□□□□□□其□智廣其□□□□□□□□□舉能不避仇讎□□
不□□□□□□□可得而□□□可得而濟□

釋爭第十二

賢善不伐況小事乎釋忿去爭必荷榮福
蓋善以不伐爲大爲善而自伐其能衆人之所小賢以自矜爲損行賢

而去自賢之心何往而不益哉是故舜讓于德而顯義登聞湯降不遲而聖敬日躋彼二帝雖天挺聖德生而上哲猶懷勞謙疾行退下然後信義登聞光宅天位郄至上人而抑下滋甚王叔好爭而終于出犇此二大夫矜功陵物或宗夷族滅或逃禍出奔由此觀之爭讓之道豈不懸歟然則卑讓降下者茂進之遂路也江海所以爲百谷王以其處下也矜奮侵陵者毀塞之險塗也兕虎所以攖牢檻以其性獲噬也是以君子舉不敢越儀準志不敢凌軌等足不苟蹈常懷退下內勤己以自濟外謙讓以敬懼獨處不敢爲非出門如見大賓是以怨難不在於身而榮福通於長久也外物不見傷子孫賴以免彼小人則不然矜功伐能好以陵人初撫巨細心發揚以陵物是以在前者人害之矜能奔縱人情所害有功者人毀之恃功驕盈人情所毀毀敗者人幸之及其覆敗人情所幸是故並轡爭先而不能相奪小人競進智不相過並驅爭險更相蹈藉兩頓俱折而爲後者所趨中道而斃後者乘之譬兔殛犬口而田父收其

功由是論之，爭讓之途其別明矣（君子尚讓故涉萬里而途清小人好爭足未動而路塞）然好勝之人猶謂不然（貪則好勝雖聞德讓之風意猶昧然乃云古人讓以得今人讓以失心之所是起而爭之）以在前爲速銳以處後爲留滯（故行坐汲汲不暇脂車）以下衆爲卑屈以躡等爲異傑（苟矜起等不羞負乘）以讓敵爲迴辱以陵上爲高厲（故趙穿不顧元帥奐子以偏師陷）是故抗奮遂往不能自反也（譬虎狼食生物遂有殺人之怒）夫以抗遇賢必見遜下（相如爲廉頗逡巡兩得其利）以抗遇暴必構敵難（灌夫不爲田蚡持下兩得其尤）敵難既構則是非之理必溷而難明（俱自是而非彼誰明之耶）溷而難明則其與自毀何以異哉（兩虎共鬬小者□□□傷焉得而兩全）且人之毀己皆發怨憾而變生釁也（若本無憾恨遭事際會亦不致毀害）必依託於事飾成端末（凡相毀謗必因事類而飾成之）其於聽者雖不盡信猶半以爲然也（由言有端角故信之者半）己之校報亦又如之（復當報謗爲生翅尾）終其所歸亦各有半信著於遠近也（俱有形狀不知其實是以近遠之聽皆半信於此半信於彼）然則交氣疾爭者為易口而自毀也（己說人之瑕人亦說己之穢雖詈人自取其詈也）並辭競說者為貸手以自毆（辭忿則力爭己既毆人人亦毆己此其為借手以自毆）為惑繆豈不甚哉（借手自毆借口自詈非惑而何）然原其所由豈有躬自厚責以致變訟者乎（己能自責人亦自責兩不言競變訟何由生哉）皆由內恕不足外望不已（所以爭者由內不能恕己自責而外望於人不已也）或怨彼輕我或疾彼勝己（是故心爭終無休已）夫我薄而彼輕之則由我曲而彼直也（曲而見輕固其宜矣）我賢而彼不知則見輕非我咎也（親反傷也固其宜矣）若彼賢而處我前則我德之未至也（見輕在彼固所宜也）若德鈞而彼先我則我德之近次也（德鈞年次固其常矣）夫何怨哉且兩賢未別則能讓者為雋矣（材均而不爭優劣衆人善其讓）爭雋未別則用力者為憊矣（雋等而名未別衆人惡其鬬）是故藺相如以迴車決

勝於廉頗寇恂以不鬭取賢於賈復 此二賢者知爭途不可由故回車退避或酒炙迎送故廉賈肉袒爭尚滅矣 物勢之反乃君子所謂道也 龍蛇之蟄以存身尺蠖之屈以求伸蟲微物耳尚知蟠屈況於人乎 是故君子知屈之可以爲伸故含辱而不辭 韓信屈於跨下之辱 知卑讓之可以勝敵故下之而不疑 展喜犒齊師之謂也 及其終極乃轉禍而爲福 晉文避楚三舍而有城濮之勳 屈讎而爲友 相如下廉頗而爲刎頸之交 使怨讎不延於後嗣而美名宣於無窮 子孫荷其榮蔭竹帛紀其高義 君子之道豈不裕乎 若偏急好爭則身危當年何後來之能福 且君子能受纖微之小嫌故無變鬭之大訟 □□□□□□故君子愼其小 小人不能忍小忿之故終有赫赫之敗辱 小人以小惡爲無傷而不去故罪大不可解惡積不可救 怨在微而下之猶可以爲謙德也 怨在纖微則謙德可以除之 變在萌而爭之則禍成而不救矣 涓涓不息遂成江河水漏覆舟胡可救哉 是故陳餘以張耳之變卒受離身之

害思復須與之忿忘終身之惡是以身滅而嗣絕也彭寵以朱浮之郄終有覆亡之禍恨督責之小故違終始之大計是以宗夷而族覆也禍福之機可不慎哉二女爭桑吳楚之難作季郈鬬雞魯國之釁作可不畏歟可不畏歟是故君子之求勝也以推讓爲利銳推讓所往前無堅敵以自修爲棚櫓修己以敬物無害者靜則閉嘿泯之玄門動則由恭順之通路時可以靜則重閉而元嘿時可以動則履正而後進是以戰勝而爭不形動靜得節故勝無與爭爭不以力故勝功見耳敵服而怨不構干戈不用何怨構之有若然者悔悋不存于聲色夫何顯爭之有哉色貌猶不動況力爭乎彼顯爭者必自以爲賢人而人以爲險詖者以己爲賢專國自是是己非人人得不爭乎實無險德則無可毀之義若信有險德又何可與訟乎險而與之訟是柙兕而攖虎其可乎怒而害人亦必矣易曰險而違者訟訟必有衆起言險而行違必起衆而成訟矣老子曰夫惟不爭故天下莫能與之爭

〔以謙讓爲務者所往而無爭〕是故君子以爭途之不可由也〔由於爭途者必覆輪而致禍〕是以越俗乘高獨行於三等之上何謂三等本無功而自矜一等〔空虛自矜故爲下等也〕有功而伐之二等〔自伐其能故爲中等〕功大而不伐三等〔推功於物故爲上等〕愚而好勝一等〔不自度量故爲下等〕賢而尚人二等〔自美其能故爲中等〕賢而能讓三等〔歸善於物故爲上等〕緩己急人一等〔性不恕人故爲下等〕急己急人二等〔褊戾峭刻故爲中等〕急己寬人三等〔謹身恕物故爲上等〕凡此數者皆道之奇物之變也〔心不純一是爲奇變〕三變而後得之故人莫能逮也〔小人安其下等何由能及哉〕夫唯知道通變者然後能處之〔處上等而不失上者也〕是故孟之反以不伐獲聖人之譽〔不伐其功美譽自生〕管叔以辭賞受嘉重之賜〔不貪其賞嘉賜自致〕夫豈詭遇以求之哉乃純德自然之所合也〔豈故不伐辭賞詭情求名耶乃至直伐於中自與理會也〕彼君子知自損之爲益故功一而美二

自損而行成名立小人不知自益之爲損故一伐而竝失自伐而行毁名喪由此論之則不伐者伐之也不爭者爭之也不伐而名章不爭而理得讓敵者勝之也下衆者上之也退讓而敵服謙尊而德光君子誠能覩爭途之名險獨乘高於玄路則光暉煥而日新德聲倫於古人矣避忿肆之險途獨逍遙於上等遠燕雀於啁啾之鳴鳳於玄曠然後德暉耀於來今清光侔於往代

人物志卷下

珍倣宋版印

劉卲字孔才廣平邯鄲人也（據今官書魏志作勉劭之劭從力他本或從邑者晉邑之名案字書此二訓外無他釋然俱不協孔才之意說文則爲卲音同上但召旁從卩耳訓高也李舟切韻訓美也高美又與孔才義符揚子法言曰周公之才之卲是也今俗寫法言亦作邑旁邵蓋力卩文近易訛讀者又昧偏傍之別今定從卲云）建安中爲計吏指許太史上言正旦當日蝕卲時在尚書令荀彧所坐者數十人或云當廢朝或云宜却會卲曰梓愼裨竈古之良史猶占水火錯失天時禮記曰諸侯旅見天子及門不得終禮者四日蝕在一然則聖人垂訓不爲變豫廢朝禮者或災消異伏或推衍謬誤也彧善其言敕朝會如舊日亦不蝕魏黃初中爲尚書郎散騎侍郎受詔集五經羣書以類相從作皇覽後與議郎庾嶷荀詵等定科令作新律十八篇著律略論遷散騎常侍嘗作趙都賦明帝美之詔卲作許都洛都賦時外興

軍旅內營宮室劭作二賦皆諷諫焉景初中受詔爲都官考課劭作七十二條及略說一篇又以爲宜制禮作樂以移風俗著樂論十四篇正始中執經講學賜爵關內侯凡所撰述法論人物志之類百餘篇卒追贈光祿勳詔書博求衆賢散騎侍郎夏侯惠上疏盛稱劭才史臣陳壽亦曰劭該覽學籍文質周洽云

劉昞字延明燉煌人也年十四就博士郭瑀瑀弟子五百餘人通經業者八十餘人瑀有女始笄妙選良偶有心於昞遂別設一席謂弟子曰吾有一女欲覓快女壻誰坐此席者吾當婚焉昞遂奮坐神志湛然曰昞其人也瑀遂以女妻之昞後隱居酒泉不應州郡命弟子受業者五百餘人李暠據涼州徵爲儒林祭酒從事郎暠好尚文典書史穿落者親自補葺昞時侍側請代其事暠曰躬自執者欲人重此典籍吾與卿相遇何異孔明之會玄德遷撫夷護軍雖有政務手不釋卷暠曰卿注記篇籍以燭繼晝白日且然夜可休息昞曰朝聞道夕死可矣不知老之將至孔聖稱言昞何人斯敢不如此昞以三史文繁著略記百三十篇八十四卷燉煌實錄二十卷方言三卷靖

恭堂銘一卷注周易韓子人物志黃石公三略行於世沮渠蒙遜平酒泉拜秘書郎專管注記築陸沈觀於西苑躬往拜焉號玄處先生學徒數百月致羊酒牧犍尊爲國師親自致拜命官屬以下皆北面受業魏太武平涼州士庶東遷夙聞其名拜樂平王從事中郎後遺歸道病卒以上竝案邵晒本傳删取其要云廣平宋庠記

後序

余嘗三復人物志而竊有感焉夫人德性資之未始有異世而終之相去懸絶者醇駁較於材隆汙判諸習曰三品曰五儀胥是焉而賢不肖殊途矣是以知人之哲古人難之言貌而取人者聖人弗是也茲劉卲氏之有以志人物也乎修己者得之以自觀用人者持之以照物烏可廢諸然用舍之際人材之趨向由之可弗慎乎精於擇而庸適其能篤於任而弗貳以私則真材獲用大猷允升　偏聽眩而用不以道動曰才難　擇魚目混珠

左馮翊王三省識

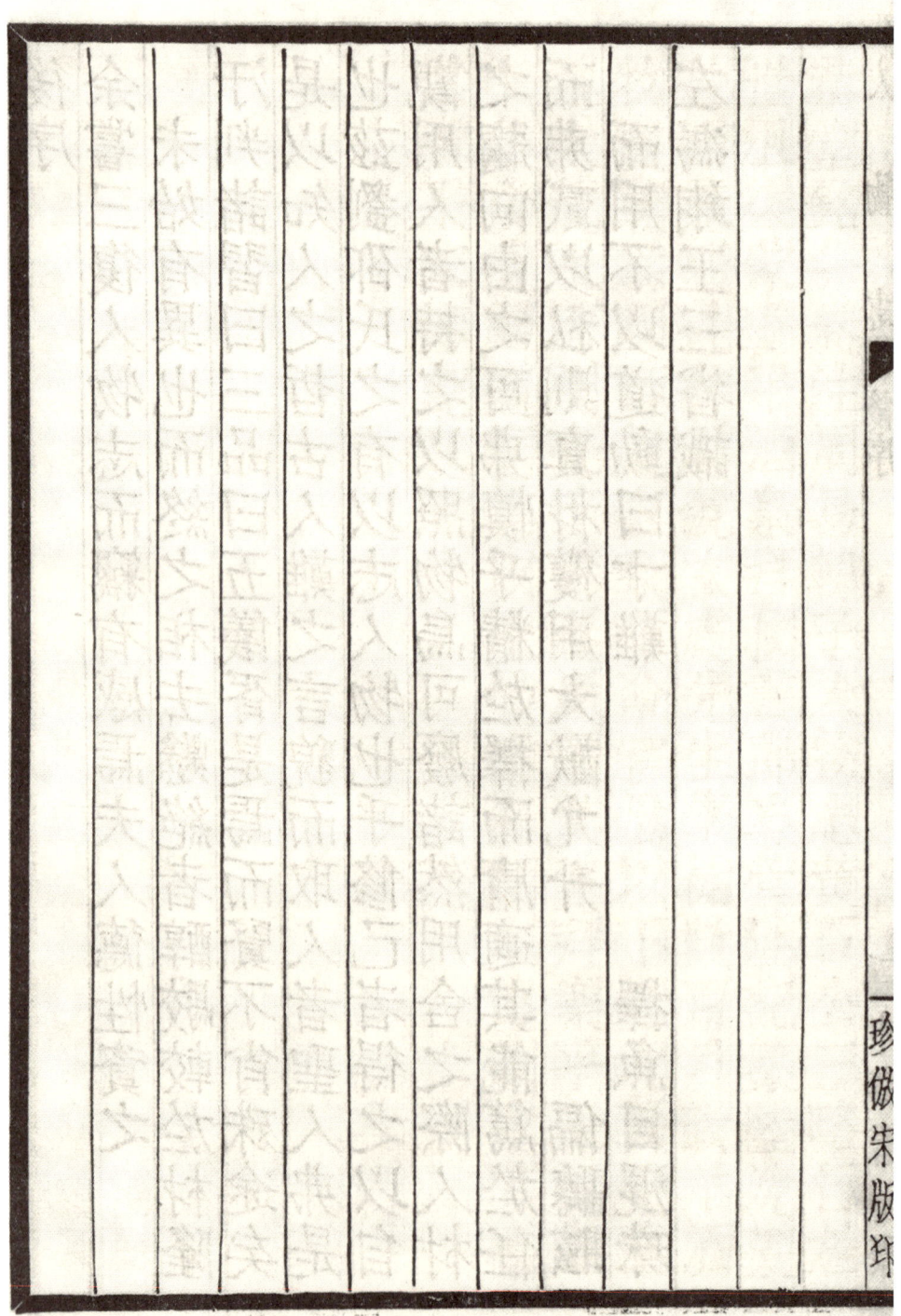

跋

右人物志三卷十二篇魏劉卲撰案隋唐經籍志篇第皆與今同列于名家十六國時燉煌劉昞重其書始作注解然世所傳本多謬誤今合官私書校之去其複重附益之文爲定本內或疑字無書可證者今據衆本皆相承傳疑難輒意改云卲之敘五行曰簡暢而明砭火之德也偏檢書傳無明砭之證案字書砭者以石刺病此外更無他訓然自魏晉以後轉相傳寫豕亥之變莫能究知不爾則卲當別有異聞今則亡矣愚謂明砭都無意義自東晉諸公草書啓字爲然疑爲簡暢而明啓耳文寬夫題

珍倣宋版印

人物志

（明）張邦翼 選

明萬曆四十六年（1618）曾熹丙刊《漢魏叢書鈔》本

人物志

魏散騎常侍劉邵撰

故明白之士達動之機而暗於玄慮玄慮之人識靜之原而困於速捷猶火日外照不能內見金水內暎不能外光二者之義蓋陰陽之別也

然則平陂之質在於神明暗之實在於精勇怯之勢在於筋強弱之植在於骨躁靜之決在於氣慘懌之情在於色衰正之形在於儀態度之動在於容緩急之狀在於言

夫中庸之德其質無名故鹹而不鹻淡而不醴質而
不縟文而不繢能威能懷能辨能訥變化無方以達
爲節是以抗者過之而拘者不逮夫拘抗違中故善
有所章而理有所失是故厲直剛毅材在矯正失在
激訐柔順安恕美在寬容失在少決雄悍傑健任在
膽烈失在多忌精良畏慎善在恭謹失在多疑彊楷
堅勁用在楨幹失在專固論辨理繹能在釋結失在
流宕普博周洽弘在覆裕失在溷濁淸介廉潔節在
儉固失在拘局休動磊落業在攀躋失在踈越沉靜

機密精在玄微失在遲緩樸露徑盡質在中誠失在不微多智韜情權在譎略失在依違及其進德之目不止揆中庸以戒其材之拘抗而指人之所短以益其失猶晉楚帶劍遞相詭反也

若夫德行高妙容止可法是謂清節之家延陵晏嬰是也建法立制彊國富人是謂法家管仲商鞅是也思通道化策謀奇妙是謂術家范蠡張良是也兼有三材三材皆備其德足以厲風俗其法足以正天下其術足以謀廟勝是謂國體伊尹呂望是也兼有三

材三材皆微其德足以率一國其法足以正鄉邑其術足以權事宜是謂器能子産西門豹是也兼有三材之別各有一流淸節之流不能弘恕好尚譏訶分別是非是謂臧否子夏之徒是也法家之流不能創思遠圖而能受一官之任錯意施巧是謂伎倆張敞趙廣漢是也術家之流不能創制垂則而能遭變用權權智有餘公正不足是謂智意陳平韓安國是也凡此八業皆以三材爲本故雖波流分別皆爲經事之材也能屬文著述是謂文章司馬遷班固是也能

傳聖人之業而不能幹事施政是謂儒學毛公貫公是也辯不入道而應對資給是謂口辯樂毅曹丘生是也膽力絕衆材畧過人是謂驍雄白起韓信是也

凡此十二材皆人臣之任也

剛畧之人不能理微故其論大體則弘博而高遠歷纖理則宕往而疏越抗厲之人不能迴撓論法直則括處而公正說變通則否戾而不入堅勁之人好攻其事實指機理則穎灼而徹盡涉大道則徑露而單持辨給之人辭煩而意銳推人事則精識而窮理即

大義則恢愕而不周浮沉之人不能沉思序疏數則豁達而傲博立事要則爁炎而不定淺鮮之人不能深難聽辯說則擬鍔而愉悅審精理則掉轉而無根寬恕之人不能速捷論仁義則弘詳而長雅趨時務則遲緩而不及溫柔之人力不休彊味道理則順適而和暢擬疑難則濡懦而不盡好奇之人橫逸而求異造權譎則倜儻而瓌壯案清道則詭常而恢迂此所謂性有九偏各從其心之所可以爲理

由此論之談而定理者眇矣必也聰能聽序思能造

端明能見機辭能辯意捷能攝失守能待攻攻能奪守奪能易予兼此八者然後乃能通於天下之理與通人言則同解而心喻與衆人言則察色而順性雖明包衆理不以尚人聰叡資給不以先人善言出已理足則止鄙誤在人過而不迫寫人之所懷扶人之所能不以事類犯人之所婟不以言例及已之所長説直説變無所畏惡釆蟲聲之善音贊偶人之偶得奪與有宜去就不留方其盛氣折謝不恡方其勝難勝而不矜心平志諭無適無莫期於得道而已矣

是可與論經世而理物也

夫一官之任以一味協五味一國之政以無味和五味

是故以深說淺益深益異異則相返反則相非是故多陳處直則以爲見美靜聽不言則以爲虛空抗爲高談則爲不遜遜讓不盡則以爲淺陋言稱一善則以爲不溥歷發衆奇則以爲多端先意而言則以爲分美因失難之則以爲不喻說以對反則以爲較己慱以異雜則以爲無要論以同體然後乃悅於是乎

有親愛之情稱舉之譽此偏材之常失

夫聰明者英之分也不得雄之膽則說不行膽力者雄之分也不得英之智則事不立

故曰慈不能勝恡無必其能仁也仁不能勝懼無必其能恤也厲不能勝慾無必其能剛也是故不仁之質勝則伎力爲害器貪悖之性勝則彊猛爲禍梯亦有善情救惡不至爲害愛惠分篤雖傲猛不離助善著明雖疾惡無害也救濟過厚雖取人不貪也

夫人之情有六機杼其所欲則喜不杼其所能則怨

以自伐歷之則惡以謙損下之則悅犯其所乏則婟以惡犯婟則妬此人性之六機也

故好聲而實不充則恢好辯而理不至則煩好法而思不深則刻好術而計不足則僞是故均材而好學明者爲師比力而爭智者爲雄等德而齊達者稱聖聖之爲稱明智之極名也

是故知人者以目正耳不知人者以耳敗目故州閭之士皆譽皆毀未可爲正也交游之人譽不三周未必信是也

夫善非者雖非猶有所是以其所是順其所長則不自覺情通意親忽忘其惡善人雖善猶有所乏以其所乏不明已長以其所長輕已所短則不自知志乖氣違忽忘其善是惑於愛惡者也夫精欲深微質欲懿重志欲弘大心欲嗛小精微所以入神妙也懿重所以崇德宇也志大所以戡物任也心小所以慎咎悔也

夫幼智之人材智精達然其在童髦皆有端緒故文本辭繁辨始給口仁出慈恤施發過與慎生畏懼廉

起不取早智者淺惠而見速曉成者奇識而舒遲終暗者並困於不足遂務者周達而有餘而衆人之察不慮其變是疑於早晚者也

鈞材而進有與之者則體益而茂遂私理卑抑有累之者則微降而稍退而衆人之觀不理其本各指其所在是疑於申壓者也

故遺賢而賢有濟則恨在不早拔拔奇而奇有敗則患在不素別任意而獨繆則悔在不廣問廣問而誤己則怨己不自信是以驥子發足衆士乃誤韓信立

功淮陰乃震夫豈惡奇而好疑哉乃尤物不世見而奇逸美異也是以張良體弱而精強爲衆智之雋也荆叔色平而神勇爲衆勇之傑也然則雋傑者衆人之尤也聖人者衆尤之尤也其尤彌出者其道彌遠故一國之雋於州爲輩未得爲第也一州之第於天下爲椳天下之椳世有優劣是故衆人之所貴各貴其出己之尤而不貴尤之所尤

蓋善以不伐爲大賢以自矜爲損是故舜讓于德而顯義登聞湯降不遲而聖敬日躋郄至上人而抑下

滋甚王叔好爭而終于出犇然則卑讓降下者茂進
之遂路也矜奮侵陵者毀塞之險途也是以君子舉
不敢越儀準志不敢陵軼等內勤己以自濟外謙讓
以敬懼是以怨難不在於身而榮福通於長久也
並轡爭先而不能相奪兩頓俱折而爲後者所趨由
是論之爭讓之途其別明矣
交氣疾爭者爲易口而自毀也並辭競說者爲貸手
以自毆也
且兩賢未別則能讓者爲雋矣爭雋未別則用力者

爲僭矣是故藺相如以迴車央勝於廉頗寇恂以不鬭取賢於賈復物勢之反乃君子所謂道也怨在微而下之猶可以爲讓德也變在萌而爭之則禍成而不救矣是故陳餘以張耳之變卒受離身之害彭寵以朱浮之郄終有覆亡之禍禍福之機可不慎哉

（明）陳仁錫　撰

人物志奇賞

明天啓六年（1626）刊《諸子奇賞》本

諸子奇賞卷之四十五目次

劉子 全錄

名邵，字孔才，廣平邯鄲人也。魏黄初中，爲尚書郎、散騎常侍。景初中受詔爲都官考課。正始中，執經講學，賜爵關内侯。凡所撰述百餘篇。卒贈光祿勳、散騎侍郎、夏侯惠盛稱邵才，史官陳壽亦曰邵該覽學籍，文質周洽云。

八觀　七滲

效難　釋爭

諸子奇賞卷之四十五

古吳陳仁錫明卿甫評選

劉子人物志

九徵

蓋人物之本，出乎情性，情性之理，甚微而玄，非聖人之察，其孰能究之哉。凡有血氣者，莫不含元一以爲質，稟陰陽以立性，體五行而著形，苟有形質，猶可即而求之。凡人之質量，中和最貴矣。中和之質，必平淡無味，故能調成五材，變化應節。是故觀人察質，必先

察其平淡而後求其聰明聰明者陰陽之精陰陽清
和則中叡外明聖人淳耀能兼二美知微知章自非
聖人莫能兩遂故明白之士達動之機而暗於玄慮
玄慮之人識靜之原而困於速捷猶火日外照不能
內見金水內暎不能外光二者之義蓋陰陽之別也
若量其材質稽諸五物五物之徵亦各著於厥體矣
其在體也木骨金筋火氣土肌水血五物之象也五
物之實各有所濟是故骨植而柔者謂之弘毅弘毅
也者仁之質也氣清而朗者謂之文理文理也者禮

之本也體端而實者謂之貞固貞固也者信之基也筋勁而精者謂之勇敢勇敢也者義之決也色平而暢者謂之通微通微也者智之原也五質恒性故謂之五常矣五常之別列爲五德是故溫直而擾毅木之德也剛塞而弘毅金之德也愿恭而理敬水之德也寬栗而柔立土之德也簡暢而明砭火之德也雖體變無窮猶依乎五質故其剛柔明暢貞固之徵著乎形容見乎聲色發乎情味各如其象故心質亮直其儀勁固心質休決其儀進猛心質平理其儀安閒

夫儀動成容各有態度直容之動矯矯行行休容之動業業蹌蹌德容之動顒顒卬卬夫容之動作發乎心氣心氣之徵則聲變是也夫氣合成聲聲應律呂有和平之聲有清暢之聲有回衍之聲夫聲暢於氣則實存貌色故誠仁必有溫柔之色誠勇必有矜奮之色誠智必有明達之色夫色見於貌所謂徵神徵神見貌則情發於目故仁目之精慤然以端勇膽之精曄然以彊然皆偏至之材以勝體爲質者也故勝質不精則其事不遂是故直而不柔則木勁而不精

則力固而不端則愚氣而不清則越暢而不平則蕩是故中庸之質異於此類五常既備包以澹味五質内克五精外章是以目彩五暉之光也故曰物生有形形有神精能知精神則窮理盡性性之所盡九質之徵也然則平陂之質在於神明暗之實在於精勇怯之勢在於筋強弱之植在於骨躁靜之決在於氣慘懌之情在於色衰正之形在於儀態度之動在於容緩急之狀在於言其爲人也質素平澹中叡外朗筋勁植固聲清色懌儀正容直則九徵皆至則純粹

狂狷偏而不雜

之德也九徵有違則偏雜之材也三度不同其德異稱故偏至之材以材自名兼德之人更爲美號是故兼德而至謂之中庸中庸也者聖人之目也具體而微謂之德行德行也者大雅之稱也一至謂之偏材偏材小雅之質也一徵謂之依似依似亂德之類也一至一違謂之間雜間雜無恒之人也無恒依似皆風人末流末流之質不可勝論是以畧而不槩也

不然

體別

夫中庸之德其質無名故鹹而不鹻淡而不醴質而

不縵、文而不繢、能威能懷、能辨能訥、變化無方、以達爲節、是以抗者過之、而拘者不逮、夫拘抗違中、故善有所章、而理有所失、是故厲直剛毅、材在矯正、失在激訐、柔順安恕、每在寬容、失在少決、雄悍傑健、任在膽烈、失在多忌、精良畏愼、善在恭謹、失在多疑、强楷堅勁、用在楨幹、失在專固、論辨理繹、能在釋結、失在流宕、普博周給、弘在覆裕、失在溷濁、清介廉潔、節在儉固、失在拘扃、休動磊落、業在攀躋、失在疏越、沉靜機密、精在玄微、失在遲緩、樸露徑盡、質在中誠、失在

强毅以下十二種俱是衆貌原非真

不微多智韜情權在譎畧失在依違及其進德之日不止揆中庸以戒其材之拘抗而指人之所短以益其失猶晋楚帶劒遞相詭反也是故强毅之人狠剛不和不戒其强之搪突而以順爲撓厲其抗是故可以立法難與入微柔順之人緩心寛斷不戒其事之不攝而以抗爲劌安其舒是故可與循常難與權疑雄悍之人氣奮勇決不戒其勇之毁跌而以順爲恇竭其勢是故可與涉難難與居約懼慎之人畏患多忌不戒其懦於爲義而以勇爲狎增其疑是故可與

若不能不入微何以爲强毅下矣葉以下做此

保全，難與立節。凌楷之人，秉意勁特，不戒其情之固護，而以辨爲僞，彊其專，是故可以持正，難與附衆。辨博之人，論理贍給，不戒其辭之汎濫，而以楷爲繫，遂其流，是故可與泛序，難與立約。弘普之人，意愛周洽，不戒其交之溷雜，而以介爲狷，廣其濁，是故可以撫衆，難與厲俗。狷介之人，砭清激濁，不戒其道之隘狹，而以普爲穢，益其拘，是故可與守節，難以變通。休動之人，志慕超越，不戒其意之大猥，而以靜爲滯，果其銳，是故可以進趨，難與持後。沉靜之人，道思迴復，不

單提一恕字

戒其靜之遲後而以動爲疏美其懊是故可與深慮難與捷速樸露之人中疑實𥑮不戒其實之野直而以譎爲誕露其誠是故可與立信難與消息韜譎之人原度取容不戒其術之離正而以盡爲愚貴其虛是故可與贊善難與矯違夫學所以成材也恕所以推情也偏材之性不可移轉矣雖教之以學材成而隨之以失雖訓之以恕推情各從其心信者逆信詐者逆詐故學不入道恕不周物此偏材之益失也

流業

褱吾乃是周公以下人物如何與數伍其國體者難矣

蓋人流之業十有二焉有清節家有法家有術家有國體有器能有臧否有伎倆有智意有文章有儒學有口辯有雄傑若夫德行高妙容止可法是謂清節之家延陵晏嬰是也建法立制強國富人是謂法家管仲商鞅是也思通道化策謀奇妙是謂術家范蠡張良是也兼有三材三材皆備其德足以厲風俗其法足以正天下其術足以謀廟勝是謂國體伊尹呂望是也兼有三材三材皆微其德足以率一國其法足以正鄉邑其術足以權事宜是謂器能子產西門

是指不可非說臧否人物是一大丈夫事子夏之徒不至此

非遷固而號著述稱文章不亦羞乎

豹是也兼有三材之別各有一流清節之流不能弘
恕好尚譏訶分別是非是謂臧否子夏之徒是也法
家之流不能創思遠圖而能受一官之任錯意施巧
是謂伎倆張敞趙廣漢是也術家之流不能創制垂
則而能遭變用權權智有餘公正不足是謂智意陳
平韓安國是也行其權智凡此八業皆以三材為本
故雖波流分別皆為輕事之材也能屬文著述是謂
文章司馬遷班固是也能傳聖人之業而不能幹事
施政是謂儒學毛公貫公是也辯不入道而應對資

能吏

非公正亦不能有營

給是謂口辯樂毅曹丘生是也膽力絕衆材畧過人是謂驍雄白起韓信是也凡此十二材皆人臣之任也主德不預焉主德者聰明平淡總達衆材而不以事自任者也是故主道立則十二材各得其任也清節之德師氏之任也法家之材司寇之任也術家之材三孤之任也三材純備三公之任也三材而微冢宰之任也臧否之材師氏之佐也智意之材冢宰之佐也伎倆之材司空之任也儒學之材安民之任也文章之材國史之任也辯給之材行人之任也驍雄

起信又不給

不是

一材任權幾同小人用事

之材將帥之任也是謂主道得而臣道序官不易方而太平用成若道不平淡與一材同用好則一材處權而衆材失任矣

材理

夫建事立義莫不須理而定及其論難鮮能定之夫何故哉蓋理多品而人異也夫理多品則難通人材異則情詭情詭難通則理失而事違也夫理有四部明有四家情有九偏流有七似說有三失難有六構通有八能若夫天地氣化盈虛損益道之理也法制

都平允

正事事之理也禮教宜適義之理也人情樞機情之理也四理不同其於才也須明而章明待質而行是故質於理合合而有明明足見理理足成家是故質性平淡思心玄微能通自然道理之家也質性警徹權略機捷能理煩速事理之家也質性和平能論禮教辯其得失義禮之家也質性機解推情原意能適其變情理之家也四家之明既異而有九偏之情以性犯明各有得失剛略之人不能理微故其論大體則弘博而高遠歷纖理則宕往而疏越抗厲之人不

能迴撓論法直則括處而公正說變通則否戾而不
入堅勁之人好攻其事實指機理則穎灼而徹盡涉
大道則徑露而單持辯給之人辭煩而意銳推人事
則精識而窮理即大義則恢愕而不周浮沉之人不
能沉思序疏數則豁達而傲博立事要則爁炎而不
定淺解之人不能深難聽辯說則擬鍔而愉悅審精
理則掉轉而無根寬恕之人不能速捷論仁義則弘
詳而長雅趨時務則遲緩而不及溫柔之人力不休
强味道理則順適而和暢擬疑難則濡愞而不盡好

從心而驗邪與無忌憚一間

從衆所安是大經濟

奇之人橫逸而求異造權譎則倜儻而壞壯察清道則詭常而佩迂此所謂性有九偏各從其心之所可以爲理若乃性不精暢則流有七似有漫談陳說似有流行者有理少多端似若博意者有迴說合意似若讃解者有處後持長從衆所安似能聽斷者有避難不應似若有餘而實不知者有慕通尸解似悅而不懌者有因勝情失窮而稱妙跌則掎蹠實求兩解似理不可屈者凡此七似衆人之所惑也夫辯有理勝有辭勝理勝者正白黑以廣論釋微妙而通之辭

辭竟必構

勝者破正理以求異求異則正失矣夫九偏之材有同有反有雜同則相解反則相非雜則相恢故善接論者度所長而論之歷之不動則不說也傍無聽達則不難也不善接論者說之以雜反說之以雜反則不入矣善喻者以一言明數事不善喻者百言不明一意百言不明一意則不聽也是說之三失也善難者務釋事本不善難者舍本而理末舍本而理末則辭構矣善攻强者下其盛銳扶其本指以漸攻之不善攻强者引其誤辭以挫其銳意挫其銳意則氣構

矣善躡失者揹其所跌不善躡失者因屈而抵其性因屈而抵其性則怨構矣或常所思求久乃得之倉卒諭人人不速知則以爲難諭以爲難諭則忿構矣夫盛難之時其誤難迫故善難者徵之使還不善難者凌而激之雖欲顧藉其勢無由其勢無由則妄構矣凡人心有所思則耳且不能聽是故並思俱說競相制止欲人之聽己人亦以其方思之故不了己意則以爲不解人情莫不諱不解諱不解則怒構矣凡此六構變之所由興也然雖有變構猶有所得若說

諸構作而攻守之術理亦人情之變也

名目亦複

而不難，各陳所見，則莫知所由矣。由此論之，談而定理者眇矣。必也聰能聽序，思能造端，明能見機，辭能辯意，捷能攝失，守能待攻，攻能奪守，奪能易予，兼此八者，然後乃能通於天下之理。通於天下之理，則能通人矣。不能兼有八美，適有一能，則所達者偏，而所有異目矣。是故聰能聽序，謂之名物之材；思能造端，謂之構架之材；明能見機，謂之達識之材；辭能辯意，謂之贍給之材；捷能攝失，謂之權捷之材；守能待攻，謂之持論之材；攻能奪守，謂之推徹之材；奪能易予，謂之貿易之材。通材之人，既兼此八材，行之以道。與通人言，則同解而心喻；與衆人言，則察色而順性。雖明包衆理，不以尚人；聰叡資給，不以先人。善言出己，理足則止；鄙誤在人，過而不迫。寫人之所懷，扶人之所能。不以事類犯人之所媿，不以言例及己之所長。說直說變，無所畏惡。采蟲聲之善音，贊愚人之偶得。奪與有宜，去就不留。方其盛氣，折謝不悋；方其勝難，勝而不矜。心平志諭，無適無莫，期於得道而已矣。是可與論經世而理物也。

材能

或曰，人材有能大而不能小，猶函牛之鼎不可以烹雞。愚以爲此非名也。夫能之爲言，已定之稱，豈有能大而不能小乎？凡所謂能大而不能小，其語出於性有寬急，性有寬急，故宜有大小。寬弘之人，宜爲郡國，使下得施其功，而總成其事；急小之人，宜理百里，使事辦於已。然則郡之與縣，異體之大小者也。以實理寬急論辨之，則當言大小異宜，不當言能大不能小也。若夫雞之與牛，亦異體之小大也，故鼎亦宜有大小若以烹犢則豈不能烹雞乎故能治大郡則亦能治小郡矣推此論之人材各有所宜非獨大小之謂也夫人材不同能各有異有自任之能有立法使人從之之能有消息辨護之能有德教師人之能有行事使人譴讓之能有司察糾摘之能有權奇之能有威猛之能夫能出於材材不同量材能既殊任政亦異是故自任之能清節之材也故在朝也則冢宰之任為國則矯直之政立法之能治家之材也故在朝也則司寇之任為國則公正之政計策之能術家之

材也故在朝也則三孤之任爲國則變化之政人事之能智意之材也故在朝也則冢宰之佐爲國則諧合之政行事之能讁讓之材也故在朝也則司寇之任爲國則督責之政權奇之能伎倆之材也故在朝也則司空之任爲國則藝事之政司察之能臧否之材也故在朝也則師氏之佐爲國則刻削之政威猛之能豪傑之材也故在朝也則將帥之任爲國則嚴厲之政凡偏材之人皆一味之美故長於辦一官而短於爲一國何者夫一官之任以一味協五味一國

乃說益亮

之政以無味和五味又國有俗化民有劇易而人材不同故政有得失是以王化之政宜於統大以之治小則迂辯護之政宜於治煩以之治易則無易策術之政宜於治難以之治平則無奇矯抗之政宜於治侈以之治弊則殘諧和之政宜於治新以之治舊則虛公刻之政宜於糾姦以之治邊則失衆威猛之政宜於討亂以之治善則暴伎倆之政宜於治富以之治貧則勞而不困故量能授官不可不審也凡此之能皆偏材之人也故或能言而不能行或能行而不

不爲庸衆　评

能言至於國體之人能言能行故爲衆材之雋也人君之能異於此故臣以自任爲能君以用人爲能臣以能言爲能君以能聽爲能臣以能行爲能君以能賞罰爲能所能不同故能君衆材也

利害

蓋人業之流各有利害夫節清之業著于儀容發於德行未用而章其道順而有化故其未達也爲衆人之所進既達也爲上下之所敬其功足以激濁揚清師範僚友其爲業也無弊而常顯故爲世之所貴法

以精玄爲術宜乎爲主珍也

家之業本于制度待乎成功而効其道前苦而後治嚴而爲衆故其未達也爲衆人之所忌已試也爲上下之所憚其功足以立法成治其弊也爲羣枉之所讐其爲業也有敝而不常用故功大而不終術家之業出於聰思待於謀得而章其道先微而後著精而且玄其未達也爲衆人之所不識其用也爲明主之所珍其功足以運籌通變其退也藏於隱微其爲業也奇而希用故或沈微而不章智意之業本于原度其道順而不忤故其未達也爲衆人之所容矣已達

也為寵愛之所嘉其功足以讚明計慮其敝也知進而不退或離正以自全其為業也諂而難持故或先利而後害臧否之業本乎是非其道廉而且砭故其未達也為衆人之所識已達也為衆人之所稱其功足以變察是非其敝也為詆訶之所怨其為業也峭而不裕故或先得而後離衆伎倆之業本于事能其道辨而且速其未達也為衆人之所異已達也為官司之所任其功足以理煩糾邪其敝也民勞而下困其為業也細而不泰故為治之末也

此不知之病根

接識

夫人初甚難知而士無衆寡皆自以爲知人故以已觀人則以爲可知也觀人之察人則以爲不識也夫何哉是故能識同體之善而或失異量之美何以論其然夫清節之人以正直爲度故其歷衆材也能識性行之常而或疑法術之詭法制之人以分數爲度故能識較方直之量而不貴變化之術術謀之人以思謨爲度故能成策畧之奇而不識遵法之良器能之人以辨護爲度故能識方畧之規而不知制度之

衆材相反
[illegible]好為裂

原智意之人以原意為度故能識韜諝之權而不貴法教之常伎倆之人以邀功為度故能識進趣之功而不通道德之化臧否之人以伺察為度故能識訶砭之明而不暢倜儻之異言語之人以辨析為度故能識捷給之惠而不知含章之美是以互相非駁莫肯相是取同體也則接諭而相得取異體也雖歷久而不知凡此之類皆謂一流之材也若二至已上亦隨其所兼以及異數故一流之人能識一流之善二流之人能識二流之美盡有諸流則亦能兼達衆材

三日即今之三塲試也

郯人在具服三日談義同見戲

故兼材之人與國體同欲觀其一隅則終朝足以識之將究其詳則三日而後足何謂三日而後足夫國體之人兼有三材故談不三日不足以盡之一以論道德二以論法制三以論策術然後乃能竭其所長而舉之不疑然則何以知其兼偏而與之言乎其為人也務以流數杼人之所長而為之名目如是兼也如陳以美欲人稱之不欲知人之所有如是者偏也不欲知人則言無不疑是故以深說淺益深益異異

。。。

則相返反則相非是故多陳處直則以為見美靜聽

不言則以爲虚空抗爲高談則爲不遜遜讓不盡則以爲淺陋言稱一善則以爲不博歷發衆奇則以爲多端先意而言則以爲分美因失難之則以爲不喻說以對反則以爲較已博以異雜則以爲無要論以同體然後乃悅於是乎有親愛之情稱舉之譽此偏材之常失

英雄

夫草之精秀者爲英獸之特羣者爲雄故人之文武茂異取名於此是故聰明秀出謂之英膽力過人謂

之雄，此其大體之別名也，若校其分數，則互則須，各以二分，取彼一分，然後乃成，何以論其然，夫聰明者，英之分也，不得雄之膽，則說不行，膽力者，雄之分也，不得英之智，則事不立，是故英以其聰謀始，以其明見機，待雄之膽行之，雄以其力服衆，以其勇排難，待英之智成之，然後乃能各濟其所長也，若聰能謀始，而明不見機，乃可以坐論，而不可以處事，聰能謀始，明能見機，而勇不能行，可以循常，而不可以慮變，若力能過人，而勇不能行，可以爲力人，未可以爲先登，力能過人，勇能行之，而智不能斷事，可以爲先登，未足以爲將帥。必聰能謀始，明能見機，膽能決之，然後可以爲英，張良是也。氣力過人，勇能行之，智足斷事，乃可以爲雄，韓信是也。體分不同，以多爲目，故英雄異名。然皆偏至之材，人臣之任也。故英可以爲相，雄可以爲將。若一人之身兼有英雄，則能長世，高祖、項羽是也。然英之分以多於雄，而英不可以少也。英分少，則智者去之，故項羽氣力蓋世，明能合變，而不能聽采奇異，有一范增不用，是以陳平之徒皆亡歸高

非

良信今身

平淡衆之人

祖英分多故羣雄服之英材歸之兩得其用故能吞秦破楚宅有天下然則英雄多少能自勝之數也徒英而不雄則雄材不服也徒雄而不英則智者不歸往也故雄能得雄不能得英英能得英不能得雄故一人之身兼有英雄乃能役英與雄能役英與雄故能成大業也

八觀

八觀者一曰觀其奪救以明間雜二曰觀其感變以審常度三曰觀其志質以知其名四曰觀其所由以

辨依似五曰觀其愛敬以知通塞六曰觀其情機以
辨恕惑七曰觀其所短以知其長八曰觀其聰明以
知所達何謂觀其奪救以明間雜夫質有至有違若
至勝違則惡情奪正若然而不然故仁出於慈有慈
而不仁者仁必有恤有仁而不恤者厲必有剛有厲
而不剛者若夫見可憐則流涕將分與則慳嗇是慈
而不仁者覩危急則惻隱將赴救則畏患是仁而不
恤者處虛義則色厲顧利慾則內荏是厲而不剛者
然則慈而不仁者則恡奪之也仁而不恤者則懼奪

好語

之也厲而不剛者則慾奪之也故曰慈不能勝懼無必其能仁也仁不能勝懼無必其能恤也厲不能勝慾無必其能剛也是故不仁之質勝則伎力爲害器貪悖之性勝則強猛爲禍梯亦有善情救惡不至爲害愛惠分篤雖傲狎不離助善著明雖惡疾無害也救濟過厚雖取人不貪也是故觀其奪救而明間雜之情可得知也何謂觀其感變以審常度夫人厚貌深情將欲求之必觀其辭旨察其應贊夫觀其辭旨猶聽音之善醜察其應贊猶視智之能否也故觀辭

虛實交解

祭應足以互相別識然則論顯揚正白也不善言應玄也經緯玄白通也移易無正雜也先識未然聖也追思玄事叡也見事過人明也以明爲晦智也微忽必識妙也美妙不昧疎也測之益深實也假合炫燿虛也自見其美不足也不伐其能有餘也故曰凡事不度必有其故憂患之色乏而且荒疾疢之色亂而垢雜喜色愉然以懌慍色厲然以揚妒惑之色冒昧無常及其動作蓋並言辭是故其言甚懌而精色不從者中有違也其言有違而精色可信者辭不敏也

言未發而怒色先見者意憤溢也言將發而怒氣送之者彊所不然也凡此之類徵見於外不可奄違雖欲違之精色不從感愕以明雖變可知是故觀其感變而常度之情可知何謂觀其至質以知其名凡偏材之性二至以上則至質相發而令名生矣是故骨直氣清則休名生焉氣清力勁則烈名生焉勁智精理則能名生焉智直彊慤則任名生焉集于端質則令德濟焉加之學則文理灼焉是故觀其所至之多少而異名之所生可知也何謂觀其所由以辨依似

夫純訐性違不能公正依訐似直以訐訐善純宕似流不能通道依宕似通行傲過節故曰直者亦訐訐者亦訐其訐則同其所以爲訐則異通者亦宕宕者亦宕其宕則同其所以爲宕則異然則何以别之直而能溫者德也直而好訐者偏也訐而不直者依也道而能節者通也通而時過者偏也宕而不節者依也偏之與依志同質違所謂似是而非也是故輕諾似烈而寡信多易似能而無効進鋭似精而去速訶者似察而事煩訐施似惠而無成面從似忠而退違

謝案亦佳

此似是而非者也亦有似非而是者大權似奸而有功大智似愚而內明博愛似虛而實厚正言似訐而情忠大察似明非御情之反有似理訟其實難別也非天下之至精其孰能得其實故聽言信貌或失其眞詭情御反或失其賢賢否之察實在所依是故觀其所依而似類之質可知也何謂觀其愛敬以知通塞蓋人道之極莫過愛敬是故孝經以愛爲至德以敬爲要道易以感爲德以謙爲道老子以無爲德以虛爲道禮以敬爲本樂以愛爲主然則人情之質有

愛敬之誠則與道德同體動獲人心而道無不通也然愛不可少於敬少於敬則廉節者歸之而衆人不與愛多於敬則雖廉節者不悅而愛接者死之何則敬之爲道也嚴而相離其勢難久愛之爲道也情親意厚深而感物是故觀其愛敬之誠而通塞之理可得而知也何謂觀其情機以辨恕惑夫人之情有六機杼其所欲則喜不杼其所能則怨以自伐歷之則惡以謙損下之則悅犯其所乏則婟以惡犯婟則妬此人性之六機也夫人情莫不欲遂其志故烈士樂

奈有政治不亂則能者歎如獨脈太平無二事之類

奮力之功善士樂督政之訓能士樂治亂之事術士樂計策之謀辯士樂陵訊之辭貪者樂貨財之積幸者樂權勢之尤苟贊其志則莫不欣然是所謂杼其所欲則喜也若不杼其所能則不獲其志不獲其志則戚是故功力不建則烈士奮德行不訓則正人哀政亂不治則能者歎敵能未弭則術人思貨財不積則貪者憂權勢不尤則幸者悲是所謂不杼其能則怨也人情莫不欲處前故惡人之自伐自伐皆欲勝之類也是故自伐其善則莫不惡也是所謂自伐歷

之則惡也人情皆欲求勝故悅人之謙謙所以下之下有推與之意是故人無賢愚接之以謙則無不色懌是所謂以謙下之則悅也人情皆欲掩其所短見其所長是故人駁其所短假若物冒之是所謂駁其所乏則媢也人情陵上者也陵犯其所惡雖見憐未害也若以長駁短是所謂以惡犯媢則妬惡生矣凡此六機其歸皆欲處上是以君子接物犯而不校不校則無不敬下所以避其害也小人則不然既不見機而欲人之順己以佯愛敬爲見異以偶邀會爲輕

苟犯其機則深以爲怨是故觀其情機而賢鄙之志可得而知也何謂觀其所短以知所長夫偏材之人皆有所短故直之失也訐剛之失也厲和之失也愞介之失也拘夫直者不訐無以成其直既悅其直不可非其訐訐也者直之徵也剛者不厲無以濟其剛既悅其剛不可非其厲厲也者剛之徵也和者不愞無以保其和既悅其和不可非其愞愞也者和之徵也介者不拘無以守其介既悅其介不可非其拘拘也者介之徵也然有短者未必能長也有長者必以

短爲徵是故觀其徵之所短而其材之所長可知也何謂觀其聰明以知所達夫仁者德之基也義者德之節也禮者德之文也信者德之固也智者德之帥也夫智出於明明之於人猶晝之待白日夜之待燭火其明益盛者所見及遠及遠之明難是故守業勤學未必及材材藝精巧未必及理理義辨給未必及智智能經事未必及道道思玄遠然後乃周是謂學不及材材不及理理不及智智不及道道也者回覆變通是故別而論之各自獨行則仁爲勝合而俱用

對字妙

則明爲將故以明將仁則無不懷以明將義則無不勝以明將理則無不通然則苟無聰明無以能遂故好聲而實不克則恢好辯而理不至則煩好法而思不深則刻好術而計不足則僞是故鈞材而好學明者爲師比力而爭智者爲雄等德而齊達者稱聖聖之爲稱明智之極名也是以觀其聰明而所達之材可知也

七繆

七繆一曰察譽有偏頗之繆二曰接物有愛惡之惑

三曰度心有小大之誤，四曰品質有早晚之疑，五曰變類有同體之嫌，六曰論材有申壓之詭，七曰觀奇有二尤之失。夫采訪之要，不在多少，然徵質不明者，信耳而不敢信目，故人以為是，則心隨而明之；人以為非，則意轉而化之。雖無所嫌，意若不疑。且人察物，亦自有誤，愛憎兼之，其情萬原，不暢其本，胡可必信。是故知人者以目正耳，不知人者以耳敗目。故州閭之士，皆譽皆毀，未可為正也；交遊之人，譽不三周，未必信是也。夫實厚之士，交遊之間，必每所在肩稱上等援之下等推之苟不能周必有咎毀故偏上失下則其終有毀偏下失上則其進不傑故誠能三周則爲國所利此正直之交也故皆合而是亦有違比皆合而非或在其中若有奇異之材則非衆所見而耳所聽采以多爲信是繆於察譽者也夫愛善疾惡人情所常苟不明賓或疎善善非何以論之夫善非者雖非猶有所是以其所是順已所長則不自覺情通意親忽忘其惡善人雖善猶有所乏以其所乏不明已長以其所長輕已所短則不自知志乖氣違忽忘

大中見小，小中見大，妙處無絶

其善是惑於愛惡者也夫精欲深微質欲懿重志欲弘大心欲嗛小精微所以入神妙也懿重所以崇德宇也志大所以勘物任也心小所以慎咎悔也故詩詠文王小心翼翼不大聲以色小心也王赫斯怒以對于天下志大也由此論之心小志大者聖賢之倫也心大志大者豪傑之雋也心大志小者傲蕩之類也心小志小者拘愞之人也衆人之察或陋其心小或壯其志大是誤於小大者也夫人材不同成有早晚有早智而速成者有晚智而晚成者有少無智而

逆物亦應之

終無所成者，有少有令材，遂為雋器者，四者之理，不可不察。夫幼智之人，材智精達，然其在童髦，皆有端緒。故文本辭繁，辯始給口，仁出慈恤，施發過與，慎生畏懼，廉起不取。早智者淺惠而見速，晚成者奇識而舒遲。終暗者並困於不足，遂務者周達而有餘。而衆人之察，不慮其變，是疑於早晚者也。夫人情莫不趣名利，避損害。名利之路，在於是得；損害之源，在於非失。故人無賢愚，皆欲使是得在己。能明己是，莫過同體。是以偏材之人，交遊進趨之類，皆親愛同體而譽

之憎惡對反而毀之序異雜而不尚也推而論之無
他故焉夫譽同體毀對反所以證彼非而著己是也
至于異雜之人於彼無益於己無害則序而不尚是
故同體之人常患於過譽及其名敵則尠能相下是
故直者性奮好人行直於人而不能受人之訐盡者
情露好人行盡於人而不能納人之徑務名者樂人
之進趨過人而不能出陵己之後是故性同而材傾
則相援而相賴也性同而勢均則相競而相害也此
又同體之變也故或助直而毀直或與明而毀明而

衆瞻者伺
尤得攀富
貴之情

衆人之察不辨其律理是嫌於體同也夫人所處異勢勢有申壓富貴遂達勢之申也貧賤窮匱勢之壓也上材之人能行人所不能行是故達有勞謙之稱窮有著明之節中材之人則隨世損益是故藉富貴則貨財充於內施惠周於外見贍者求可稱而譽之見援者闡小美而大之雖無異材猶行成而名立處貧賤則欲施而無財欲援而無勢親戚不能恤朋友不見濟分義不復立恩愛浸以離怨望者並至歸非者日多雖無罪尤猶無故而廢也故世有侈儉名由

二尤相反
反似相類
須得其眼

進退天下皆富則清貧者雖苦必無委頓之憂且有辭施之高以獲榮名之利皆貧則求假無所告而有窮乏之患且生鄙吝之訟是故銜材而進有與之者則體益而茂遂私理卑抑有累之者則微降而稍退而衆人之觀不理其本各指其所在是疑於申壓者也夫清雅之美著乎形質察之寡失失繆之由恆在二尤二尤之生與物異列故尤妙之人含精於內外無飾姿尤虛之人碩言瓌姿內實乖反而人之求奇不可以精微測其玄機明異希或以貌少爲不足或

順次亦非用人之道

畫出兩人神理與皮相大別

以瑰姿爲巨偉，或以直露爲虛華，以巧飾爲眞實，是以早拔多誤，不如順次。夫順次，常度也，苟不察其實，亦焉往而不失。故遺賢而賢有濟，則恨在不早拔；拔奇而奇有敗，則患在不素別；任意而獨繆，則悔在不廣問；廣問而誤已，則怨已不自信。是以驥子發足，衆士乃誤；韓信立功，淮陰乃震。夫豈惡奇而好疑哉？乃尤物不世見，而奇逸美異也。是以張良體弱而精强，爲衆智之雋也；荆叔色平而神勇，爲衆勇之傑也。然則雋傑者，衆人之尤也；聖人者，衆尤之尤也。其尤彌出者其道彌遠故一國之雋於州為輩未得為第也一州之第於天下為根天下之根世有優劣是故衆人之所貴各貴其出已之尤而不貴尤之所尤是故衆人之明能知輩士之數而不能知第目之度輩士之明能知第目之度不能識出尤之良也出尤之人能知聖人之教不能究之入室之奥也由是論之人物之理玅不可得而窮已

效難

蓋知人之效有二難有難知之難有知之而無由得

纔是明鏡當空之照一一求之勞憊死其

效之難何謂難知之難人物精微能神而明其道甚難固難知之難也是以衆人之察不能盡備故各自立度以相觀采或相其形容或候其動作或揆其終始或揆其儗象或推其細微或恐其過誤或循其所言或稽其行事八者遊雜故其得者少所失者多是故必有草創信形之誤又有居止變化之謬故其接遇觀人也隨行信名失其中情故淺美揚露則以爲有異深明沉漠則以爲空虛分別妙理則以爲離婁口傳甲乙則以爲義理好說是非則以爲臧否講目

人情

成名則以爲人物平道政事則以爲國體猶聽有聲
之類名隨其音故名非實用之不效故曰名猶口進
而實從事退中情之人名不副實用之有效故名由
衆退而實從事章此草創之常失也故必待居止然
後識之故居視其所安達視其所舉富視其所與窮
視其所爲貧視其所取然後乃能知賢否此又已試
非始相也所以知質未足以知其畧以天下之人不
可得皆與遊處或志趣變易隨物而化或未至而懸
欲或已至而易顧或窮約而力行或得志而從欲此

又居止之所失也由是論之能兩得其要是難知之難何謂無由得效之難上材已莫知或所識者在幼賤之中未達而喪或所失者未拔而先沒或曲高和寡唱不見讚或身卑力微言不見亮或器非時好不見信貴或不在其位無由得拔或在其位以有所屈迫是以良材識眞萬不一遇也須識眞在位識百不一有也以位勢値可薦致之宜十不一合也或明足識眞有所妨奪不欲貢薦或好貢薦而不能識眞是故知與不知相與分亂於總猥之中實知者患於不

戒文亦潔可愛

得達效不知者亦自以爲未識所謂無由得效之難也故曰知人之效有二難

釋爭

蓋善以不伐爲大賢以自矜爲損是故舜讓于德而顯義登聞湯降不遲而聖敬日躋郄至上人而抑下滋甚王叔好爭而終于出奔然則卑讓降下者茂進之遂路也矜奮侵陵者毀塞之險途也是以君子擧不敢越儀準志不敢凌軌等內勤己以自濟外謙讓以敬懼是以怨難不在於身而榮福通於長久也彼

小人則不然，矜功伐能，好以陵人，是以在前者人害之，有功者人毀之，毀敗者人幸之。是故並轡爭先，而不能相奪，兩頓俱折，而爲後者所趨。由是論之，爭讓之途，其別明矣。然好勝之人，猶謂不然，以在前爲速銳，以處後爲留滯，以下衆爲卑屈，以躡等爲異傑，以讓敵爲迴辱，以陵上爲高厲。是故抗奮遂往，不能自反也。夫以抗遇賢，必見遜下；以抗遇暴，必搆敵難。敵難既搆，則是非之理必溷而難明；溷而難明，則其與自毀何以異哉？且人之毀己，皆發怨憾，而變生舋也。

安得此長者之言

必依託於事餙成端末其餘聽者雖不盡信猶半以爲然也已之校報亦又如之終其所歸亦各有半信著於遠近也然則交氣爭者爲易口而自毁也並辭競說者爲貸手以自毆爲惑謬豈不甚哉然原其所由豈有躬自厚責以致變訟者乎皆由內怨不足外望不已或怨彼輕我或疾彼勝己夫我薄而彼輕之則由我曲而彼直也我賢而彼不知則見輕非我咎也若彼賢而處我前則我德之未至也若德鈞而彼先我則我德之近次也夫何怨哉且兩賢未別則

藺忍反 頗法家 類有道之言 智人

能讓者爲儁矣爭儁未别則用力者爲憊矣是故藺相如以廻車決勝於廉頗寇恂以不鬭取賢於賈復物勢之反乃君子所謂道也是故君子知屈之可以爲伸故含辱而不辭知卑讓之可以勝敵故下之而不疑及其終極乃轉禍而爲福屈讐而爲友使怨讐不延於後嗣而美名宣於無窮君子之道豈不裕乎且君子能受纖微之小嫌故無變鬭之大訟小人不能忍小忿之故終有赫赫之敗辱怨在微而下之猶可以爲謙德也變在萌而爭之則禍成而不救矣是

三三

此其善於貴是由言然亦難矣

故陳餘以張耳之變卒受離身之害彭寵以朱浮之郤終有覆亡之禍禍福之機可不慎哉是故君子之求勝也以推讓爲利鋭以自修爲棚櫓靜則閉嘿泯之玄門動則由恭順之通路是以戰勝而爭不形敵服而怨不構若然者悔恡不存于聲色夫何顯爭之有哉彼顯爭者必自以爲賢人而人以爲險詖者實無險德則無可毀之義若信有險德又何可與訟乎險而與之訟是柙兕而攖虎其可乎怒而害人亦必矣易曰險而違者訟訟必有衆起老子曰夫惟不爭

故天下莫能與之爭是故君子以爭途之不可由也是以越俗乘高獨行於三等之上何謂三等大無功而自矜一等有功而伐之二等功大而不伐三等愚而好勝一等賢而尚人二等賢而能讓三等緩已急人一等急已急人二等急已寬人三等凡此數者皆道之奇物之變也三變而後得之故人莫能遠也夫唯知道通變者然後能處之是故孟之反以不伐獲聖人之譽管叔以辭賞受嘉重之賜夫豈詭遇以求之哉乃純德自然之所合也彼君子知自損之為益

故功一而美二小人不知自益之爲損故一伐而並失由此論之則不伐者伐之也不爭者爭之也讓敵者勝之也下衆者上之也君子誠能覩爭迷之名險獨乘高於玄路則光暉煥而日新德聲倫於古人矣

(明)陳仁錫 評選

劉子人物志

明崇禎七年(1634)刊《奇賞齋古文彙編》本

奇賞齋古文彙編目錄卷一百二十四

賢難　考績

對作　本政

忠貴　浮侈

實貢　述赦

三式　愛日

斷訟　勸將

救邊　邊議

實邊　釋難

交際　德化

極奇怪極濃闢中尤

奇賞齋古文彙編卷之一百二十四

史官陳仁錫明卿父評選

劉子人物志

九徵

葢人物之本出乎情性情性之理甚微而玄非聖人之察其孰能究之哉凡有血氣者莫不含凡一以爲質禀陰陽以立性體五行而著形苟有形質猶可即而求之凡人之質量中和最貴矣中和之質必平淡無味故能調成五材變化應節是故觀人察質必先察其平淡而後求其聰明聰明者陰陽之精陰陽清

淸眞平淡

和則中徹外明聖人淳耀能兼二美知微知章自非聖人莫能兩遂故明白之士達動之機而暗於玄慮玄慮之人識靜之原而困於速捷猶火日外照不能內見金水內映不能外光二者之義蓋陰陽之別也若量其材質稽諸五物五物之徵亦各著於厥體矣其在體也木骨金筋火氣土肌水血五物之象也五物之實各有所濟是故骨植而柔者謂之弘毅弘毅也者仁之質也氣清而朗者謂之文理文理也者禮之本也體端而實者謂之貞固貞固也者信之基也筋勁而精者謂之勇敢勇敢也者義之決也色平而

在脊格式例之外

暢者謂之通徵通徵也者智之原也五質恒性故謂之五常矣五常之別列爲五德是故温直而擾毅木之德也剛塞而弘毅金之德也愿恭而理敬水之德也寬栗而柔立土之德也簡暢而明砭火之德也雖體變無窮猶依乎五質故其剛柔明暢貞固之徵著乎形容見乎聲色發乎情味各如其象故心質亮直其儀勁固心質休決其儀進猛心質平理其儀安閒夫儀動成容各有態度直容之動矯矯行行休容之動業業蹌蹌德容之動顒顒卬卬夫容之動作發乎心氣心氣之徵則聲變是也夫氣合成聲聲應律呂

有和平之聲有清暢之聲有回衍之聲夫聲暢於氣則實存貌色故誠仁必有溫柔之色誠勇必有矜奮之色識智必有明達之色夫色見於貌所謂徵神徵神見貌則情發於目故仁目之精慤然以端勇膽之精曄然以彊然皆偏至之材以勝體爲質者也故勝質不精則其事不遂是故直而不柔則木勁而不精則力固而不端則愚氣而不清則越暢而不平則蕩是故中庸之質異於此類五常既備包以澹味五質內充五精外章是以目彩五暉之光也故曰物生有形形有神精能知精神則窮理盡性性之所盡九質

狂狷偏而不雜

詰僞歷落

之徵也然則平陂之質在於神明暗之實在於精勇怯之勢在於筋强弱之植在於骨躁靜之深在於氣慘懌之情在於色衰正之形在於儀態度之動在於容緩急之狀在於言其爲人也質素平澹中叡外朗筋勁植固聲清色懌儀正容直則九徵皆至則純粹之德也九徵有違則偏雜之材也三度不同其德異稱故偏至之材以材自名兼德之人更爲美號是故兼德而至謂之中庸中庸也者聖人之目也其體而微謂之德行德行也者大雅之稱也一至謂之偏材偏材小雅之質也一徵謂之依似依似亂德之類也

不然

一至一違謂之間雜間雜無恒之人也無恒依似皆風人末流末流之質不可勝論是以畧而不槩也

體別

夫中庸之德其質無名故鹹而不鹻淡而不𩡝質而不縵文而不繢能威能懷能辨能訥變化無方以達爲節是以抗者過之而拘者不逮夫拘抗違中故善有所章而理有所失是故厲直剛毅材在矯正失在激訐柔順安恕每在寬容失在少決雄悍傑健任在膽烈失在多忌精良畏愼善在恭謹失在多疑强楷堅勁用在楨幹失在專固論辨理繹能在釋結失在

强毅以下十二種但是象貌原非真

流宕普博周給弘在覆裕失在溷濁清介廉潔節在儉固失在拘扃休動磊落業在攀躋失在疏越沉靜機密精在玄微失在遲緩樸露徑盡質在中誠失在不微多智韜情權在譎略失在依違及其進德之日不止揆中庸以戒其材之拘抗而指人之所短以益其失猶晉楚帶劍遞相詭反也是故強毅之人狠剛不和不戒其強之搪突而以順爲撓厲其抗是故可以立法難與入微柔順之人緩心寬斷不戒其事之不攝而以抗爲劇安其舒是故可與循常難與權疑雄悍之人氣奮勇決不戒其勇之毁跌而以順爲恇

君不能不入微何以爲强毅乎柔順以下倣此

竭其勢是故可與涉難難與居約懼慎之人畏患多忌不戒其愞於爲義而以勇爲狎增其疑是故可與保全難與立節凌楷之人秉意勁特不戒其情之固護而以辨爲僞彊其專是故可以持正難與附衆辨博之人論理贍給不戒其辭之氾濫而以楷爲繫遂其流是故可與氾序難與立約弘普之人意愛周洽不戒其交之溷雜而以介爲狷廣其濁是故可以撫衆難與厲俗狷介之人砭清激濁不戒其道之隘狹而以普爲穢益其拘是故可與守節難以變通休動之人志慕超越不戒其意之大猥而以靜爲滯果其

銳是故可以進趨難與持後沉靜之人道思廻復不戒其靜之遲後而以動爲疏美其愞是故可與深慮難與捷速樸露之人中疑實硈不戒其實之野直而以譎爲誕露其誠是故可與立信難與消息韜譎之人原度取容不戒其術之離正而以盡爲愚貴其虛是故可與讚善難與矯違夫學所以成材也恕所以推情也偏材之性不可移轉矣雖教之以學材成而隨之以失雖訓之以恕推情各從其心信者逆信詐者逆詐故學不入道恕不周物此偏材之益失也

直提一恕字

流業

衷吾乃是周公以下人物如何與鞅伍

共國體者難矣

是指不可唯說

葢人流之業十有二焉有清節家有法家有術家有國體有噐能有臧否有伎倆有智意有文章有儒學有口辯有雄傑若夫德行高妙容止可法是謂清節之家延陵晏嬰是也建法立制強國富人是謂法家管仲商鞅是也思通道化策謀奇妙是謂術家范蠡張良是也兼有三材三材皆備其德足以厲風俗其法足以正天下其術足以謀廟勝是謂國體伊尹呂望是也兼有三材三材皆微其德足以率一國其法足以正鄉邑其術是以權事宜是謂噐能子產西門豹是也兼有三材之別各有一流清節之流不能弘

臧否人物是一大史失事子夏之徒不至此

非遷固而號著述稱文章不亦羞乎

怨好尚譏訶分別是非是謂臧否子夏之徒是也法家之流不能創思遠圖而能受一官之任錯意施巧是謂伎倆張敞趙廣漢是也術家之流不能創制垂則而能遭變用權權智有餘公正不足是謂智意陳平韓安國是也行其權智凡此入業皆以三材爲本故雖波流分別皆爲輕事之材也能屬文著述是謂文章司馬遷班固是也能傳聖人之業而不能幹事施政是謂儒學毛公貫公是也辯不入道而應對資給是謂口辯樂毅曹丘生是也膽力絕衆材畧過人是謂驍雄白起韓信是也凡此十二材皆人臣之任

能吏

非公正亦不能行其權智

也主德不預焉主德者聰明平淡總達衆材而不以事自任者也是故主道立則十二材各得其任也清節之德師氏之任也法家之材司寇之任也術家之材三孤之任也三材純備三公之任也三材而微冡宰之任也臧否之材師氏之佐也智意之材冡宰之佐也伎倆之材司空之任也儒學之材安民之任也文章之材國史之任也辯給之材行人之任也驍雄之材將帥之任也是謂主道得而臣道序官不易方而太平用成若道不平淡與一材同用好則一材處權而衆材失任矣

未是

一材任權衆同小人相爭

材理

夫建事立義莫不須理而定及其論難鮮能定之夫何故哉蓋理多品而人異也夫理多品則難通人材異則情詭情詭難通則理失而事違也夫理有四部明有四家情有九偏流有七似說有三失難有六構通有八能若夫天地氣化盈虛損益道之理也法制正事事之理也禮教宜適義之理也人情樞機情之理也四理不同其於才也須明而章明待質而行是故質於理合合而有明明足見理理足成家是故質性平淡思心玄微能通自然道理之家也質性警徹

權畧機捷能理煩速事理之家也質性和平能論禮敎辯其得失義禮之家也質性機解推情原意能適其變情理之家也四家之明既異而有九偏之情以性犯明各有得失剛畧之人不能理微故其論大體則弘博而高遠歷纖理則宕往而疏越抗厲之人不能迴撓論法直則括處而公正說變通則否戾而不入堅勁之人好攻其事實指機理則穎灼而徹盡涉大道則徑露而單持辯給之人辭煩而意鋭推人事則精識而窮理即大義則恢愕而不周浮沉之人不能沉思序疏數則豁達而傲博立事要則爁炎而不

定心不踰知與無忘僻一間

從衆所安是大經濟

定淺解之人不能深難聽辯說則擬鍔而愉悅審精理則掉轉而無根寬恕之人不能速捷論仁義則弘詳而長雅趨時務則遲緩而不及溫柔之人力不休强味道理則順適而和暢擬疑難則濡懦而不盡好奇之人橫逸而求異造權譎則倜儻而壞壯案清道則詭常而恢迂此所謂性有九偏各從其心之所可以爲理若乃性不精暢則流有七似有漫談陳說似有流行者有理少多端似若博意者有迴說合意似若讚解者有處後持長從衆所安似能聽斷者有避難不應似若有餘而實不知者有慕通口解似悅而

不懌者有因勝情失窮而稱妙跌則掎蹠實求兩解似理不可屈者凡此七似衆人之所惑也夫辯有理勝有辭勝理勝者正白黑以廣論釋微妙而通之辭勝者破正理以求異求異則正失矣夫九偏之材有同有反有雜同則相解反則相非雜則相恢故善接論者度所長而論之歷之不動則不說也傍無聽達則不難也不善接論者說之以雜反說之以雜反則不入矣善喻者以一言明數事不善喻者百言不明一意百言不明一意則不聽也是說之三失也善難者務釋事本不善難者舍本而理末舍本而理末則

辭譽必構

辭構矣善攻強者下其盛銳扶其本揹以漸攻之不善攻強者引其誤辭以挫其銳意挫其銳意則氣構矣善躡失者揹其所跌不善躡失者因屈而抵其性因屈而抵其性則怨構矣或常所思求久乃得之倉卒論人人不速知則以爲難論以爲難諭則忿構矣夫盛難之時其誤難迫故善難者徵之使還不善難者凌而激之雖欲顧藉其勢無由其勢無由則妄構矣凡人心有所思則耳且不能聽是故並思俱說競相制止欲人之聽巳人亦以其方思之故不了巳意則以爲不解人情莫不諱不解諱不解則怒構矣凡

諸構仆而攻守之術起亦人情之變也

名自亦複

此六構變之所由興也然雖有變構猶有所得若說而不難各陳所見則莫知所由矣由此論之談而定理者尠矣必也聰能聽序思能造端明能見機辭能辯意捷能攝失守能待攻攻能奪守奪能易予兼此八者然後乃能通於天下之理通於天下之理則能通人矣不能兼有八美適有一能則所達者偏而所有異目矣是故聰能聽序謂之名物之材思能造端謂之構架之材明能見機謂之達識之材辭能辯意謂之贍給之材捷能攝失謂之權捷之材守能待攻謂之持論之材攻能奪守謂之推徹之材奪能易予

謂之貿易之材通材之人既兼此八材行之以道與通人言則同解而心喻與衆人言則察色而順性雖明包衆理不以尚人聰叡資給不以先人善言出已理足則止鄙誤在人過而不迫寫人之所懷扶人之所能不以事類犯人之所婟不以言例及已之所長說直說變無所畏惡采蟲聲之善音贊愚人之偶得奪與有宜去就不留方其盛氣折謝不恡方其勝難勝而不矜心平志諭無適無莫期於得道而已矣是可與論經世而理物也

材能

或曰人材有能大而不能小猶函牛之鼎不可以烹雞愚以爲此非名也夫能之爲言已定之稱豈有能大而不能小乎凡所謂能大而不能小其語出於性有寬急性有寬急故宜有大小寬弘之人宜爲郡國使下得施其功而總成其事急小之人宜理百里使事辦於已然則郡之與縣異體之大小者也以實理寬急論辯之則當言大小異宜不當言能大不能小也若夫雞之與牛亦異體之小大也故鼎亦宜有大小若以烹犢則豈不能烹雞乎故能治大郡則亦能治小郡矣推此論之人材各有所宜非獨大小之謂

也夫人材不同能各有異有自任之能有立法使人從之之能有消息辨護之能有德敎師人之能有行事使人譴讓之能有司察糾摘之能有權奇之能有威猛之能夫能出於材材不同量材能旣殊任政亦異是故自任之能清節之材也故在朝也則冢宰之任爲國則矯直之政立法之能治家之材也故在朝也則司寇之任爲國則公正之政計策之能術家之材也故在朝也則三孤之任爲國則變化之政人事之能智意之材也故在朝也則冢宰之佐爲國則諧合之政行事之能譴讓之材也故在朝也則司寇之

任爲國則督責之政權奇之能伎倆之材也故在朝也則司空之任爲國則藝事之政司察之能臧否之材也故在朝也則師氏之佐爲國則刻削之政威猛之能豪傑之材也故在朝也則將帥之任爲國則嚴厲之政凡偏材之人皆一味之美故長於辨一官而短於爲一國何者夫一官之任以一味協五味一國之政以無味和五味又國有俗化民有劇易而人材不同故政有得失是以王化之政宜於統大以之治小則迂辨護之政宜於治煩以之治易則無易策術之政宜於治難以之治平則無奇矯抗之政宜於治

脩以之治弊則殘諧和之政宜於治新以之治舊則虛公刻之政宜於糾姦以之治邊則失衆威猛之政宜於討亂以之治善則暴伎倆之政宜於治富以之治貧則勞而不困故量能授官不可不審也凡此之能皆偏材之人也故或能言而不能行或能行而不能言至於國體之人能言能行故爲衆材之雋也人君之能異於此故臣以自任爲能君以用人爲能臣以能言爲能君以能聽爲能臣以能行爲能君以能賞罰爲能所能不同故能君衆材也

利害

蓋人業之流各有利害夫節清之業著于儀容發於德行未用而章其道順而有化故其未達也爲衆人之所進既達也爲上下之所敬其功足以激濁揚清師範僚友其爲業也無弊而常顯故爲世之所貴法家之業本于制度待乎成功而効其道前苦而後治嚴而爲衆故其未達也爲衆人之所忌已試也爲上下之所憚其功足以立法成治其弊也爲羣枉之所讐其爲業也有敝而不常用故功大而不終術家之業出於聰思待於謀得而章其道先微而後著精而且玄其未達也爲衆人之所不識其用也爲明主之

不爲庸衆所猜

以精玄爲術宜乎爲

務也

所弥其功足以運籌通變其退也藏於隱微其爲業也奇而希用故或沈微而不章智意之業本于原度其道順而不忤故其未達也爲衆人之所容矣已達也爲寵愛之所嘉其功足以讚明計慮其敝也知進而不退或離正以自全其爲業也譎而難持故或先利而後害臧否之業本乎是非其道廉而且砭故其未達也爲衆人之所識已達也爲衆人之所稱其功足以變察是非其敝也爲詆訶之所怨其爲業也峭而不裕故或先得而後離衆伎倆之業本于事能其道辨而且速其未達也爲衆人之所異已達也爲官

此不知之病根

司之所任其功足以理煩糾邪其敝也民勞而下困其爲業也細而不泰故爲治之末也

接識

夫人初甚難知而士無衆寡皆自以爲知人故以已觀人則以爲可知也觀人之察人則以爲不識也夫何哉是故能識同體之善而或失異量之美何以論其然夫清節之人以正直爲度故其歷衆材也能識性行之常而或疑法術之詭法制之人以分數爲度故能識較方直之量而不貴變化之術術謀之人以思謨爲度故能成策略之奇而不識遵法之良器能

衆材相反國每爲裂

之人以辨護爲度故能職方畧之規而不知制度之原智意之人以原意爲度故能識韜諝之權而不貴法教之常伎倆之人以邀功爲度故能識進趣之功而不通道德之化臧否之人以伺察爲度故能識訶砭之明而不暢倜儻之異言語之人以辨析爲度故能識捷給之惠而不知含章之美是以互相非駮莫肯相是取同體也則接論而相得取異體也雖歷久而不知凡此之類皆謂一流之材也若二至已上亦隨其所兼以及異數故一流之人能識一流之善二流之人能識二流之美盡有諸流則亦能兼達衆材

三日卽今之三場試也

知人在其眼三日談淺同兒戲

故兼材之人與國體同欲觀其一隅則終朝足以識之將究其詳則三日而後足何謂三日而後足夫國體之人兼有三材故談不三日不足以盡之一以論道德二以論法制三以論策術然後乃能竭其所長而舉之不疑然則何以知其兼偏而與之言乎其爲人也務以流數杼人之所長而爲之名目如是兼也如陳以美欲人稱之不欲知人之所有如是者偏也不欲知人則言無不疑是故以深說淺益深益異異則相返反則相非是故多陳處直則以爲見美靜聽不言則以爲虛空抗爲高談則爲不遜遜讓不盡則

以爲淺陋言稱一善則以爲不薄歷發衆奇則以爲多端先意而言則以爲分美因失難之則以爲不諭說以對反則以爲較已博以異雜則以爲無要論以同體然後乃悅於是乎有親愛之情稱舉之譽此偏材之常失

英雄

夫草之精秀者爲英獸之特羣者爲雄故人之文武茂異取名於此是故聰明秀出謂之英膽力過人謂之雄此其大體之别名也若校其分數則互相須各以二分取彼一分然後乃成何以論其然夫聰明者

俱是不聰明

英之分也不得雄之膽則說不行膽力者雄之分也不得英之智則事不立是故英以其聰謀始以其明見機待雄之膽行之雄以其力服衆以其勇排難待英之智成之然後乃能各濟其所長也若聰能謀始而明不見機乃可以坐論而不可以處事聰能謀始明能見機而勇不能行可以循常而不可以慮變若力能過人而勇不能行可以爲力人未可以爲先登力能過人勇能行之而智不能斷事可以爲先登未足以爲將帥必聰能謀始明能見機膽能決之然後可以爲英張良是也氣力過人勇能行之智足斷事

乃可以爲雄韓信是也。體分不同以多爲目故英雄異名然皆偏至之材人臣之任也故英可以爲相雄可以爲將若一人之身兼有英雄則能長世高祖項羽是也然英之分以多於雄而英不可以少也英分少則智者去之故項羽氣力蓋世明能合變而不能聽采奇異有一范增不用是以陳平之徒皆亡歸高祖英分多故羣雄服之英材歸之兩得其用故能吞秦破楚宅有天下然則英雄多少能自勝之數也徒英而不雄則雄材不服也徒雄而不英則智者不歸往也故雄能得雄不能得英英能得英不能得雄故

平淡求之

一人之身兼有英雄乃能役英與雄能役英與雄故能成大業也

八觀

八觀者一曰觀其奪救以明間雜二曰觀其感變以審常度三曰觀其志質以知其名四曰觀其所由以辨依似五曰觀其愛敬以知通塞六曰觀其情機以辨恕惑七曰觀其所短以知其長八曰觀其聰明以知所達何謂觀其奪救以明間雜夫質有至有違若至勝違則惡情奪正若然而不然故仁出於慈有慈而不仁者仁必有恤有仁而不恤者厲必有剛有厲

而不剛者若夫見可憐則流涕將分與則恡嗇是慈而不仁者覩危急則惻隱將赴救則畏患是仁而不恤者處虛義則色厲顧利慾則內荏是厲而不剛者然則慈而不仁者則恡奪之也仁而不恤者則懼奪之也厲而不剛者則慾奪之也故曰慈不能勝恡無必其能仁也仁不能勝懼無必其能恤也厲不能勝慾無必其能剛也是故不仁之質勝則伎力爲害器貪悖之性勝則強猛爲禍梯亦有善情救惡不至爲害愛惠分篤雖傲狎不離助善著明雖惡疾無害也救濟過厚雖取人不貪也是故觀其奪救而明間雜

之情可得知也何謂觀其感變以審常度夫人厚貌深情將欲求之必觀其辭旨察其應贊夫觀其辭旨猶聽音之善醜察其應贊猶視智之能否也故觀辭察應足以互相別識然則論顯揚正白也不善言應玄也經緯玄白通也移易無正雜也先識未然聖也追思玄事叡也見事過人明也以明爲晦智也微忽必識妙也美妙不昧疎也測之益深實也假合熾燿虛也自見其美不足也不伐其能有餘也故曰凡事不度必有其故憂患之色乏而且荒疾疢之色亂而垢雜喜色愉然以懌慍色厲然以揚妒惑之色冒昧

不學則名不生

無常及其動作蓋竝言辭是故其言甚懌而精色不從者中有違也其言有違而精色可信者辭不敏也言未發而怒色先見者意憤溢也言將發而怒氣送之者彊所不然也凡此之類徵見於外不可奄違雖欲違之精色不從感愕以明雖變可知是故觀其感變而常度之情可知何謂觀其至質以知其名凡偏材之性二至以上則至質相發而令名生矣是故骨直氣淸則休名生焉氣淸力勁則烈名生焉勁智精理則能名生焉智直彊慤則任名生焉集于端質則令德濟焉加之學則文理灼焉是故觀其所至之多

必而異名之所生可知也何謂觀其所由以辨依似夫純訐性違不能公正依訐似直以訐訐善純宕似流不能通道依宕似通行傲過節故曰直者亦訐訐者亦訐其訐則同其所以為訐則異通者亦宕宕者亦宕其宕則同其所以為宕則異然則何以別之直而能溫者德也直而好訐者偏也訐而不直者依也道而能節者通也通而時過者偏也宕而不節者依也偏之與依志同質違所謂似是而非也是故輕諾似烈而寡信多易似能而無効進銳似精而去速訶者似察而事煩訐施似惠而無成面從似忠而退違

此似是而非者也亦有似非而是者大權似姧而有功大智似愚而內明博愛似虛而實厚正言似訐而情忠夫察似明非御情之反有似理訟其實難別也非天下之至精其孰能得其實故聽言信貌或失其眞詭情御反或失其賢賢否之察實在所依是故觀其所依而似類之質可知也何謂觀其愛敬以知通塞蓋人道之極莫過愛敬是故孝經以愛爲至德以敬爲要道易以感爲德以謙爲道老子以無爲德以虛爲道禮以敬爲本樂以愛爲主然則人情之質有愛敬之誠則與道德同體動獲人心而道無不通也

然愛不可少於敬少於敬則廉節者歸之而衆人不與愛多於敬則雖廉節者不悅而愛接者死之何則敬之爲道也嚴而相離其勢難久愛之爲道也情親意厚深而感物是故觀其愛敬之誠而通塞之理可得而知也何謂觀其情機以辨恕惑夫人之情有六機杼其所欲則喜不杼其所能則怨以自伐歷之則惡以謙損下之則悅犯其所乏則媢以惡犯媢則妬此人性之六機也夫人情莫不欲遂其志故烈士樂奮力之功善士樂督政之訓能士樂治亂之事術士樂計策之謀辨士樂陵訊之辭貪者樂貨財之積幸

亦有政治不亂則能者歎如獨恨太平無一事之類

者樂權勢之尤苟贊其志則莫不欣然是所謂杼其所欲則喜也若不杼其所能則不獲其志不獲其志則戚是故功力不建則烈士奮德行不訓則正人哀政亂不治則能者歎敵能未弭則術人思貨財不積則貪者憂權勢不尤則幸者悲是所謂不杼其能則怨也人情莫不欲處前故惡人之自伐自伐皆欲勝之類也是故自伐其善則莫不惡也是所謂自伐歷之則惡也人情皆欲求勝故悅人之謙謙所以下之下有推與之意是故人無賢愚接之以謙則無不色懌是所謂以謙下之則悅也人情皆欲掩其所短見

其所長是故人駁其所短似若物冒之是所謂駁其所之則媢也人情陵上者也陵犯其所惡雖見憎未害也若以長駁短是所謂以惡犯媢則媢惡生矣凡此六機其歸皆欲處上是以君子接物犯而不校不校則無不敬下所以避其害也小人則不然既不見機而欲人之順已以佯愛敬爲見異以偶邀會爲輕苟犯其機則深以爲怨是故觀其情機而賢鄙之志可得而知也何謂觀其所短以知所長夫偏材之人皆有所短故直之失也訐剛之失也厲和之失也懦介之失也拘夫直者不訐無以成其直既悅其直不

近徵 近恕

可非其訐訐也者直之徵也剛者不厲無以濟其剛既悅其剛不可非其厲厲也者剛之徵也和者不愞無以保其和既悅其和不可非其愞愞也者和之徵也介者不拘無以守其介既悅其介不可非其拘拘也者介之徵也然有短者未必能長也有長者必以短爲徵是故觀其徵之所短而其材之所長可知也何謂觀其聰明以知所達夫仁者德之基也義者德之節也禮者德之文也信者德之固也智者德之帥也夫智出於明明之於人猶晝之待白日夜之待燭火其明益盛者所見及遠及遠之明難是故守業勤

將字妙

學未必及材材藝精巧未必及理理義辯給未必及智智能經事未必及道道思玄遠然後乃周是謂學不及材材不及理理不及智智不及道道也者回覆變通是故別而論之各自獨行則仁爲勝合而俱用則明爲將故以明將仁則無不懷以明將義則無不勝以明將理則無不通然則苟無聰明無以能遂故好聲而實不克則恢好辯而理不至則煩好法而思不深則刻好術而計不足則僞是故鈞材而好學明者爲師比力而爭智者爲雄等德而齊達者稱聖聖之爲稱明智之極名也是以觀其聰明而所達之材

可知也

七繆

七繆一曰察譽有偏頗之繆二曰接物有愛惡之惑三曰度心有小大之誤四曰品質有早晚之疑五曰變類有同體之嫌六曰論材有申壓之詭七曰觀奇有二尤之失夫采訪之要不在多少然徵質不明者信耳而不敢信目故人以爲是則心隨而明之人以爲非則意轉而化之雖無所嫌意若不疑且人察物亦自有誤愛憎兼之其情萬原不暢其本胡可必信是故知人者以目正耳不知人者以耳敗目故州閭

之士皆譽皆毀未可爲正也交遊之人譽不三周未必信是也夫實厚之士交遊之間必毋所在肩稱上等援之下等推之苟不能周必有咎毀故偏上失下則其終有毀偏下失上則其進不傑故誠能三周則爲國所利此正直之交也故皆合而是亦有違比皆合而非或在其中若有奇異之材則非衆所見而耳所聽采以多爲信是繆於察譽者也夫愛善疾惡人情所常苟不明質或疎善善非何以論之夫善非者雖非猶有所是以其所是順己所長則不自覺情通意親忽忘其惡善人雖善猶有所乏以其所乏不明

已長以其所長輕已所短則不自知志乖氣違忽忘其善是惑於愛惡者也夫精欲深欲質欲懿重志欲弘大心欲嗛小精微所以入神致也懿重所以崇德宇也志大所以勘物任也心小所以慎咎悔也故詩詠文王小心翼翼不大聲以色小心也王赫斯怒以對于天下志大也由此論之心小志大者聖賢之倫也心大志大者豪傑之儁也心大志小者傲蕩之類也心小志小者拘愞之人也衆人之察或陋其心小或壯其志大是誤於小大者也夫人材不同成有早晚有早智而速成者有晚智而晚成者有少無智而

造物亦應忌之

終無所成者有少有令材遂爲雋器者四者之理不可不察夫幼智之人材智精達然其在童髦皆有端緒故文本辭繁辯始給口仁出慈恤施發過與愼生畏懼廉起不取早智者淺惠而見速晚成者奇識而舒遲終暗者並困於不足遂務者周達而有餘而衆人之察不慮其變是疑於早晚者也夫人情莫不趣名利避損害名利之路在於是得損害之源在於非失故人無賢愚皆欲使是得在已能明已是莫過同體是以偏材之人交遊進趨之類皆親愛同體而譽之憎惡對反而毀之序異雜而不尚也推而論之無

他故焉夫譽同體毀對反所以証彼非而著己是也至于異雜之人於彼無益於己無害則序而不尚是故同體之人常患於過譽及其名敵則尠能相下是故直者性奮好人行直於人而不能受人之訐盡者情露好人行盡於人而不能納人之徑務名者樂人之進趨過人而不能出陵己之後是故性同而材傾則相援而相賴也性同而勢均則相競而相害也此又同體之變也故或助直而毀直或與明而毀明而衆人之察不辨其律理是嫌於體同也夫人所處異勢勢有申壓富貴遂達勢之申也貧賤窮匱勢之壓

見聽者何尤得媚富貴之情

也上材之人能行人所不能行是故達有勞謙之稱窮有著明之節中材之人則隨世損益是故藉富貴則貨財充於內施惠周於外見贍者求可稱而譽之見援者闡小美而大之雖無異材猶行成而名立處貧賤則欲施而無財欲援而無勢親戚不能恤朋友不見濟分義不復立恩愛浸以離怨望者並至歸非者日多雖無罪尤猶無故而廢也故世有傒儉名由進退天下皆富則清貧者雖苦必無委頓之憂且有辭施之高以獲榮名之利皆貧則求假無所告而有窮乏之患且生鄙吝之訟是故鈞材而進有與之者

二尤相反反似相類須得具服

順次亦非用人之道

則體益而茂遂私理卑抑有累之者則微降而稍退而衆人之觀不理其本各指其所在是疑於申壓者也夫清雅之美著乎形質察之寡失失繆之由恒在二尤二尤之生與物異列故尤妙之人含精於內外無飾姿尤虛之人碩言瑰姿內實乖反而人之求奇不可以精微測其玄機明異希或以貌少爲不足或以瑰姿爲巨偉或以直露爲虛華以巧飭爲眞實是以早拔多誤不如順次夫順次當度也苟不察其實亦焉往而不失故遺賢而賢有濟則恨在不早拔拔奇而奇有敗則患在不素別任意而獨繆則悔在不

納人與皮別

廣問廣問而誤巳則怨巳不自信是以驥子發足衆士乃誤韓信立功淮陰乃震夫豈惡奇而好疑哉乃尤物不世見而奇逸美異也是以張良體弱而精强爲衆智之雋也荊叔色平而神勇爲衆勇之傑也然則雋傑者衆人之尤也聖人者衆尤之尤也其尤彌出者其道彌遠故一國之雋於州爲輩未得爲第也一州之第於天下爲椳天下之椳世有優劣是故衆人之所貴各貴其出巳之尤而不貴尤之所尤是故衆人之明能知輩士之數而不能知第目之度輩士之明能知第目之度不能識出尤之良也出尤之人

總是明鏡當空之照一一求之勞愈殆甚

能知聖人之教不能究之入室之奥也由是論之人物之理玅不可得而窮已

效難

蓋知人之效有二難有難知之難有知之而無由得效之難何謂難知之難人物精微能神而明其道甚難固難知之難也是以衆人之察不能盡備故各自立度以相觀采或相其形容或候其動作或揆其終始或揆其儗象或推其細微或恐其過誤或循其所言或稽其行事八者遊雜故其得者少所失者多是故必有草創信形之誤又有居止變化之謬故其接

厌情

遇觀人也隨行信名失其中情故淺美揚露則以爲有異深明沉漠則以爲空虛分別妙理則以爲離婁口傳甲乙則以爲義理好說是非則以爲臧否講目成名則以爲人物平道政事則以爲國體猶聽有聲之類名隨其音故名非實用之不效故曰名猶口進而實從事退中情之人名不副實用之有效故名由衆退而實從事章此草創之常失也故必待居止然後識之故居視其所安達視其所舉富視其所與窮視其所爲貧視其所取然後乃能知賢否此又已試非始相也所以知質未足以知其畧且天下之人不

可得皆與遊處或志趣變易隨物而化或未至而懸欲或已至而易顧或窮約而力行或得志而從欲此又居止之所失也由是論之能兩得其要是難知之難何謂無由得效之難上材已莫知或所識者在幼賤之中未達而喪或所失者未拔而先沒或曲高和寡唱不見讚或身卑力微言不見亮或器非時好不見信貴或不在其位無由得拔或在其位以有所屈迫是以良材識真萬不一遇也須識真在位識百不一有也以位勢值可薦致之宜十不一合也或明足識真有所妨奪不欲貢薦或好貢薦而不能識真是

燭戒文亦古潔可愛

故知與不知相與分亂於總猥之中實知者患於不得達效不知者亦自以爲未識所謂無由得效之難也故曰知人之效有二難

釋爭

蓋善以不伐爲大賢以自矜爲損是故舜讓于德而顯義登聞湯降不遲而聖敬日躋郄至上人而抑下滋甚王叔好爭而終于出犇然則卑讓降下者茂進之遂路也矜奮侵陵者毀塞之險途也是以君子舉不敢越儀準志不敢凌軌等內勤巳以自濟外謙讓以敬懼是以怨難不在於身而榮福通於長久也彼

小人則不然矜功伐能好以陵人是以在前者人害之有功者人毁之毁敗者人幸之是故並轡爭先而不能相奪兩頓俱折而爲後者所趨由是論之爭讓之途其别明矣然好勝之人猶謂不然以在前爲速鋭以處後爲留滯以下衆爲卑屈以躡等爲異傑以讓敵爲迴辱以陵上爲高厲是故抗奮遂往不能自反也夫以抗遇賢必見遜下以抗遇暴必構敵難敵難既構則是非之理必溷而難明溷而難明則其與自毁何以異哉且人之毁己皆發怨憾而變生釁也必依託於事飾成端末其餘聽者雖不盡信猶半以

痛快

安得此長者之言

深恐反類法家

爲然也已之梭報亦又如之終其所歸亦各有半信著於遠近也然則交氣疾爭者爲易口而自毀也並辭競說者爲貸手以自毆爲惑謬豈不甚哉然原其所由豈有躬自厚責以致變訟者乎皆由內恕不足外望不已或怨彼輕我或疾彼勝己夫我薄而彼輕之則由我曲而彼直也我賢而彼不知則見輕非我咎也若彼賢而處我前則我德之未至也若德鈞而彼先我則我德之近次也夫何怨哉且兩賢未別則能讓者爲雋矣爭雋未別則用力者爲憊矣是故藺相如以廻車決勝於廉頗寇恂以不鬭取賢於賈復

勢有道之

物勢之反乃君子所謂道也是故君子知屈之可以爲伸故含辱而不辭知卑讓之可以勝敵故下之而不疑及其終極乃轉禍而爲福屈讐而爲友使怨讐不延於後嗣而美名宣於無窮君子之道豈不裕乎且君子能受纖微之小嫌故無變鬭之大訟小人不能忍小忿之故終有赫赫之敗辱怨在微而下之猶可以爲謙德也變在萌而爭之則禍成而不救矣是故陳餘以張耳之變卒受離身之害彭寵以朱浮之郄終有覆亡之禍禍福之機可不慎哉是故君子之求勝也以推讓爲利銳以自修爲棚櫓靜則閉嘿泯

處世善物
莫過兩言
然亦難矣

之玄門動則由恭順之通路是以戰勝而爭不形敵
服而怨不搆若然者悔怯不存于聲色夫何顯爭之
有哉彼顯爭者必自以爲賢人而人以爲險詖者實
無險德則無可毀之義若信有險德又何可與訟乎
險而與之訟是柙兕而攖虎其可乎怒而害人亦必
矣易曰險而違者訟訟必有衆起老子曰夫惟不争
故天下莫能與之争是故君子以争途之不可由也
是以越俗乘高獨行於三等之上何謂三等大無功
而自矜一等有功而伐之二等功大而不伐三等愚
而好勝一等賢而尚人二等賢而能讓三等緩已急

人一等急已急人二等急已寬人三等凡此數者皆道之奇物之變也三變而後得之故人莫能遠也夫唯知道通變者然後能處之是故孟之反以不伐獲聖人之譽管叔以辭賞受嘉重之賜夫豈詭遇以求之哉乃純德自然之所合也彼君子知自損之爲益故功一而美二小人不知自益之爲損故一伐而並失由此論之則不伐者伐之也不爭者爭之也讓敵者勝之也下衆者上之也君子誠能覩爭迷之名險獨乘高於玄路則光暉煥而日新德聲倫於古人矣

奇賞齋古文彚編卷之一百二十四

人物志

（明）張運泰　余元熹　彙評

清刊《漢魏六十名家》本

人物志

劉邵字孔才廣平邯鄲人建安中為計吏詣許昌時上言正旦當日蝕邵時在尚書令荀彧所坐者數十人或云當廢朝或云宜卻會邵曰梓慎裨竈古之良

史猶占水火錯失天時禮記曰諸侯旅
見天子及門不得終禮者四日蝕在一
然則聖人垂訓不為變豫廢朝禮者
或災消異伏或推術謬誤也或善至
言勸朝會如舊日名子餘魏黃初中為

尚書郎藍鱗侍郎所著誌書大可
觀人物志其一也

魏齋韓偶記

人物誌序　卌　卷五

武陵楊鶴無山鑒定　古潭張運泰來倩
滌章黃國埼五湖　　余元熹延稱彙評

人物志

接識

英雄

八觀

七繆

效難

釋爭

九徵

劉卲

蓋人物之本，出於情性。情性之理，甚微而玄，非聖人之察，其孰能究之哉。凡有血氣者，莫不含元一以為質，稟陰陽以立性，體五行而著形。苟有形質，猶可即而求之。凡人之質量，中和最貴矣。中和之質，必平淡無味，故能調成五材，變化應節。是故觀人察質，必先察其平淡，而後求其聰明。聰明者，陰陽之精。陰陽清和，則中叡外明。聖人淳燿，能兼二美，知微知章，自非聖人，莫能兩遂。故明白之士，達動之機，而暗於玄慮；玄慮之人，識靜之原，而困於速捷。猶火日外照，不能內見；金水內暎，不能外光二者之義蓋陰陽之別也若量其材質稽諸五物五物之徵亦各著於厥體矣其在體也木骨金筋火氣土肌水血五物之象也五物之實各有所濟是故骨植而柔者謂之弘毅弘毅也者仁之質也氣清而朗者謂之文理文理也者禮之本也體端而實者謂之貞固貞固也者信之基也筋勁而精者謂之勇敢勇敢也者義之決也色平而暢者謂之通微通微也者智之原也五質恆性故謂之五常矣五常之別列為五德是故溫直而擾毅木之德也剛塞而弘毅金之德也愿恭而理敬水之德也寬栗而柔立土之德也簡暢而明砭火之德也雖體變無窮猶依乎五質故其剛柔明暢貞固之徵著乎形容見乎聲色發乎情味各如其象故心質亮直其儀勁固心質休決其儀進猛心質平理其儀安

問夫儀動成容各有態度直容之動矯矯行行休容之動業業瑲瑲德容之動顒顒卬卬（節節去眛令人目不給質）夫容之動作發乎心氣心氣之徵則聲變是也夫氣合成聲聲應律呂有和平之聲有清暢之聲有回衍之聲夫聲暢于氣則實存貌色故誠仁必有溫柔之色誠勇必有矜奮之色誠智必有明達之色夫色見於貌所謂徵神徵神見貌則情發於目故仁目之精慤然以端勇膽之精曄然以彊然皆偏至之材以勝體為質者也故勝質不精則其事不遂是故直而不柔則木勁而不精則力固而不端則愚氣而不清則越暢而不平則蕩是故中庸之質異於此類五常既備包以澹味五質內充五精外章是以目彩五暉之光也故曰物生有形形有神精能知精神則窮理盡性性之所盡九質之數也然則平陂之質

在於神明晴之實在於精勇怯之勢在於筋強弱之植在於骨躁靜之決在於氣慘懌之情在於色衰正之形在於儀態度之動在於容緩急之狀在於言其為人也質素平澹中叡外朗筋勁植固聲清色懌儀正容直則九徵皆至則純粹之德也九徵有違則偏雜之材也三度不同其德異稱故偏至之材以材自名兼德之人更為美號是故兼德而至謂之中庸中庸也者聖人之目也具體而微謂之德行德行也者大雅之稱也一至謂之偏材偏材小雅之質也一徵謂之依似依似亂德之類也一至一違謂之間雜間雜無恒之人也無恒依似皆風人末流末流之質不可勝論是以略而不槩也

古惜歷落

層層跳脫層層翻換如觀八陣圖龍虎風雲變現出沒文之極奇亦

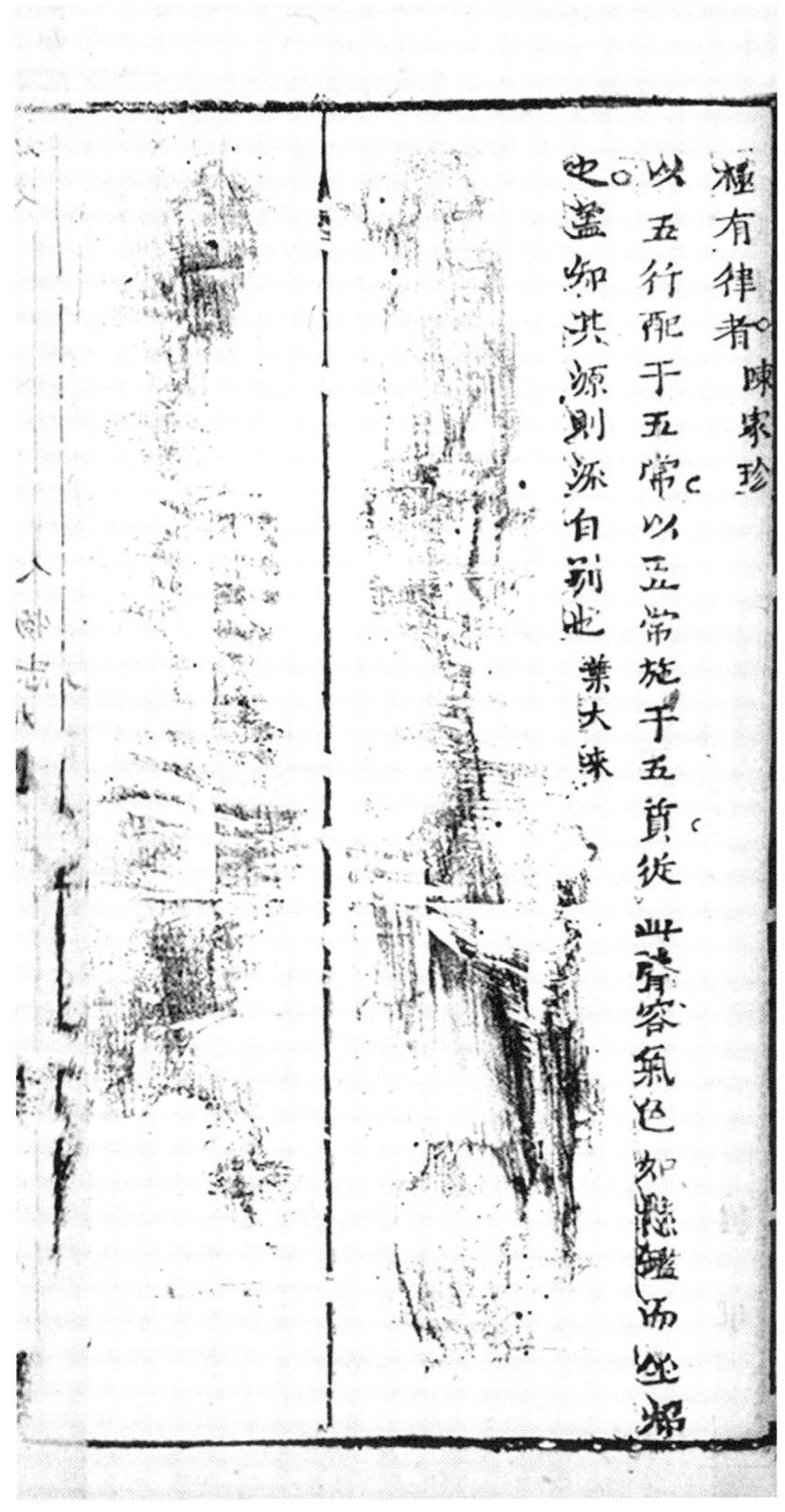

極有律者。陳家珍

以五行配于五常，以五常旋于五音，從此寄容氣也。如懸鑑而坐照

也。蓋知其源則流自別也。葉大咏

乃編容洪派則派在江內兼大來
以五行所干五帝。以日行於干五行矣。非渾洛解內[illegible]列焉
逢有年者陳求均

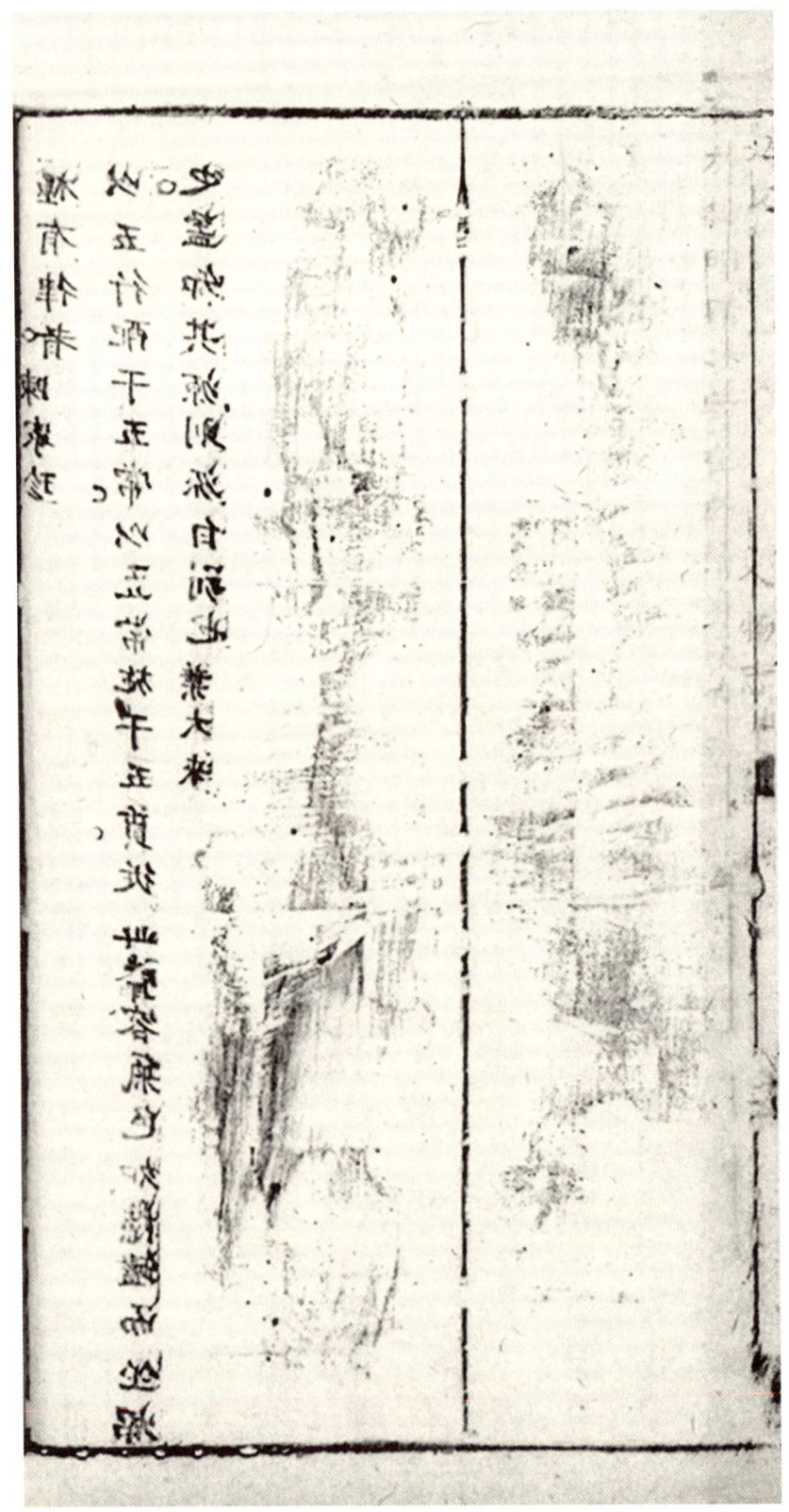

體別

劉卲

夫中庸之德，其質無名。故鹹而不鹻，淡而不䤄，質而不縵，文而不繢，能威能懷，能辨能訥，變化無方，以達為節。是以抗者過之，而拘者不逮。夫拘抗違中，故善有所章，而理有所失。（分別得失，使人知補。該有功名致）是故厲直剛毅，材在矯正，失在激訐。（偏規後分處）柔順安恕，每在寬容，失在少決。雄悍傑健，任在膽烈，失在多忌。精良畏慎，善在恭謹，失在多疑。彊楷堅勁，用在楨幹，失在專固。論辨理繹，能在釋結，失在流宕。普博周給，弘在覆裕，失在溷濁。清介廉潔，節在儉固，失在拘扃。休動磊落，業在攀躋，失在疏越。沉靜機密，精在玄微，失在遲緩。樸露徑盡，質在中誠，失在不微。多智韜情，權在譎略，失在依違。及其進德之日，不止揆中庸，以戒其材之拘抗，而指人之所短，以益其失，猶晉楚帶劍○遞相詭反也○是故彊毅之人○很剛不和不戒其彊之搪突而以順為撓○厲其抗○是故可以立法○難與入微○柔順之人○緩心寬斷不戒其事之不攝○而以抗為劌○安其舒○是故可與循常○難與權疑○雄悍之人○氣奮勇決不戒其勇之毀跌○而以順為恇○竭其勢○是故可與涉難○難與居約○懼慎之人○畏患多忌○不戒其懦於為義○而以勇為狎○增其疑○是故可與保全○難與立節○凌楷之人○秉意勁特○不戒其情之固護○而以辨為偽○強其專○是故可以持正○難與附眾○辨博之人○論理贍給不戒其辭之泛濫○而以楷為繫○遂其流○是故可與泛序○難與立約○弘普之人○意愛周洽不戒其交之溷雜○而以介為狷○廣其濁○是故可以撫眾○難與厲俗○狷介之人○砭清激濁○不戒其道之隘狹○而以普為穢○益其拘○是故可與守

强毅以○下十二種○俱是家館原非真○

流業

劉卲

蓋人流之業十有二焉有清節家有法家有術家有國體有器能有臧否有伎倆有智意有文章有儒學有口辯有雄傑若夫德行高妙容止可法是謂清節之家延陵晏嬰是也建法立制彊國富人是謂法家管仲商鞅是也思通道化策謀奇妙是謂術家范蠡張良是也兼有三材三材皆備其德足以厲風俗其法足以正天下其術足以謀廟勝是謂國體伊尹呂望是也兼有三材三材皆微其德足以率一國其法足以正鄉邑其術足以權事宜是謂器能子產西門豹是也兼有三材之別各有一流清節之流不能弘恕好尚譏訶分別是非是謂臧否子夏之徒是也法家之流不能創思遠圖而能受一官之任錯意施巧是謂伎

吾乃周公以下人物如何晏秋佐

倆張敞趙廣漢是也術家之流不能創制垂則而能遭變用權權智有
餘公正不足是謂智意陳平韓安國是也凡此八業皆以三材為本故
雖波流分別皆為輕事之材也能屬文著述是謂文章司馬遷班固是
也能傳聖人之業而不能幹事施政是謂儒學毛公貫公是也辯不入
道而應對資給是謂口辯樂毅曹丘生是也膽力絕衆材畧過人是謂
驍雄白起韓信是也凡此十二材皆人臣之任也主德不預焉主德者
聰明平淡總達衆材而不以事自任者也是故主道立則十二材各得
其任也清節之德師氏之任也法家之材司寇之任也術家之材三孤
之任也三材純備三公之任也三材而微冢宰之任也臧否之材師氏
之佐也智意之材冢宰之任也伎倆之材司空之任也儒學之材安民

節雖以變通休動之人志慕超越不戒其意之大猥而以靜為滯果其銳是故可以進趨難與持後沉靜之人道思迴復不戒其靜之遲後而以動為疏美其懦是故可與深慮難與捷速樸露之人中疑實確不戒其實之野直而以譎為誕露其誠是故可與立信難與消息韜譎之人原度取容不戒其術之離正而以盡為愚貴其虛是故可與贊善難與矯違（歸功于恕以應前中庸之德法成偏）大學所以成材也恕所以推情也偏材之性不可移轉矣雖教之以學材成而隨之以失雖訓之以恕推情各從其心信者逆信詐者逆詐故學不入道恕不周物此偏材之益失也

因人之急反遠己之緩因人之寬益厲己之廢所以拘抗任心卽勉之以學與恕而性各有近仍蔽其切情以來此偏材也去弦韋之佩

遠矣康家珍

之任也文章之材國史之任也辯給之材行人之任也驍雄之材將帥之任也是謂主道得而臣道序官不易方而太平用成若道不平淡與一材同用好則一材處權而衆材失任矣

總列十二流業而差等出之先立三材次分八業如循級而下体勢嚴峻後提出主德復以十二材平叙可謂盡分合之法者矣其斷別古人不無少失倫品然比之古今人表似為勝之華大木

材理

劉邵

夫建事立義莫不須理而定及其論難鮮能定之夫何故哉蓋理多品而人異也（此左論胃為一篇之綱）夫理多品則難通人材異則情詭情詭難通則理失而事違也夫理有四部明有四家情有九偏流有七似說有三失難有六構通有八能（此段四部）若夫天地氣化盈虛損益道之理也法制正事事之理也禮教宜適義之理也人情樞機情之理也（玄言哉出有知覺詳）四理不同其於才也須明而章明待質而行是故質於理合合而有明明足見理理足成家（此段四家）是故質性平淡思心玄微能通自然道理之家也質性警徹權略機捷能理煩速事理之家也質性和平能論禮教辯其得失義理之家也質性機解推情原意能適其變情理之家也四家之明既異而有九偏之情以性犯明

各有得失（此段九偏）剛略之人不能理微故其論大體則弘博而高遠歷纖理則
宕往而疏越抗厲之人不能迴撓論法直則括處而公正說變通則否
戾而不入堅勁之人好攻其事實指機理則穎灼而徹盡涉大道則徑
露而單持辯給之人辭煩而意銳推人事則精識而窮理即大義則恢
愕而不周浮沉之人不能沉思序疏數則豁達而傲博立事要則爁炎
而不定淺解之人不能深難聽辯說則擬鍔而愉悅審精理則掉轉而
無根寬恕之人不能速捷論仁義則弘詳而長雅趨時務則遲緩而不
及溫柔之人力不休強味道理則順適而和暢擬疑難則濡懦而不盡
好奇之人橫逸而求異造權譎則倜儻而瑰壯案清道則詭常而恢迂
此所謂性有九偏各從其心之所可以為理若乃性不精暢則流有七

似有漫談陳說○似有流行者○有理少多端○似若博意者○有回說合意○似若讚解者○有處後持長○從衆所安○似能聽斷者○有避難不應○似若有餘而實不知者○有慕通口解○似悅而不懌者○有因勝情失○窮而稱妙○跌則掎蹠○實求兩解○似理不可屈者○凡此七似○衆人之所惑也○夫辯有理勝有辭勝○理勝者○正白黑以廣論○釋微妙而通之○辭勝者○破正理以求異求異則正失矣○夫九偏之材○有同○有反○有雜○同則相解○反則相非○雜則相恢○故善接論者○度所長而論之○歷之不動○則不說也○傍無聽達○則不難也○不善接論者○說之以雜反○說之以雜反○則不入矣○善喻者○以一言明數事○不善喻者○百言不明一意○百言不明一意○則不聽也○是說之三失也○善難者○務釋事本○不善難者○舍本而理末○舍本而理末○則辭構矣

善攻彊者下其盛銳扶其本指以漸攻之不善攻彊者引其誤辭以挫其銳意挫其銳意則氣構矣善躡失者指其所跌不善躡失者因屈而抵其性因屈而抵其性則怨構矣或常所思求久乃得之倉卒諭人人不速知則以爲難諭以爲難諭則忿構矣夫盛難之時其誤難迫故善難者徵之使還不善難者凌而激之雖欲顧藉其勢無由其勢無由則妄構矣凡人心有所思則耳且不能聽是故並思俱說競相制止欲人之聽已人亦以其方思之故不了已意則以爲不解人情莫不諱不解諱不解則怒構矣凡此六構變之所由興也然雖有變構猶有所得若說而不難各陳所見則莫知所由矣由此論之談而定理者眇矣必也聰能聽序思能造端明能見機辭能辯意捷能攝失守能待攻攻能奪

思、同云

此段入能

守奪能易予兼此八者然後乃能通于天下之理通於天下之理則能（謂清作而攻守之術也亦人情之）
通人矣不能兼有八美適有一能則所達者偏而所有異目矣是故聰
能聽序謂之名物之材思能造端謂之構架之材明能見機謂之達識
之材辭能辯意謂之贍給之材捷能攝失謂之權捷之材守能待攻謂
之持論之材攻能奪守謂之推徹之材奪能易予謂之貿說之材通材
之人既兼此八材行之以道與通人言則同解而心喻與眾人言則察
色而順性雖明包眾理不以尚人聰叡資給不以先人善言出己理足
則止鄙誤在人過而不迫寫人之所懷扶人之所能不以事類犯人之
所婟不以言例及己之所長說直說變無所畏惡采蟲聲之善音贊愚
人之偶得奪與有宜去就不留方其盛氣折謝不恡方其勝難勝而不

矜。心平志諭。無隱無欺期于得道而已矣。是可與論經世而理物也。
此篇中分八股。前後照徵。一大作手。其意以理品多端人材異數。
而通人能以道行之。則偏材衆流皆為我用。此經世理物之要道也。
余延稱

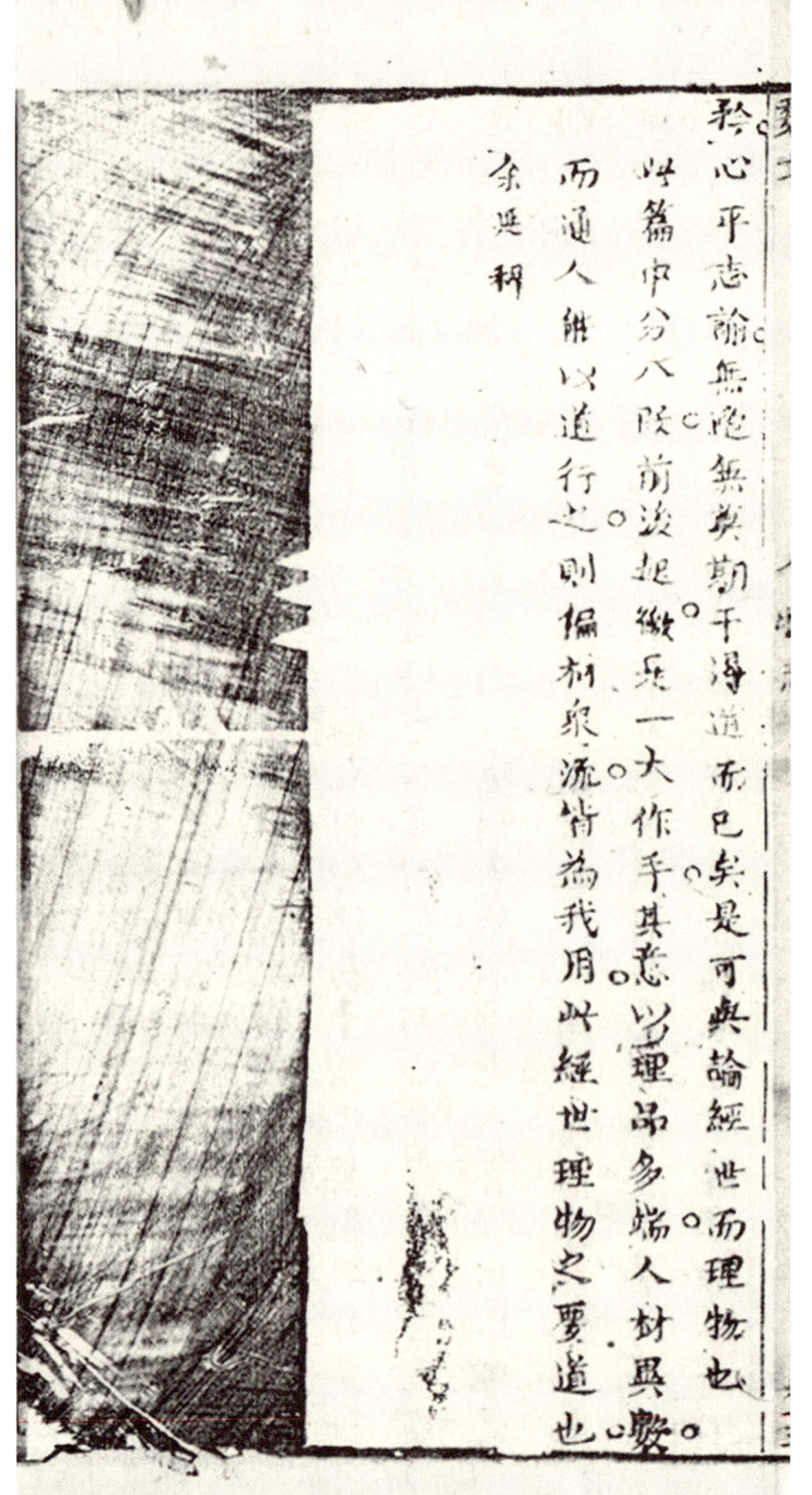

材能　　劉邵

或曰人材有能大而不能小猶函牛之鼎不可以烹雞愚以為此非名也夫能之為言已定之稱豈有能大而不能小乎凡所謂能大而不能小其語出於性有寬急性有寬急故宜有大小寬弘之人宜為郡國使下得施其功而總成其事急小之人宜理百里使事辦於已然則郡之與縣異體之大小者也以實理寬急論辨之則當言大小異宜不當言能大不能小也若夫雞之與牛亦異體之小大也故鼎亦宜有大小若以烹犢則豈不能烹雞乎故能治大郡則亦能治小郡矣推此論之人材各有所宜非獨大小之謂也夫人材不同能各有異有自任之能有立法使人從之之能有消息辨別之能有德教師人之能有行事使人

譏讓之能有司察糾擿之能有權奇之能有威猛之能夫能出於材材不同量材能既殊任政亦異是故自任之能清節之材也（分踈極明蔭）故在朝也則家宰之任為國則矯直之政立法之能治家之材也故在朝也則司寇之任為國則公正之政計策之能術家之材也故在朝也則三孤之任為國則變化之政人事之能智意之材也故在朝也則家宰之佐為國則諧合之政行事之能譴讓之材也故在朝也則司寇之任為國則督責之政權奇之能伎倆之材也故在朝也則司空之任為國則藝事之政司察之能臧否之材也故在朝也則師氏之佐為國則刻削之政威猛之能豪傑之材也故在朝也則將師之任為國則嚴厲之政凡偏材之人皆一味之美故長於辦一官而短於為一國何者夫一官之任以

一味協五味一國之政以無味和五味又國有俗化民有劇易而人材
不同故政有得失是以王化之政宜於統大以之治小則迂辨護之政
宜於治煩以之治易則無易策術之政宜於治難以之治平則無奇矯
抗之政宜於治侈以之治弊則殘諧和之政宜於治新以之治舊則虛
公刻之政宜於糾姦以之治邊則失衆威猛之政宜於討亂以之治善
則暴伎倆之政宜於治富以之治貧則勞而不困故量能授官不可不
審也凡此之能皆偏材之人也故或能言而不能行或能行而不能言
至於國體之人能言能行故為衆材之雋也人君之能異於此故臣以
自任為能君以用人為能臣以能言為能君以能聽為能臣以能行為
能君以能賞罰為能所能不同故能君衆材也

臣下此一味協五味。君上以無味和五味。即所謂執辯勅要之說也。

何代無材。貴乎君擇材者任之得宜耳。陳家珍

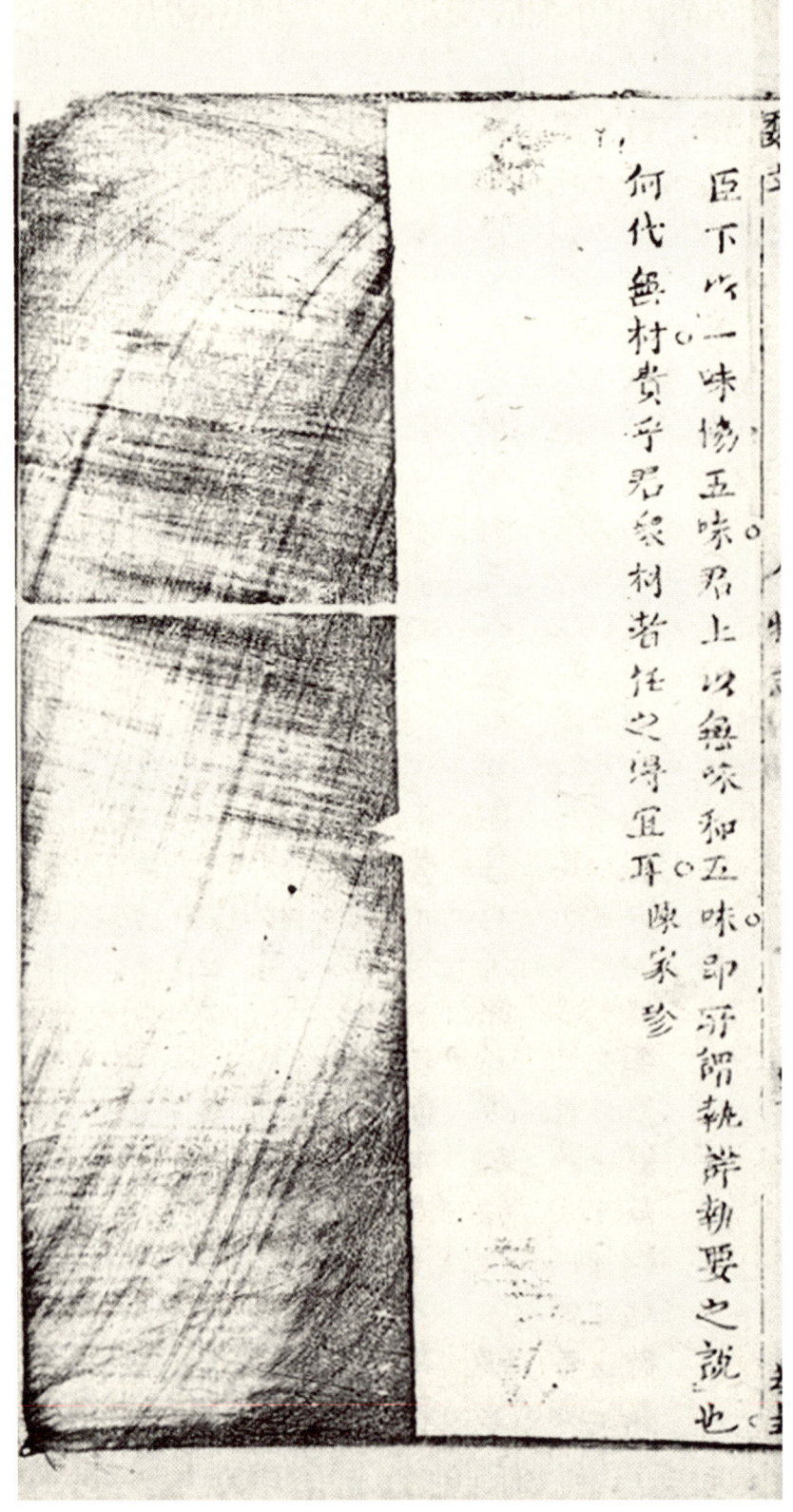

利害

劉卲

蓋人業之流，各有利害。夫節清之業，著於儀容，發於德行，未用而章，其道順而有化。故其未達也，為衆人之所進；既達也，為上下之所敬。其功足以激濁揚清，師範僚友。其為業也無弊而常顯，故為世之所貴。法家之業，本於制度，待乎成功而效。其道前苦而後治，嚴而為衆。故其未達也，為衆人之所忌；已試也，為上下之所憚。其功足以立法成治。其弊也為羣枉之所讎。其為業也，有敝而不常用，故功大而不終。術家之業，出於聰思，待於謀得而章。其道先微而後著，精而且玄。其未達也，為衆人之所不識。其用也，為明主之所珍。其功足以運籌通變。其退也，藏於隱微。其為業也，奇而希用，故或沈微而不章。智意之業，本于原度，其道順

以精玄之術宜為主所珍也

而不忤故其未達也為衆人之所容矣已達也為寵愛之所嘉其功足以讚明計慮其敝也知進而不退或離正以自全其為業也諸而難持故或先利而後害藏否之業本乎是非其道穢而且從故其未達也為衆人之所譏已達也為衆人之所稱其功足以變察是非其敝也為誣訶之所怨其為業也峭而不悋故或先得而後離衆使倆之業本于事能其道辨而且速其未達也為衆人之所畏已達也為官司之所任其功足以理煩糾邪其敝也民勞而下困其為業也細而不泰故為治之末也

直此六小段有有利而無害者有多利而少害者有少利而多害者有利害半者雖皆貪之所近而加之以學自可恢弘則托業信不可

不慎 朱君闕

君子藏器于身，待時而用，達與不達，命也。豈預計利害而爲之所耶

當時魏氏簒漢，仕路險巇。劉孔才遊漫德而去，味何可知也。築夫漆

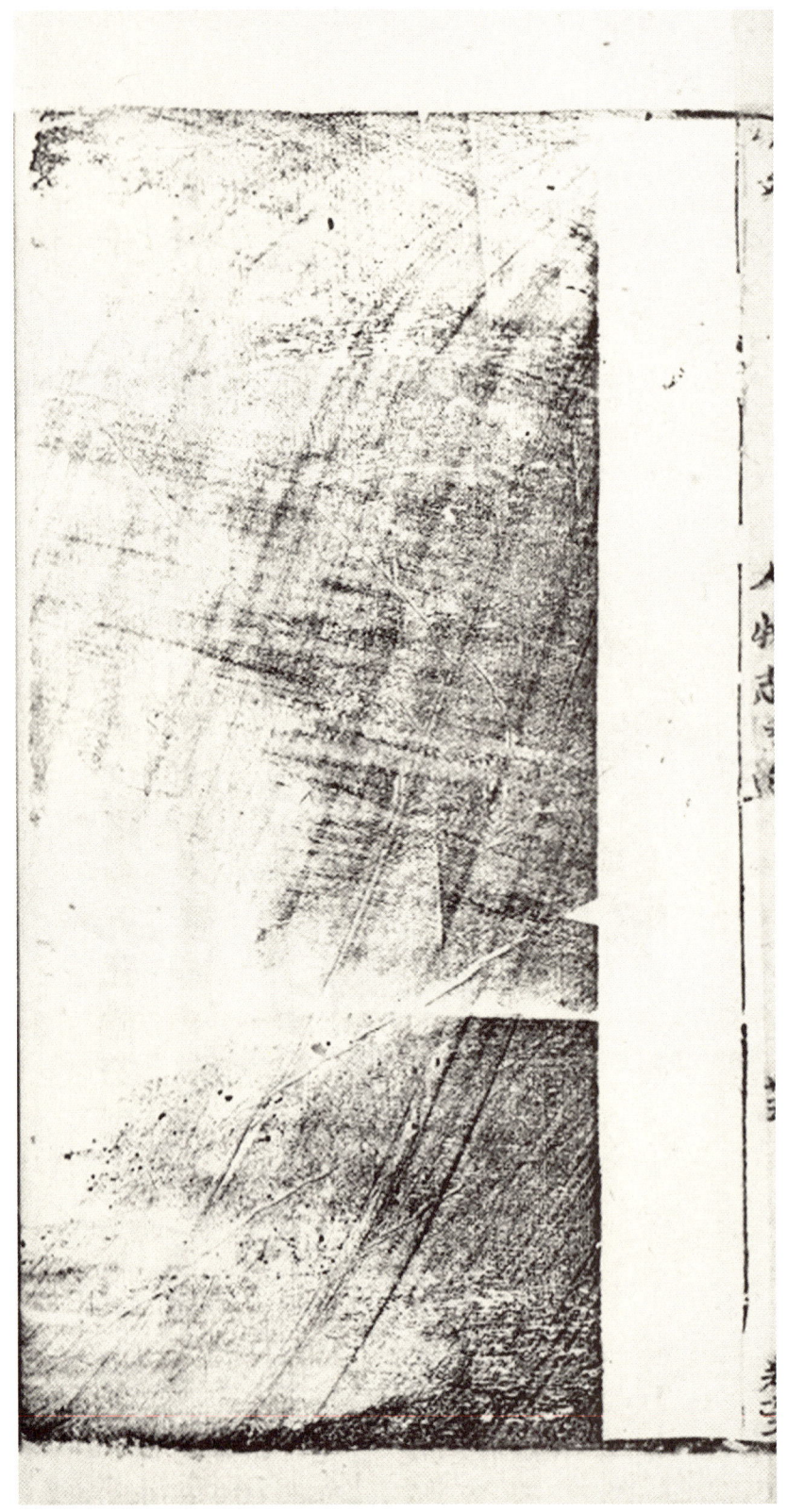

接識　　　　　　　　　　劉邵

夫人初甚難知而士無眾寡皆自以為知人故以己觀人則以為可知也觀人之察人則以為不識也夫何哉是故能識同體之善而或失異量之美何以論其然夫清節之人以正直為度故其歷眾材也能識性行之常而或疑法術之詭法制之人以分數為度故能識較方直之量而不貴變化之術術謀之人以思謨為度故能成策略之奇而不識遵法之良器能之人以辨護為度故能識方略之規而不知制度之原智意之人以原意為度故能識韜諝之權而不貴法教之常伎倆之人以邀功為度故能識進趣之功而不通道德之化臧否之人以伺察為度故能識訶砭之明而不暢倜儻之異言語之人以辨析為度故能識捷

給之惠而不知含章之美是以互相非駮莫肯相視取同體也則接詰
而相得取異體也雖歷久而不知此之類皆謂一流之材也若二至
已上亦隨其所兼以及異數故一流之人能識一流之善二流之人能
識二流之美盡有諸流則亦能兼達衆材故兼材之人與國體同欲觀
其一隅則終朝足以識之將究其詳則三日而後足何謂三日而後足
夫國體之人兼有三材故談不三日不足以盡之一以論道德一以論
法制三以論策術然後乃能竭其所長而衆之不疑然則何以知其兼
偏而與之言乎其為人也務以流數杼人之所長而為之名目如是兼
（公折愨偏亢滑曲全）
也如陳以美欲人稱之不欲知人之所有如是者偏也不欲知人則言
無不疑是故以深說淺益深益異異則相返反則相非是故多陳處直

則以為見美。靜聽不言，則以為虛空。抗為高談，則為不遜。遜讓不盡，則

以為淺陋。（衛然許多。嬰兒語同體，只以一二句警之）言稱一善，則以為非博。歷發眾奇，則以為多端。先意而言，則

以為分美。因失難之，則以為不喻。說以對反，則以為挍己。悖以異雜，則

以為無要。論以同體，然後乃悅。於是乎有親愛之情、稱舉之譽，此偏材

之常失。

輕重疎密，最得體宜。所以辭章華茂，仍自有雲漢捲舒之妙。[illegible]

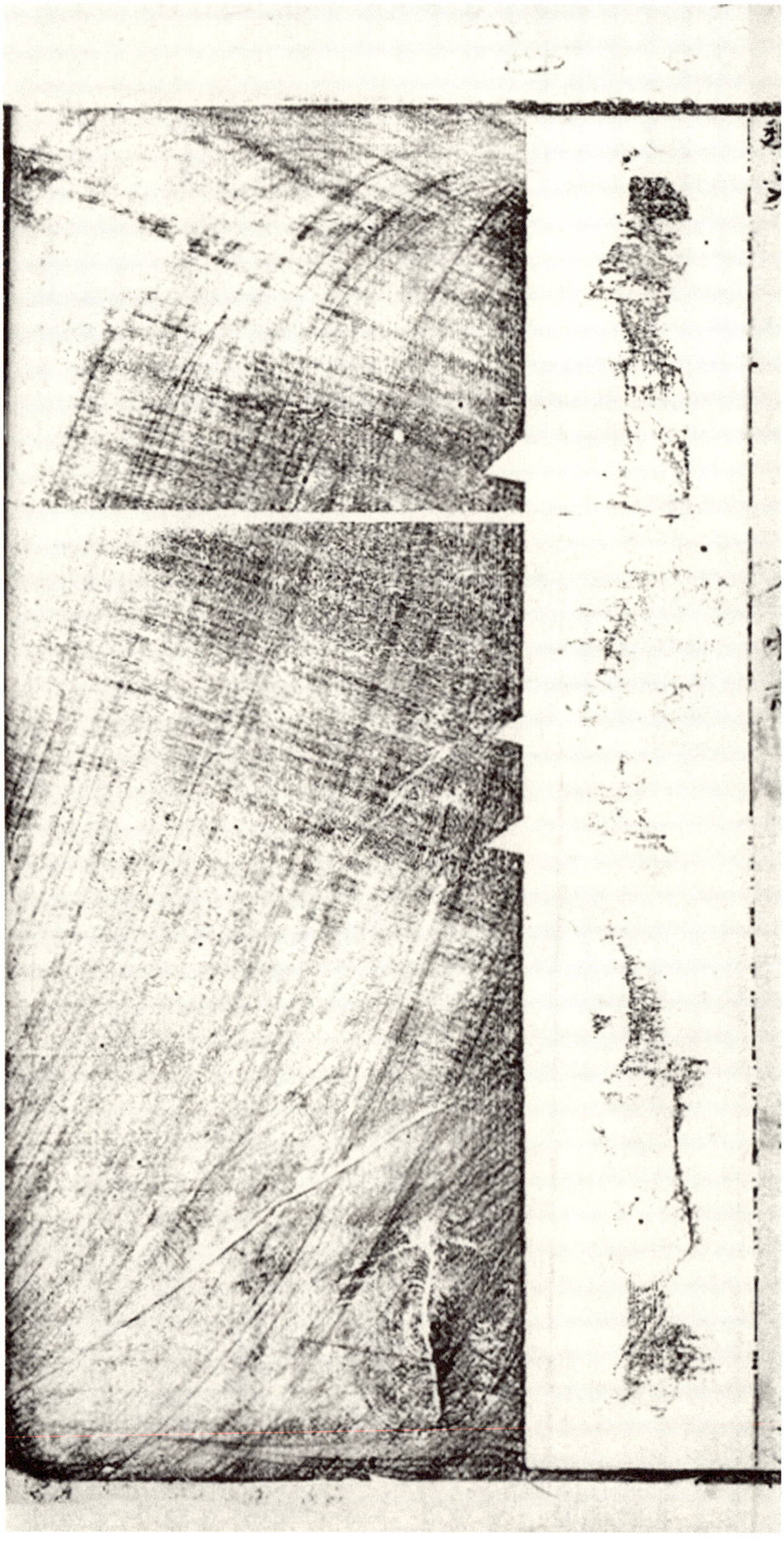

英雄

劉卲

夫草之精秀者為英獸之特羣者為雄故人之文武茂異取名於此是故聰明秀出謂之英膽力過人謂之雄此其大體之別名也若校其分數則互相須各以二分取彼一分然後乃成何以論其然夫聰明者英之分也不得雄之膽則說不行膽力者雄之分也不得英之智則事不立是故英以其聰謀始以其明見機待雄之膽行之雄以其力服衆以其勇排難待英之智成之然後乃能各濟其所長也若聰能謀始而明不見機乃可以坐論而不可以處事聰能謀始明能見機而勇不能行可以循常而不可以慮變若力能過人而勇不能行可以為力人未可以為先登力能過人勇能行之而智不能斷事可以為先登未足以為

文氣一而衰下

將帥必聰能謀始明能見機膽能決之然後可以為英張良是也氣力
過人勇能行之智足斷事乃可以為雄韓信是也体分不同以多為目
故英雄異名然皆偏至之材人臣之任也故英可以為相雄可以為將
若一人之身兼有英雄則能長世高祖項羽是也然英之分以多於雄
而英不可以少也英分少則智者去之故項羽氣力蓋世明能合變而
不能聽采奇異有一范增不用是以陳平之徒皆亡歸高祖英分多故
羣雄服之英材歸之兩得其用故能吞秦破楚宅有天下然則英雄多
少能自勝之數也徒英而不雄則雄材不服也徒雄而不英則智者不
歸往也故雄能得雄不能得英英能得英不能得雄故一人之身兼有
良信合身
英雄乃能役英與雄能役英與雄故能成大業也

英雄二字兄混數百年。得孔才剖白之。令我英心雄氣奮然拔起　張

袁倩

膽智無備。乃能建功業。然則英雄正未可輕許于人也。余延稱

所習無高。乃能建功業。成則英雄正未可輕許于人也。令延粹

末結

英雄二字已濫數百年得孔大吉白今我英以雄諸蓋技與

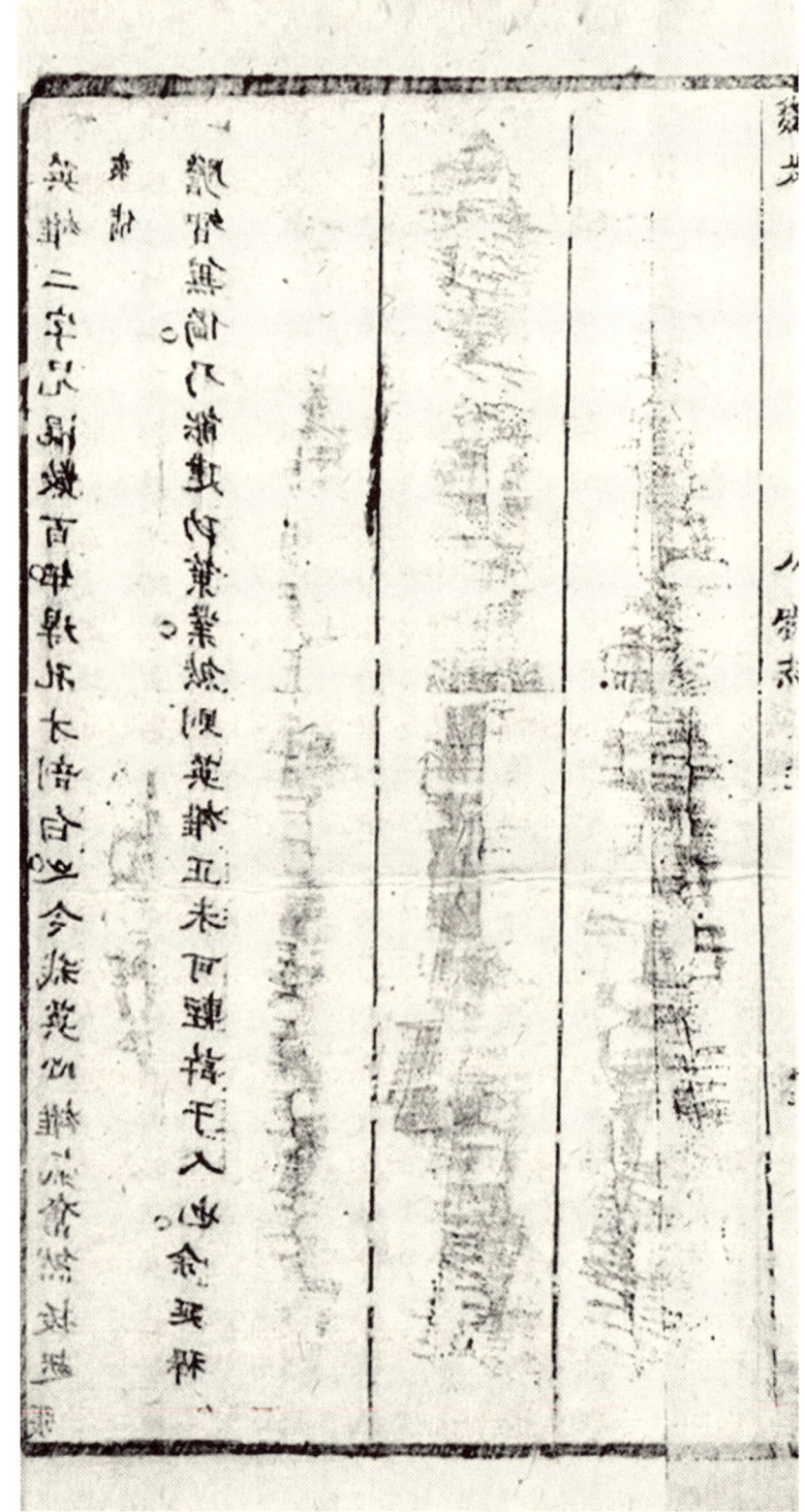

八觀

劉卲

八觀者一曰觀其奪救以明間雜二曰觀其感變以審常度三曰觀其志質以知其名四曰觀其所由以辨依似五曰觀其愛敬以知通塞六曰觀其情機以辨恕惑七曰觀其所短以知其長八曰觀其聰明以知所達（可救二字）何謂觀其奪救以明間雜夫質有至有違若至勝違則邪情奪正若然而不然故仁出於慈有慈而不仁者仁必有恤有仁而不恤者厲必有剛有厲而不剛者（鍾、、節、中、丈、分、數、節、不、滿、而力、大、也）若夫見可憐則流涕將分與則恡嗇是慈而不仁者觀危急則惻隱將赴救則畏患是仁而不恤者處虛義則色厲顧利慾則內荏是厲而不剛者然則慈而不仁者則恡奪之也仁而不恤者則懼奪之也厲而不剛者則慾奪之也故曰慈仁不勝恡無必其能

仁也仁不能勝懼無必其能恤也厲不能勝慾無必其能剛也是故不
仁之質勝則伎力為害器貪悖之性勝則強猛為禍梯亦有善情救惡
不至為害愛惠分篤雖傲狎不離助善著明雖疾惡無害也救濟過厚
雖取人不貪也是故觀其奪救而明間雜之情可得知也何謂觀其感
變以審常度夫人厚貌深情將欲求之必觀其辭旨察其應贊夫觀其
辭旨猶聽音之善醜察其應贊猶視智之能否也故觀辭察應足以互
相別識然則論顯揚正白也不善言應玄也經緯玄白通也移易無正
雜也先識未然聖也追思玄事叡也見事過人明也以明為晦智也微
忽必識妙也美妙不昧疏也淵之益深實也假合炫燿虛也自見其美
不足也不伐其能有餘也故曰凡事不度必有其故憂患之色乏而且

疾疢之色，亂而垢雜；喜色，愉然以懌；愠色，厲然以揚；妒惑之色，冒昧
無常。及其動作，蓋並言辭。是故其言甚懌，而精色不從者，中有違也；其
（疑奚違情）
言有違，而精色可信者，辭不敏也；言未發而怒色先見者，意憤溢也；言
將發而怒氣送之者，強所不然也。凡此之類，徵見於外，不可奄違，雖欲
違之，精色不從。感愕以明，雖變可知。是故觀其感變，而常度之情可知。
何謂觀其至質以知其名？凡偏材之性，二至以上，則至質相發，而令名
生矣。是故骨直氣清，則休名生焉；氣清力勁，則烈名生焉；勁智精理，則
（不顯則名不生）
能名生焉；智直強慤，則任名生焉。集于端質，則令德濟焉；加之學，則文
理灼焉。是故觀其所至之多少，而異名之所生可知也。何謂觀其所由
以辨依似？夫純訐性違，不能公正；依訐似直，以訐訐善；純宕似流，不能

通道依宕似通行傲過節故曰直者亦訐訐者亦訐其訐則同其所以
為訐則異通者亦宕宕者亦宕其宕則同其所以為宕則異然則何以
別之直而能溫者德也直而好訐者偏也訐而不直者依也道而能節
者通也通而時過者偏也宕而不節者依也偏之與依志同質違所謂
似是而非也是故輕諾似烈而寡信多易似能而無效進銳似精而去
速訶者似察而事煩訐施似惠而無成面從似忠而退違此似是而非
者也亦有似非而是者大權似姦而有功大智似愚而內明博愛似虛
而實厚正言似訐而情忠夫察似明非御情之反有似理訟其實難別
也非天下之至精其孰能得其實故聽言信貌或失其真詭情御反或
失其賢賢否之察實在所依是故觀其所依而似類之質可知也何謂

觀其愛敬以知通塞蓋人道之極莫過愛敬是故孝經以愛為至德以
敬為要道易以感為德以謙為道老子以無為德以虛為道禮以敬為
本樂以愛為主然則人情之實有愛敬之誠則與道德同體動於人心
而道無不通也然愛不可少于敬少於敬則廉節者歸之而衆人不與
與人交宜少用愛以世多婦人也
愛多於敬則雖廉節者不悅而愛接者死之何則敬之為道也嚴而相
離其勢難久愛之為道也情親意厚深而感物是故觀其愛敬之誠而
通塞之理可得而知也何謂觀其情機以辨恕惑夫人之情有六機杼
其所欲則喜不杼其所能則怨以自伐歷之則惡以謙損下之則悅犯
又自分別作六小段校
其所乏則婟以惡犯婟則妬此人性之六機也夫人情莫不欲遂其志
緣扶昧見微根原之茂
故烈士樂奮力之功善士樂督政之訓能士樂治亂之事術士樂計策

之譏辯士樂陵訊之辭貪者樂貨財之積幸者樂權柄之尤苟贊其志則莫不欣然是所謂杼其所欲則喜也若不杼其所能則所獲其志不獲其志則戚是故功力不建則烈士奮德行不訓則正人哀政亂不治則能者歎敵能未弭則術人思貨財不積則貪者憂權勢不尤則幸者悲是所謂不杼其能則怨也人情莫不欲處前故惡人之自伐自伐皆欲勝之類也是故自伐其善則莫不惡也是所謂自伐歷之則惡也人情皆欲求勝故悅人之謙謙所以下之下有推與之意是故人無賢愚接之以謙則無不色懌是所謂以謙下之則悅也人情皆欲掩其所短見其所長是故人駮其所短似若物冒之是所謂駮其所乏則婟也人情陵上者也陵犯其所惡雖見憎未害也若以長駮短是所謂以惡犯

則妒惡生矣凡此六機其歸皆欲處上是以君子接物犯而不校不
校則無不敬下所以避其害也小人則不然既不見機而欲人之順己
以佯愛敬為見異以偶邀會為輕苟犯其機則深以為怨是故觀其情
工之美者瑕喻自不掩
機而賢鄙之志可得而知也何謂觀其所短以知所長夫偏材之人皆
有所短故直之失也訐剛之失也厲和之失也愞介之失也拘夫直者
不訐無以成其直既悅其直不可非其訐訐也者直之徵也剛者不厲
無以濟其剛既悅其剛不可非其厲厲也者剛之徵也和者不愞無以
保其和既悅其和不可非其愞愞也者和之徵也介者不拘無以守其
介既悅其介不可非其拘拘也者介之徵也然有短者未必能長也有
長者必以短為徵是故觀其徵之所短而其材之所長可知也何謂觀

其聰明以知所達夫仁者德之基也義者德之節也禮者德之文也信
者德之固也智者德之帥也夫智出于明明之於人猶晝之待白日夜
之待燭火其明益盛者所見及遠及遠之明難是故守業勤學未必及
材材藝精巧未必及理理義辨給未必及智智能經事未必及道道思
玄遠然後乃周是謂學不及材材不及理理不及智智不及道道也者
回覆變通是故別而論之各自獨行則仁為勝合而俱用則明為將故
以明將仁則無不懷以明將義則無不勝以明將理則無不通然則苟
無聰明無以能遂故好聲而實不充則恢好辯而理不至則煩好法而
思不深則刻好術而計不足則偽是故鈞材而好學明者為師比力而
爭智者為雄等德而齊達者稱聖聖之為稱明智之極名也是以觀其

聡明而所造之材可知也

前七觀字字入情後来觀其聡明一段又何其入理也蓋情處皆入人心高説理亦深入理家奥域　陳家珍

竟作八大段别無餘論蓋倣韓非八姦之体而作者韓以骨力勝劉以辭氣勝也　余延觧

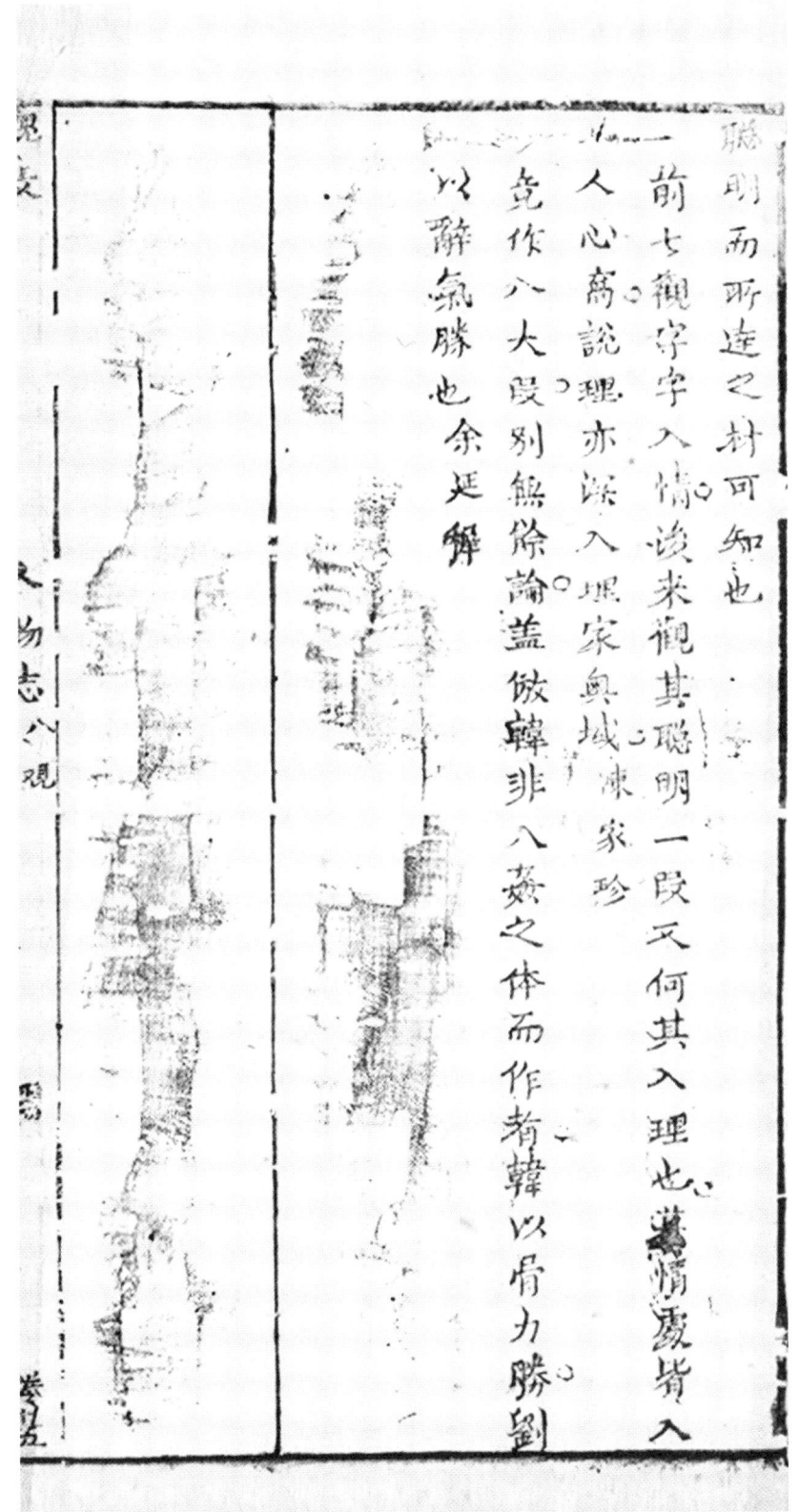

七繆

劉劭

七繆：一曰察譽有偏頗之繆，二曰接物有愛惡之惑，三曰度心有大小之誤，四曰品質有早晚之疑，五曰變類有同體之嫌，六曰論材有申壓之詭，七曰觀奇有二尤之失。夫采訪之要，不在多少。然徵質不明者，信耳而不敢信目。故人以為是，則心隨而明之；人以為非，則意轉而化之。雖無所嫌，意若不疑。且人察物，亦自有誤，愛憎兼之，其情萬原。不暢其本，胡可必信？是故知人者，以目正耳；不知人者，以耳敗目。故州閭之士，皆譽皆毀，未可為正也；交遊之人，譽不三周，未必信是也。夫實厚之士，交遊之間，必每所在肩稱。上等援之，下等推之，苟不能周，必有咎毀。故偏上失下，則其終有毀；偏下失上，則其進不傑。故誠能三周，則為國所

邪此正直之交也故背合而是亦有違比背合而非或在其中若有奇異之材則非衆所見而耳所聽系以多爲偕是繆於察譽也

夫愛善疾惡人情所常苟不明質或疎善善非何以論之夫善非者雖非猶有所是以其所是順己所長則不自覺情通意親忽忘其惡善人雖善猶有所乏以其所乏不明己長以其所長輕己所短則不自知志乖氣違忽忘其善是惑於愛惡者也

勸○後○世○尚○法○入○其○發

夫精欲深微質欲懿重志欲弘大心欲嗛小精微所以入神妙也懿重所以崇德宇也志大所以戡物任也心小所以慎咎悔也故詩詠文王小心翼翼不大聲以色小心也王赫斯怒以對于天下志大也

大中見小○小中見○大心志一物

由此論之心小志大者聖賢之倫也心大志大者豪傑之雋也心大志小者傲蕩之類也心小志小者拘懦之人也衆人

淺薄

之察或隨其心小或壯其志大是誤於小大者也夫人材不同成有早
晚有早智而速成者有晚智而晚成者有少無智而終無所成者有少
有令材遂爲雋器者四者之理不可不察夫幼智之人材智精達然其
在童髦皆有端緒故文本辭繁辯始給口仁出慈恤施發過與愼生畏
懼廉起不取早智者淺惠而見速晚成者奇識而舒遲終暗者並困於
不足遂務者周達而有餘而衆人之察不慮其變是疑于早晚者也夫
人情莫不趣名利避損害名利之路在於是得損害之源在於非失故
人無賢愚皆欲使是得在己能明己是莫過同體是以偏材之人交遊
進趨之類皆親愛同體而譽之憎惡對反而毀之序異雜而不尚也推
而論之無他故爲夫譽同體毀對反所以證彼非而著己是也至于異

雜之人於彼無益於己無害則序而不尚是故同體之人常患於過譽
及其名敵則尠能相下是故直者性奮好人行直于人而不能受人之
訐盡者情露好人行盡于人而不能納人之徑務名者樂人之進趨過
（同體亦句有變）
人而不能出陵已之後是故性同而材傾則相援而相賴也性同而勢
均則相競而相害也此又同體之變也故或助直而毀直或與明而毀
明而眾人之察不辨其律理是嫌於體同也夫人所處異勢勢有申壓
富貴遂達勢之申也貧賤窮匱勢之壓也上材之人能行人所不能行
是故達有勞謙之稱窮有著明之節中材之人則隨世損益是故藉當
（二句尤得偏富貴之情）
貴則貨財充於內施惠周於外見贍者求可稱而譽之見援者闡小美
而大之雖無異材猶行成而名立處貧賤則欲施而無財欲援而無勢

親戚不能恤朋友不見濟分義不復立恩愛浸以離怨望者並至歸非
者日多夌其所感深矣雖無罪尤猶無故而廢也故世有侈儉名由進退天下皆富則
清貧者雖苦必無委頓之憂且有辭施之高以獲榮名之利皆貧則求
假無所告而有窮乏之患且生鄙吝之訟是故鈞材而進有與之者則
體益而茂遂私理卑抑有累之者則微降而稍退而眾人之觀不理其
本各指其所在是疑於申壓者也夫清雅之美著乎形質察之寡失失
繆之由恆在二尤二尤之生與物異列故尤妙之人含精於內外無飾
姿尤虛之人碩言瑰姿內實乖反而人之求奇不可以精微測其玄機
明異希或以貌少為不足或以瑰姿為巨偉或以直露為虛華或以巧
飾為真實是以早拔多誤不如順次夫順次長變也苟不察其實亦焉

徃而不失故遺賢而賢有濟則恨在不早拔拔奇而奇有敗則患在不

偏盡實實決事人

素別任意而獨繆則悔在不廣問廣問而誤己則怨己不自信是以驥

子發足衆士乃誤韓信立功淮陰乃覈夫豈惡奇而好疑哉乃尤物不

西出兩人神理與攻根與刑

世見而奇逸美異也是以張良體弱而精強為衆智之雋也荊叔色平

而神勇為衆勇之傑也然則雋傑者衆人之尤也聖人者衆尤之尤也

其尤彌出者其道彌遠故一國之雋於州為輩未得為第也一州之第

於天下為根天下之根世有優劣是故衆人之所貴各貴其出己之尤

而不貴尤之所尤是故衆人之明能知輩士之數而不能知第目之度

輩士之明能知第目之度不能識出尤之良也出尤之人能知聖人之

教不能究之入室之奧也由是論之人物之理妙不可得而窮已

此段與八觀篇相䓁前言人才之難識此嘆俗情之不明以難識之才挨不明之俗人物妙理何洮而晰哉劉子此篇感慨係之矣大要持躬養性奮學理與此篇盡之矣企延標

人物志

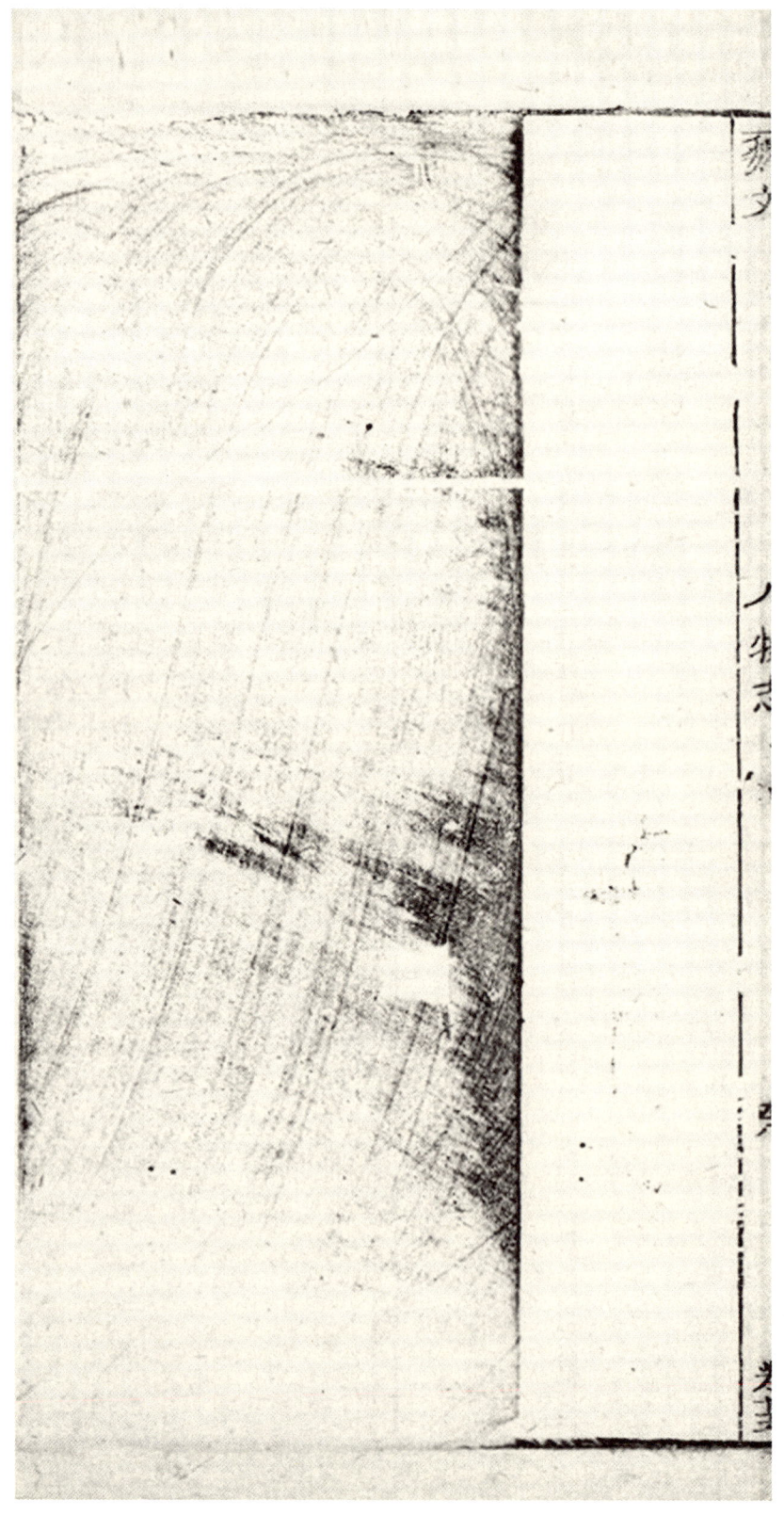

效難　　　　　　　　　　　　　　　　　　劉邵

蓋知人之效有二難有難知之難有知之而無由得效之難何謂難知
之難人物精微能神而明其道甚難固難知之難也是以眾人之察不
能盡備故各自立度以相觀采或相其形容或候其動作或揆其終始
或揆其儗象或推其細微或恐其過誤或循其所言或稽其行事八者
遊雜故其得者少所失者多是故以有草創信形之誤又有居止變化
之謬故其接遇觀人也隨行信名失其中情故淺美揚露則以為有異
深明沉漫則以為空虛分別妙理則以為離婁口傳甲乙則以為義理
好說是非則以為臧否講目成名則以為人物平道政事則以為國體
猶聽有聲之類名隨其音夫名非實用之不效故曰名猶口進而實從

事退中情之人名不副實用之有效故名由衆退而實從事章此草創之常失也（爰下亦如此）故必待居止然後識之故居視其所安達視其所舉富視其所與窮視其所爲貧視其所取然後乃能知賢否此又已試非始相也（此皆變化之人離測）所以知質未足以知其畧且天下之人不可得皆與遊處或志趣變易隨物而化或未至而懸欲或已至而易顧或窮約而力行或得志而從欲此又居上之所失也由是論之能兩得其要是難知之難何謂無由得效之難上材已莫知或所識者在幼賤之中未達而喪或所識者未拔而先沒或曲高和寡唱不見讚或身卑力微言不見亮或器非時好不見信貴或不在其位無由得拔或在其位以有所屈迫是以良材識真萬不一遇也須識真在位識百不一有也以位勢值可薦致之宜十

若一合也哉。明足識真，有所妨奪，不欲貢薦，或好貢薦而不能識真，是故知與不知，相與分亂於總猥之中。實知者患於不得達效，不知者亦自為未識。所謂無由得效之難也。故曰：知人之效有二難。

既難于知人，難得效，此中千難萬難，情致婉轉，惻惻動人。陳明卿

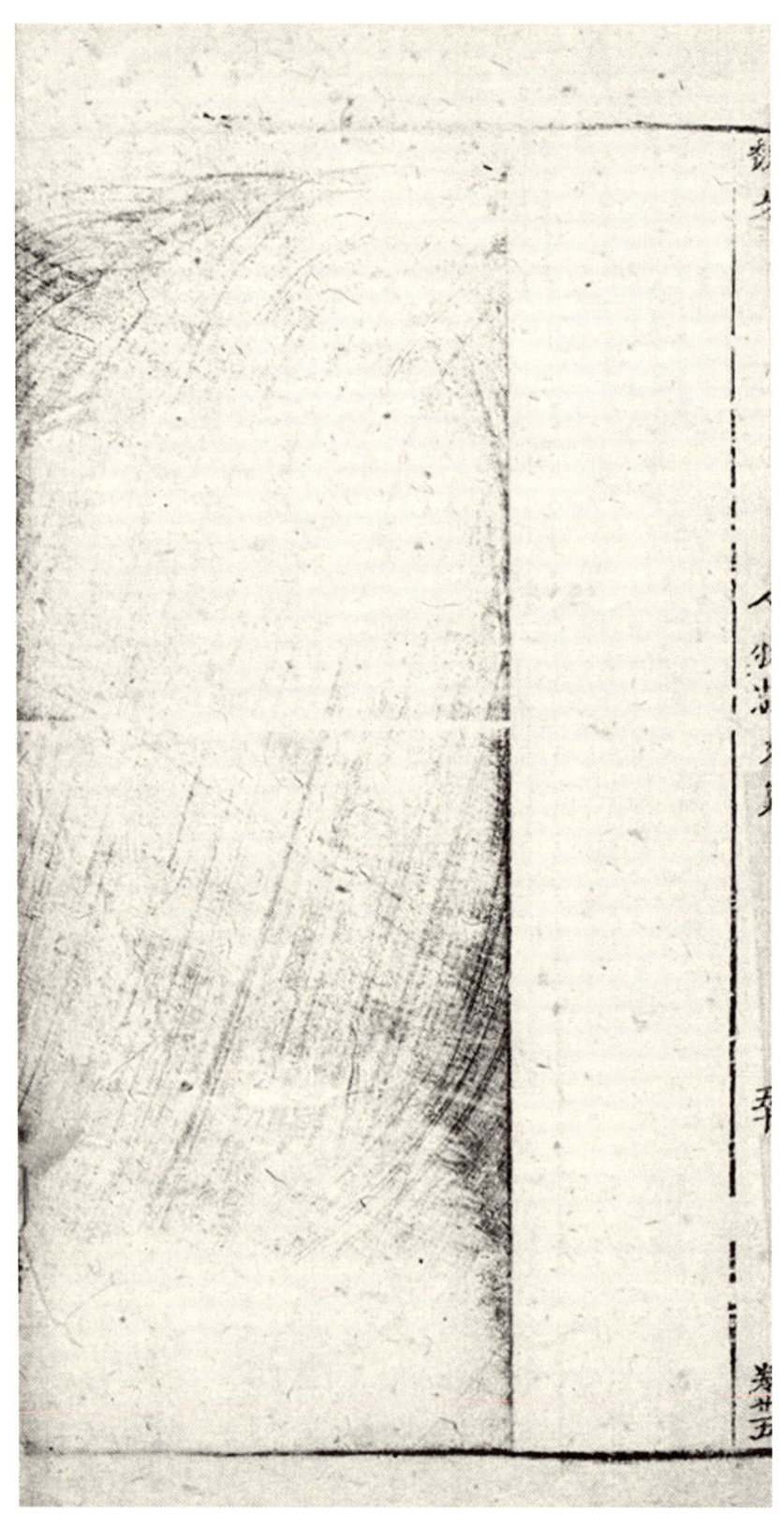

釋爭　　劉邵

蓋善以不伐為大賢以自矜為損是故舜讓於德而顯義登聞湯降不
遲而聖敬日躋(戒六亦深可愛)郤至上人而抑下滋甚王叔好爭而終于出奔然則卑
謙降下者茂進之遂路也矜奮侵陵者毀塞之險途也是以君子舉不
敢越儀準志不敢淩軌等內勤己以自濟外謙讓以敬懼是以怨難不
在於身而榮福通于長久也彼小人則不然矜功伐能好以陵人是以
在前者人害之有功者人毀之毀敗者人幸之是故並轡爭先而不能
相奪兩頓俱折而為後者所趨(讀宕可喜)由是論之爭讓之途其別明矣然好勝
之人猶謂不然以在前為速銳以處後為留滯以下眾為卑屈以躡等
為異傑以讓敵為回辱以陵上為高厲是故抗奮遂往不能自反也夫

以抗遇賢必見遜下以抗遇暴必構敵難敵難既構則是非之理必溷而難明溷而難明則其與自毀何以異哉且人之毀已皆發怨憾而變生釁也必依託於事飾成端末其餘聽者雖不盡信猶半以為然也已之校報亦又如之終其所歸亦各有半信著於遠近也然則交氣疾爭者為易口而自毀也並辭競說者為貸手以自毆為繆豈不甚哉然原其所由豈有躬自厚責以致變訟者乎皆由內恕不足外望不已或怨彼輕我或疾彼勝己夫我薄而彼輕之則由我曲而彼直也我賢而彼不知則見輕非我咎也若彼賢而處我前則我德之未至也若德鈞而彼先我則我德之近次也夫何怨哉且兩賢未別則能讓者為雋矣爭雋未別則用力者為憊矣是故藺相如以廻車決勝於廉頗寇恂以

不鬪取賢於賈復物勢之反乃君子所謂道也是故君子知屈之可以為伸故含辱而不辭知卑讓之可以勝敵故下之而不疑及其終極乃轉禍而為福屈讐而為友使怨讐不延於後嗣而美名宣於無窮君子之道豈不裕乎且君子能受纖微之小嫌故無變鬬之大訟小人不能忍小忿之故終有赫赫之敗辱怨在微而下之猶可以為讓德也變在萌而爭之則禍成而不救矣是故陳餘以張耳之變卒受離身之害彭寵以朱浮之郤終有覆亡之禍禍福之機可不慎哉是故君子之求勝也以推讓為利鋭以自修為櫓櫓靜則閉嘿泯之玄門動則由恭順之通路是以戰勝而爭不形敵服而怨不搆若然者悔悋不存于聲色夫何顯爭之有哉彼顯爭者必自以為賢人而人以為險詖者實無險德

則無可雖之義若信有險德又何可與訟乎險而與之訟是神咒而攖
虎其可乎怒而害人亦必矣易曰險而建者訟訟必有衆起老子曰夫
惟不争故天下莫能與之争是故君子以争途之不可由也是以越俗
乘高獨行於三等之上何謂三等大無功而自矜一等有功而伐之二
三友後得是稿凌○賢甚幸
等功大而不伐三等愚而好勝一等賢而尚人二等賢而能讓三等緩
己急人一等急己急人二等急己寬人三等凡此數者皆道之奇物之
變也三變而後淳之故人莫能遠也夫唯知道通變者然後能處之是
故孟之反以不伐薦聖人之譽管叔以辭賞受嘉重之賜夫豈詭遇以
求之哉乃純德自然之所合也彼君子知自損之為益故功一而美二
小人不知自益之為損故一伐而並失由此論之則不伐者伐之也不

爭者爭之也。讓斂者勝之也。下衆者上之也。君子誠能觀爭途之名險。獨乘高於玄路。則光曜煥而日新。德喆倫於古人矣。

謙益之德。自古尚之。劉子却從人情物態上。門見利害。然後反而求之。知謙德之益貴也。其曰物勢之反。乃君子所謂道。此言非徒長厚。其于道近矣。黃同德

虛心貶損。是大學問。謀人國家。尤宜時存釋中之心。張來倩

人物志文粹

李寶泠 撰

民國六年（1917）上海商務印書館排印《諸子文粹》本

人物志 雜家十二　　諸子文粹卷五十八

九徵　　武進李寶淦纂

凡人之質量。中和最貴矣。中和之質。必平淡無味。故能調成五材。變化應節。是故觀人察質。必先察其平淡。而後求其聰明。聰明者。陰陽之精。陰陽清和。則中叡外明。聖人湻燿。能兼二美。知微知章。自非聖人。莫能兩遂。故明白之士。達動之機。而暗於元慮。元慮之人。識靜之原。而困於速捷。猶火日外照。不能內見。金水內暎。不能外光。二者之義。蓋陰陽之別也。若量其材質。稽諸五物。五物之徵。亦各著於厥體矣。其在體也。木骨金筋。火氣土肌。水血。五物之象也。五物之實。各有所濟。是故骨植而柔者。謂之宏毅。宏毅也者。仁之質也。氣清而朗者。謂之文理。文理也者。禮之本也。體端而實者。謂之貞固。貞固也者。信之基也。筋勁而精者。謂之勇敢。勇敢也者。義之決也。色平而暢者。謂之通微。通微也者。智之原也。五質恆性。故謂之五常矣。

平陂之質在於神。明暗之實在於精。勇怯之勢在於筋。強弱之植在於骨。躁靜之決在於氣。慘懌之情在於色。衰正之形在於儀。態度之動在於容。緩急之狀在於言。其爲人也質素平淡。中叡外朗。筋勁植固。聲清色懌。儀正容直。則九徵皆至。則純粹之德也。九徵有違。則偏雜之材也。三度不同。其德異稱。故偏至之材。以材自名。兼材之人。以德爲目。兼德之人。更爲美號。是故兼德而至。謂之中庸。中庸也者。聖人之目也。具體而微。謂之德行。德行也者。大雅之稱也。一至謂之偏材。偏材小雅之質也。一徵謂之依似。依似亂德之類也。一至一違謂之間雜。間雜無恆之人也。無恆依似。皆風人末流。末流之質。不可勝論。是以略而不概也。

體別

夫學所以成材也。恕所以推情也。偏材之性。不可移轉矣。雖教之以學。材成而隨之以失。雖訓之以恕。推情而各從其心。信者逆信。詐者逆詐。故學不入道。恕不周物。此偏材之益失也。

流業

蓋人流之業十有二焉。有清節家。有法家。有術家。有國體。有器能。有臧否。有伎倆。有智意。有文章。有儒學。有口辨。有雄傑。若夫德行高妙。容止可法。是謂清節之家。延陵晏嬰是也。建法立制。彊國富人。是謂法家。管仲商鞅是也。思通道化。策謀奇妙。是謂術家。范蠡張良是也。兼有三材。三材皆備。其德足以厲風俗。其法足以正天下。其術足以謀廟勝。是謂國體。伊尹呂望是也。兼有三材。三材皆微。其德足以率一國。其法足以正鄉邑。其術足以權事宜。是謂器能。子產西門豹是也。兼有三材之別。各有一流。淸節之流。不能宏恕好尙譏訶。分別是非。是謂臧否。子夏之徒是也。法家之流。不能創思遠圖。而能受一官之任。錯意施巧。是謂伎倆。張敬趙廣漢是也。術家之流。不能創制垂則。而能遭變用權。權智有餘。公正不足。是謂智意。陳平韓安國是也。凡此八業。皆以三材爲本。故雖波流分別。皆爲輕事之材也。能屬文著述。是謂文章。司馬遷班固是也。能傳聖人之業。而不能幹事施政。是謂儒學。毛公貫公是也。辨不入道。而應對資給。是謂口辨。樂毅曹丘生是也。膽力絕衆。材略過人。是謂驍雄。白起韓信是也。凡此十二材。並人臣之任也。主德不預焉。主德者。聰明平淡。總達衆材。而不以事自任者也。是故主道立。則十二材各得其任也。

材理

與通人言。則同解而心喻。與衆人言。則察色而順性。雖明包衆理。不以尙人。聰叡資給。不以先人。善言出己。理足則止。鄙誤在人。過而不迫。寫人之所懷。扶人之所能。不以事類犯人之所婟。不以言例及己之所長。說直說變。無所畏惡。采蟲聲之善音。贊愚人之偶得。奪與有宜。去就不留。方其盛氣。折謝不恡。方其勝難。勝而不矜。心平志諭。無適無莫。期於得道而已矣。是可與論經世而理物也。

材能

凡偏材之人。皆一味之美。故長於辦一官。而短於爲一國。夫一官之任。以一味協五味。一國之政。以無味和五味。又國有俗化。民有劇易。而人材不同。故政有得失。

利害

蓋人業之流各有利害夫節清之業著于儀容發於德行未用而章其道順而有化故其未達也爲衆人之所進既達也爲上下之所敬其功足以激濁揚清師範僚友其爲業也無弊而常顯故爲世之所貴法家之業本於制度待乎成功而效其道前苦而後治嚴而爲衆故其未達也爲衆人之所忌已試也爲上下之所憚其功足以立法成治其弊也爲羣枉之所讎其爲業也有敝而不常用故功大而不終術家之業出於聰思待於謀得而章其道先微而後著精而且元其未達也爲衆人之所不識其用也爲明主之所珍其功足以運籌通變其退也藏於隱微其爲業也奇而希用故或沉微而不章智意之業本於原度其道順而不忤故其未達也爲衆人之所容已達也爲寵愛之所嘉其功足以

讚明計慮。其敝也。知進而不退。或離正以自全。其爲業也譎而難持。故或先利而後害。臧否之業本乎是非。其道廉而且砭。故其未達也。爲衆人之所識。已達也。爲衆人之所稱。其功足以變察是非。其敝也。爲詆訶之所怨。其爲業也。峭而不裕。故或先得而後離衆。伎倆之業本于事能。其道辨而且速。其未達也。爲衆人之所異。已達也。爲官司之所任。其功足以理煩糾邪。其敝也。民勞而下困。其爲業也。細而不泰。故爲治之末也。

接識

夫人初甚難知而上無衆寡。皆自以爲知人。故以己觀人。則以爲可知也。觀人之察人。則以爲不識也。夫何哉。是故能識同體之善。而或失異量之美。

一流之人。能識一流之善。二流之人。能識二流之美。盡有諸流。則亦能兼達衆材。故兼材之人。與國體同。

英雄

夫草之精秀者爲英。獸之特羣者爲雄。故人之文武茂異。取名於此。是故聰明秀出謂之英。膽力過人謂之雄。此其大體之別名也。若校其分數。則牙則須各以二分。取彼一分。然後乃成。

八觀

八觀者。一曰。觀其奪救以明間雜。二曰。觀其感變以審常度。三曰。觀其志質以知其名。四曰。觀其所由以辨依似。五曰。觀其愛敬以知通塞。六曰。觀其情機以辨恕惑。七曰。觀其所短以知其長。八曰。觀其聰明以知所達。

夫質有至有違。若至勝違。則惡情奪正。若然而不然。故仁出於慈。有慈而不仁者。仁必有恤。有仁而不恤者。厲必有剛。有厲而不剛者。若夫見可憐則流涕。將分與則慳嗇。是慈而不仁者。覩危急則惻隱。將赴救則畏患。是仁而不恤者。處虛義則色厲。顧利慾則內荏。是厲而不剛者。然則慈而不仁者。則慳奪之也。仁而不恤者。則懼奪之也。厲而不剛者。則慾奪之也。

是故不仁之質勝。則伎力爲害器。貪悖之性勝。則強猛爲禍梯。亦有善情救惡。不至爲害。愛惠分篤。雖傲狎不離。助善著明。雖疾惡無害也。救濟過厚。雖取人不貪也。是故觀其救奪。而明間雜之情。可得知也。

凡事不度。必有其故。憂患之色。乏而且荒。疾疢之色。亂而垢雜。喜色愉然以懌。慍色厲然以揚。妬惑之色。冒昧無常。及其動作。蓋並言辭。是故其言甚懌而精色不從者。中有違也。其言有違而精色可信者。辭不敏也。言未發而怒色先見者。意憤溢也。言將發而怒氣送之者。強所不然也。凡此之類。徵見於外。不可奄違。雖欲違之。精色不從。感愕以明。雖變可知。是故觀其感變。而常度之情可知也。

凡偏材之性。二至以上。則至質相發。而令名生矣。是故骨直氣清。則休名生焉。氣清力勁。則烈名生焉。勁智精理。則能名生焉。智直強慤。則任名生焉。集於端質。則令德濟焉。加之學。則文理灼焉。是故觀其所至之多少。而異名之所生可知也。

直而能溫者德也。直而好訐者偏也。訐而不直者依也。道而能節者通也。通而時過者偏也。宕而不節者依也。偏之與依。志同質違。所謂似是而非也。是故輕諾似烈而寡信。多易似能而無效。進銳似精而去速。訶者似察而事煩。訐施似惠而無成。面從似忠而退違。此似是而非者也。亦有似非而是者。大權似姦而有功。大智似愚而內明。博愛似虛而實厚。正言似訐而情忠。夫察似明非。御情之反。有似理訟。其實難別也。非天下之至精。其孰能得其實。故聽言信貌。或失其眞。詭情御反。或失其賢。賢否之察。實在所依。是故觀其所依。而似類之質可知也。

禮以敬爲本。樂以愛爲主。然則人情之質。有愛敬之誠。則與道德同體。動獲人心。而道無不通也。然愛不可少於敬。少於敬則廉節者歸之。而衆人不與。愛多於敬。則雖廉節者不悅。而愛接者死之。何則。敬之爲道也。嚴而相離。其勢難久。愛之爲道也。情親意厚。深而感物。是故觀其愛敬之誠。而通塞之理。可得而知也。

夫人之情有六機。杼其所欲則喜。不杼其所能則怨。以自伐歷之則惡。

以謙損下之則悅。犯其所乏則媢。以惡犯媢則妬。此人性之六機也。是以君子接物。犯而不校。不校則無不敬下。所以避其害也。小人則不然。既不見機。而欲人之順己。以佯愛敬爲見異。以偶邀會爲輕苟。犯其機則深以爲怨。是故觀其情機。而賢鄙之志可得而知也。

夫直者不訐。無以成其直。既悅其直。不可非其訐。訐也者。直之徵也。剛者不厲。無以濟其剛。既悅其剛。不可非其厲。厲也者。剛之徵也。和者不愞。無以保其和。既悅其和。不可非其愞。愞也者。和之徵也。介者不拘。無以守其介。既悅其介。不可非其拘。拘也者。介之徵也。然有短者。未必能長也。有長者。必以短爲徵。是故觀其徵之所短。而其材之所長可知也。」

夫仁者德之基也。義者德之節也。禮者德之文也。信者德之固也。智者德之帥也。夫智出於明。明之於人。猶晝之待白日。夜之待燭火。其明益盛者。所見益遠。

是故別而論之。各自獨行。則仁爲勝。合而俱用。則明爲將。故以明將仁。則無不懷。以明將義。則無不勝。以明將理。則無不通。然則苟無聰明。無以能遂。故好聲而實不充則恢。好辯而理不至則煩。好法而思不深則刻。好術而計不足則僞。是故鈞材而好學。明者爲師。比力而爭。智者爲雄。等德而齊。達者稱聖。聖之爲稱。明智之極名也。是以觀其聰明。而所達之材可知也。

七繆

七繆。一曰察譽有偏頗之繆。二曰接物有愛惡之惑。三曰度心有小大之誤。四曰品質有早晚之疑。五曰變類有同體之嫌。六曰論材有申壓之詭。七曰觀奇有二尤之失。

知人者以目正耳不知人者以耳敗目

夫善非者寶注案言以非者爲善也雖非猶有所是。以其所是順己所長。則不自覺情通意親。忽忘其惡。善人雖善。猶有所乏。以其所乏。不明己長。以其所長。輕己所短。則不自知志乖氣違。忽忘其善。

心小志大者。聖賢之倫也。心大志大者。豪傑之雋也。心大志小者。傲蕩之類也。心小志小者。拘愞之人也。衆人之察。或陋其心小。或壯其志大。

夫幼智之人。材智精達。然其在童髦皆有端緒。故文本辭繁。辯始給口。仁出慈恤。施發過與。愼生畏懼。廉起不取。早智者淺惠而見速。晚成者奇識而舒遲。終暗者並困於不足。遂務者周達而有餘。

夫譽同體毀對反。所以證彼非而著己是也。至于異雜之人。於彼無益。於己無害。則序而不尚。是故同體之人。常患於過譽。及其名敵。則尠能相下。。

夫人所處異勢。勢有申壓。富貴遂達。勢之申也。貧賤窮匱。勢之壓也。上材之人。能行人所不能行。是故達有勞謙之稱。窮有著明之節。中材之人。則隨世損益。

遺賢而賢有濟。則恨在不早拔。拔奇而奇有敗。則患在不素別。任意而獨繆。則悔在不廣問。廣問而誤己。則怨在不自信。

效難

雋傑者。衆人之尤也。聖人者。衆尤之尤也。其尤彌出者。其道彌遠。

居視其所安。達視其所舉。富視其所與。窮視其所爲。貧視其所取。然後乃能知賢否。

釋爭

蓋善以不伐爲大賢。以自矜爲損。

夫以抗遇賢。必見遜下。以抗遇暴。必搆敵難。敵難既搆。則是非之理必溷而難明。溷而難明。則其與自毀何以異哉。且人之毀己。皆發怨憾而生變讐也。必依託於事。飾成端末。其餘聽者。雖不盡信。猶半信爲然也。己之校報。亦又如之。終其所歸。亦各有半信著於遠近也。然則交氣疾爭者。爲易口而自毀也。並辭競說者。爲貸手以自毆也。爲繆惑豈不甚哉。

是故君子知屈之可以爲伸。故含辱而不辭。知卑讓之可以勝敵。故下之而不疑。及其終極。乃轉禍而爲福。屈讎而爲友。使怨讎不延於後嗣。而美名宣於無窮。君子之道。豈不裕乎。

諸子文粹卷五十八

人物志舉正

孫人和 撰

民國十八年（1929）刊《國立北平圖書館月刊》第三卷第一號

人物志舉正

孫人和

九徵

木則垂蔭

注 長短經知人篇引蔭作陰。

爲信之基也

注 長短經引無也字。按此涉正文也字而衍。上注云：「爲仁之質；」又云：「爲禮之本；」下注云「爲義之決，」又云「爲智之原」語例正同。

木彊激訐失其正直

注 長短經引激作徼是也。說詳體別篇。

故骨剛則植彊骨柔則植弱

注 長短經引剛柔作粗細。

心褊則言急

注 長短經引褊作偏。

質素平澹

注 長短經引質上有若字，疑今本誤脫。

儀正容直

按正本作崇。崇直即正直也。此涉上文「衰正之形」而誤。下文云：「九徵有違，則偏雜之材也；」劉注云：「或衡勁植固而儀不崇直」即本此語。長短經引亦作崇。

體別

失在激訐

按激當作徼字之誤也。下注同 論語陽貨篇：「惡徼以爲知者，惡不孫以爲勇者，惡訐以爲直者。」集解：「孔曰：徼，抄也。抄人之意以爲己有。包曰：訐，謂攻發人之隱私。」釋文：「徼，鄭本本作絞。」馮氏登府異文考證：「禮記隱義云：齊以相絞訐爲掉磐；論語言絞以爲知，又云訐以爲直；絞訐連文，正齊魯之方言。」劉恭冕又申孔包之誼云：「說文：徼，循也。循，順行也。漢書言中尉徼循京師，引申爲凡遮取之義，故注訓抄。說文：叉，取也；無抄字。一切經音義二引字書：抄，掠也。又引通俗文：遮取謂之抄掠。音義又云：古文抄剿二形。案曲禮毋剿說注：剿猶擥也；謂取人之說以爲己說，與此注意同。釋文引說文云：訐面相斥。是訐爲攻發也。陰私人所諱言，而面相攻發，以爲己直也。」

流業

是謂清節之家

長短經品目篇引無之家二字。

不能創思遠圖

長短經引遠圖作圖遠。

故雖波流分別皆爲輕事之材也

按輕當作經。入觀篇云：「智能經事。」

儒學之材安民之任也

長短經量才篇引安民作保民。

材理

以性犯明各有得失

按性當作情。劉注云：「明出於眞，情動於性；」乃總論情與明也。又云：「情勝明則蔽；」正解以情犯明之語。又上文「情有九偏」注云：「以情犯明，得失有九；」即本於此，尤其切證。

抗厲之人

長短經引抗作亢。

論法直則括處而公正

長短經引處作據。

則遲緩而不及

長短經引緩作後。

好奇之人横逸而求異

長短經引横逸作横逆。

有漫談陳説似有流行者

按下有字當作若涉上而誤。劉注云：「似若可行；」知正文不當作似有也。下文云：「有理少多端似若博意者，有廻説合意似若讚解者，有避難不應似若有餘而實不知者；」語例竝同。編者案明

正德間刻本人物志正作若

似若有餘而實不知者

長短經知人篇引知作解。

有因勝情失窮而稱妙

長短經引失上有錯字。

善躡失者指其所跌不善躡失者因屈而抵其性

按下有捷能攝失之語兩處，疑攝字是。

材能

明能治大郡則能治小郡

注按則下疑脫亦字。下正文云：「故能治大郡，則亦能治小郡矣；」劉昞所據。

矯抗之政

長短經任長篇引抗作亢。

以之治邊則失衆

長短經引失下有其字，疑此脫。

君以用人爲能

長短經大體篇引用上有能字。

所能不同故能君衆材也

長短經引作「所以不同，故能君衆能也。」

利害

蓋人業之流各有利害

按「人業之流」當作「人流之業。」流業篇云：「蓋人流之業十有二焉；」是其證。

夫節清之業著于儀容發于德行

按節清當作清節。流業篇云：「有清節家；」又云：「若夫德行高妙，容料可法，是謂清節之家；」又云「清節之流，不能弘恕；」又云：「清節之德，師氏之任也」材能篇云：「是故自任之能，清節之材也；」接識篇云「夫清節之人，以正直爲度；」並其證。

接識

以正直爲度

長短經知人篇引正直作眞正。

故能成策略之奇而不識遵法之良

長短經引成作識，與上下文誼正同。又引不識作或失，亦較今本爲優。

英雄

夫草之精秀者爲英獸之特羣者爲雄

太平御覽九百九十四引作：「草之將精者爲英，獸之將羣者爲雄。」將並特字之誤。鶡冠子博選篇注引作：「獸之特者爲雄，草之秀者爲英。」

若聰能謀始而明不見機乃可以坐論而不可以處事

按此文不當有乃字，蓋涉上文「然後乃能各濟其所長」而衍。下云：「聰能謀始，明能見機，可以循常而不可以慮變」與此相對，長短經量才篇引亦無乃字。

聰能謀始明能見機

長短經引聰上有若字，與上文一例。

然後可以爲英

長短經引可上有乃字。

乃可以爲雄

長短經引乃上有然後二字，與上句例正同。

八觀

注 愛則不施何於仁之爲能

按當作「愛則不施何仁之能爲。」於字涉上諸注而衍，能爲又倒作爲能，故不可解。下注云：「畏懦不果何恤之能行；」又云「情存利慾，何剛之能成，」注例並同。

疾狹之色亂而垢雜

按長短經知人篇引雜作理是也。注云：「黃黑色雜理多塵垢；」是其證。此作雜者，即涉注文色雜而誤。

言將發而怒氣送之者彊所不然也

長短經引將作已。

感愕以明

長短經引感作威。

以訐訐善

按長短經引作以訐計善是也，注文可證。

注 以直之訐計及良善

按以乃似字之誤。

訐施似惠而無成

按長短經引訏作許，成作終，是也，注文可證。

其孰能得其實

長短經引作孰能得其實也。

注　辭煩而無正理

按据原文正理當作至理。

七繆

故詩詠文王小心翼翼不大聲以色小心也

按小心也本作心小也。下云：「王赫斯怒，以對于天下，志大也；」與此對文。又上文云：「志大所以戡物任也，心小所以慎咎悔也；」下文云「心小志大者，聖賢之倫也；」竝其證。長短經知人篇引正作心小。

傲蕩之類也

長短經引傲作敖。

然其在童髦

長短經引髦作齔。

此又同體之變也

長短經引變下有不可不察四字，疑今本誤脫。下文云：「而衆人之察不辨其律理，是嫌於體同也」正承此文言之。

注　分意何由立

按意當作義。

含精於內

長短經知人篇引作含精內眞。

注　譬金氷內明而不外朗

按氷當作水。九徵篇云：「猶火日外照，不能內見，金水內暎，不能外光；」是其證。

內實乖反

長短經知人篇引反作違。

不可以精微測其玄機明異希

長短經引無可字。

不能究之入室之奧也

按上之字衍。

效難

相與分亂於衆猥之中

按分當作紛。注云「紛然淆亂；」可證。

釋爭

大無功而自矜一等

按大字疑涉下文「功大而不伐」而衍。無功而自矜爲下等，有功而伐之爲中等，功大而不伐爲上等，此文不當有大字。且注云：「空虛自矜，故爲下等也」；不釋大字，其爲衍文無疑。

（完）

人物志治要

張文治 撰

民國十九年（1930）上海文明書局排印《諸子治要》本

劉劭　魏邯鄲人。劭隋志清四庫書目皆作邵。字孔才。文帝時受詔集五經羣書作皇覽。又作人物志。大旨主於論辨人材。以外見之符驗內藏之器。分別流品。研析疑義。其學有類於古名家。而大要不悖於儒者。隋志載於名家。清四庫刪名家。改入雜家。

流業　人物志

蓋人類之業十有二焉。有清節家。有法家。有術家。有國體。有器能。有臧否。有伎倆。有智意。有文章。有儒學。有口辨。有雄傑。若夫德行高妙。容止可法。是謂清節之家。延陵晏嬰是也。建法立制。彊國富人。是謂法家。管仲商鞅是也。思通道化。策謀奇妙。是謂術家。范蠡張良是也。兼有三材。三材皆備。其德足以厲風俗。其法足以正天下。其術足以謀廟勝。是謂國體。伊尹呂望是也。兼有三材。三材皆微。其德足以率一國。其法足以正鄉邑。其術足以權事宜。是謂器能。子產西門豹是也。兼有三材之別。各有一流。清節之流。不能弘恕。好尚譏訶。分別是非。是謂臧否。子夏之徒是也。法家之流。不能創思遠圖。而能受一官之任。錯意施巧。是謂伎倆。張敞趙廣漢是也。術家之流。不能創制垂則。而能遭變用權。權智有餘。公正不足。是謂智意。陳平韓安國是也。凡此八業。皆以三材爲本。故雖波流分別。皆爲輕事之材也。能屬文著述。是謂文章。司馬遷班固是也。能傳聖人之業。而不能幹事施政。是謂儒學。毛公貫公是也。辯不入道。而應對資給。是謂口辯。樂毅曹丘生是也。膽力絕衆。材略過人。是謂驍雄。白起韓信是也。凡此十二材。皆人臣之任也。主德不預焉。主德者。聰明平淡。總達衆材而不以事自任者也。是故主道立。則十二材各得其任也。清節之德。師氏之任也。法家之材。司寇之任也。術家之材。三孤之任也。三材純備。三公之任也。三材而微。冢宰之任也。臧否之任。師氏之佐也。智意之材。冢宰之佐也。伎倆之材。司空之任也。儒學之材。安民之任也。文章之材。國史之任也。辯給之材。行人之任也。驍雄之材。將帥之任也。是謂主道得而臣道序。官不易方而太平用成。若道不平淡。與一材同用好。則一材處權。而衆材失任矣。

李康 魏中山人。字蕭遠。性介立。不能和俗。梁昭明太子文選載其運命論一篇。大旨歸於立德保身。置富貴勢利於運命之外。亦儒家而兼道家之言之醇者也。

運命論

夫治亂運也。窮達命也。貴賤時也。故運之將隆。必生聖明之君。聖明之君。必有忠賢之臣。其所以相遇也。不求而自合。其所以相親也。不介而自親。唱之而必和。謀之而必從。道德玄同。曲折合符。得失不能疑其志。讒構不能離其交。然後得成功也。其所以得然者。豈徒人事哉。授之者天也。告之者神也。成之者運也。夫黃河清而聖人生。里社鳴而聖人出。羣龍見而聖人用。故伊尹有莘氏之媵臣也。而阿衡於商。太公渭濱之賤老也。而尚父於周。百里奚在虞而虞亡。在秦而秦覇。非不才於虞而才於秦也。張良受黃石之符。誦三略之說。以遊於羣雄。

其言也。如以水投石。莫之受也。及其遭漢祖。其言也。如以石投水。莫之逆也。非張良之拙說於陳項。而巧言於沛公也。然則張良之言一也。不識其所以合離。合離之由。神明之道也。故彼四賢者。名載於籙圖。事應乎天人。其可格之賢愚哉。孔子曰。清明在躬。氣志如神。嗜欲將至。有開必先。天降時雨。山川出雲。詩云。惟嶽降神。生甫及申。惟申及甫。惟周之翰。運命之謂也。豈惟興主。亂亡者亦如之焉。幽王之惑褒女也。妖始於夏庭。曹伯陽之獲公孫彊也。徵發於社宮。叔孫豹之暱豎牛也。禍成於庚宗。吉凶成敗。各以數至。咸皆不求而自合。不介而自親矣。昔者聖人受命河洛曰。以文命者。七九而衰。以武興者。六八而謀。及成王定鼎於郟鄏。卜世三十。卜年七百。天所命也。故自幽厲之間。周道大壞。二霸之後。禮樂陵遲。文薄之弊。漸於靈景。辯詐之僞。成於七國。酷烈之極。積於亡秦。文章之貴。棄於漢祖。雖仲尼至聖。顏冉大賢。揖讓於規矩之內。誾誾於洙泗之上。不能遏其端。孟軻孫卿。體二希聖。從容正道。不能維其末。天下卒至於溺而不可援。夫以仲尼之才也。而器不用於魯衞。以仲尼之辯也。而言不行於定哀。以仲尼之謙也。而見忌於子西。以仲尼之仁也。而取讎於桓魋。以仲尼之智也。而屈厄於陳蔡。以仲尼之行也。而招毀於叔孫。夫道足以濟天下。而不得貴於人。言足以經萬世。而不見信於時。行足以應神明。而不能彌綸於俗。應聘七十國。而不一獲其主。驅驟於蠻夏之域。屈辱於公卿之門。其不遇也如此。及其孫子思。希聖備體而未之至。封已養高。勢動人主。其所遊歷諸侯莫不結駟而造門。雖造門猶有不得賓者焉。其徒子夏升堂而未入於室者也。退老於家。魏文侯師之。西河之人肅然歸德。比之於夫子而莫敢間其言。故曰治亂運也。窮達命也。貴賤時也。而後之君子。區區於一主。歎息於一朝。屈原以之沈湘。賈誼以之發憤。不亦過乎。然則聖人所以爲聖者。蓋在乎樂天知命矣。故遇之而不怨。居之而不疑也。其身可抑。而道不可屈。其位可排。而名不可奪。譬如水也。通之斯爲川焉。塞之斯爲淵焉。升之於雲則雨施。沈之於地則土潤。體淸以洗物。不亂於濁。受濁以濟物。不傷於淸。是以聖人處窮達如一也。夫忠直之迕於主。獨立之負於俗。理勢然也。故木秀於林。風必摧之。堆出於岸。流必湍之。行高於人。衆必非之。前監不遠。覆車繼軌。然而志士仁人猶蹈之而弗悔。操之而弗失。何哉。將以遂志而成名也。求遂其志而冒風波於險塗。求成其名而歷謗議於當時。彼所以處之。蓋有算矣。子夏曰。死生有命。富貴在天。故道之將行也。命之將貴也。則伊尹呂尙之興於商周。百里子房之用於秦漢。不求而自得。不徼而自遇矣。道之將廢也。命之將賤也。豈獨君子恥之而弗爲乎。蓋亦知爲之而弗得矣。凡希世苟合之士。籧篨戚施之人。俛仰尊貴之顏。逶迤勢利之間。意無是非。讚之如流。言無可否。應之如響。以闚看爲精神。以向背爲變通。勢之所集。從之如歸市。勢之所去。棄之如脫遺。其言曰。名與身孰親也。得與失孰賢也。榮與辱孰珍也。故遂絜其衣服。矜其車徒。冒其貨賄。淫其聲色。脈脈然自以爲得矣。蓋見龍逄比干之亡其身而不惟飛廉惡來之滅其族也蓋知伍子胥之屬鏤於吳而不戒費無極之誅夷於楚也蓋譏汲黯之白首於主爵而不懲張湯牛車之禍也蓋笑蕭望之跋躓於前而不懼石顯之絞縊於後也故夫達者之算也亦各有盡矣曰凡人之所以奔競於富貴何爲者哉若夫立德必須貴乎則幽厲之爲天子不如仲尼之爲陪臣也必須勢乎則王莽董賢之爲三公不如揚雄仲舒之闃其門也必須富乎則齊景之千駟不如顔回原憲之約其身也其爲實乎則執杓而飲河者不過滿腹棄室而灑雨者不過濡身過此以往弗能受也其爲名乎則善惡書於史册毀譽流於千載賞罰懸於天道吉凶灼乎鬼神固可畏也將以娛耳目樂心意乎譬命駕而遊五都之市則天下之貨畢陳矣褰裳而涉汶陽之邱則天下之稼如雲矣椎紒而守敖庾海陵之倉則山坻之積在前矣扱衽而登鍾山藍田之上則夜光璵璠之珍可觀矣夫如是也爲物甚衆爲己甚寡不愛其身而嗇其神風驚塵起散而不止六疾待其前五刑隨其後利害生其左攻奪出其右而自以爲見身名之親疏分榮辱之客主哉天地之大德曰生聖人之大寶曰位何以守位曰仁何以正人曰義故古之王者蓋以一人治天下不以天下奉一人也古之仕者蓋以官行其義不以利冒其官也古之君子蓋恥得之而弗能治也不恥能治而弗得也原乎天人之性核乎邪正之分權乎禍福之門終乎榮辱之算其昭然矣故君子舍彼取此若夫出處不違其時默語不失其人天動星

迴。而辰極猶居其所。璣旋輪轉。而衡軸猶執其中。既明且哲。以保其身。貽厥孫謀。以燕翼子者。昔吾先友嘗從事於斯矣。